中国经济文库·应用经济学精品系列（二）

· 河南省重点研发与推广专项（科技攻关）
项目批准号：202102310297
· 河南省高等学校重点科研项目
项目批准号：20A630001

何　贝◎著

中国城镇化进程中生态福利绩效研究

Research on the Ecological Well-being Performance in the Urbanization Process in China

中国经济出版社
CHINA ECONOMIC PUBLISHING HOUSE
北　京

图书在版编目（CIP）数据

中国城镇化进程中生态福利绩效研究/何贝著. --北京：中国经济出版社，2020.12
ISBN 978-7-5136-6406-6

Ⅰ.①中… Ⅱ.①何… Ⅲ.①城市化-生态经济-研究-中国 Ⅳ.①F299.21

中国版本图书馆 CIP 数据核字（2020）第 247575 号

责任编辑　叶亲忠
责任印制　马小宾
封面设计　华子图文

出版发行　中国经济出版社
印 刷 者　北京九州迅驰传媒文化有限公司
经 销 者　各地新华书店
开　　本　710mm×1000mm　1/16
印　　张　16
字　　数　270 千字
版　　次　2020 年 12 月第 1 版
印　　次　2020 年 12 月第 1 次
定　　价　68.00 元
广告经营许可证　京西工商广字第 8179 号

中国经济出版社 **网址** www.economyph.com **社址** 北京市东城区安定门外大街 58 号 **邮编** 100011
本版图书如存在印装质量问题，请与本社销售中心联系调换（联系电话：010-57512564）

前言

PREFACE

快速的城镇化进程带动中国经济实现奇迹式增长，但与之相伴的资源匮乏、环境恶化等生态环境困境日益凸显。近年来，中国政府一直致力于生态保护及环境治理，重视经济增长与生态环境改善之间协调发展问题，生态环境治理力度不断加大，资源利用效率得以进一步提升。但居民对现有生态环境质量及其治理效果的满意度仍然不高，生态环境问题仍然是当下制约居民福利提升的重要因素。传统的生态效率观点，通常以经济增长作为最终产出衡量，以帕累托最优作为评判准则，重点强调经济增长的“绿色化”改进。但经济增长的最终目的是增加民众福祉，城镇化发展过程也应“以人为核心”，因此只从经济效率的角度看待生态环境投入，就会使得经济快速增长掩盖诸多深层次的生态环境问题。生态福利绩效，作为近年来研究区域可持续发展的崭新视角和分析工具，体现了生态环境投入转化为人类福利水平的效率，是从社会福利角度对生态单一经济效应的反思与突破，能够综合反映某一国家或地区可持续发展程度。生态福利绩效提升，不仅要求有效减少城镇化过程中生态环境的直接消耗，提升生态环境利用效率，而且应以提升民生福祉为价值标准，促进社会公平及包容性发展，进而全面推动生态环境与社会福利的脱钩式发展。因此，如何在经济社会发展存在自然增长边界的背景下，以较小的生态环境投入获取最优的居民福利产出，提升生态福利绩效水平，是推动生态文明建设的重要途径，也是实现民生幸福的重要保障，作为中国新型城镇化建设中所面临的重要课题之一，具有重要的现实意义。

本研究从中国生态环境与城镇化进程的现实发展状况出发，考察中国不同省份生态环境投入与居民福利产出二者之间协调度，综合评价不同省份生态福利绩效水平，实证检验了城镇化不同维度对生态福利绩效的影响，剖析现有政府治理手段产生的生态福利效应，探讨城镇化进程中政府治理对生态福利绩效的作用机制，从而有针对性提出促进生态福利绩效提升、生态环境治理手段优化的相关政策建议。与以往研究不同的是，本研究借鉴了近年来逐渐兴起的主观福利评价方式，利用中国综合社会调查数据库（CGSS），运用 Ordered Logit 及 Ordered Probit 等微观计量方法，创新性采用居民主观幸福感和对环保工作的满意度作为评价标准，引入生态福利绩效相关研究中。本研究在内容安排上共分为 8 章，主要研究工作如下：

第 1 章为绪论，主要简要介绍研究背景及意义，厘清研究思路与架构，梳理主要研究内容，明确研究方法及技术路线，并阐述研究创新之处。

第 2 章为理论基础与文献综述。该章首先廓清生态福利及城镇化基本概念，梳理研究所涉及的生态福利及城镇化基础理论，并从生态环境与人类福利、生态福利绩效评价、城镇化与生态福利、城镇化进程中政府治理与生态福利等方面对国内外相关文献进行评述。

第 3 章为生态福利发展状态分析。该章测算 1997—2015 年中国 30 个省份生态环境投入指数（REEI）和居民福利产出指数（RHDI），基于测算结果构建生态福利发展状态分析框架，考察分析不同省份生态环境投入与居民福利产出之间的协调关系。

第 4 章为生态福利绩效综合评价。该章构建生态福利绩效评价指标体系，利用非角度 Super-SBM 模型及 DEA 窗口分析法，测算 1997—2015 年中国 30 个省份生态福利绩效水平，对生态福利绩效表现进行地区差异性分析和收敛性分析，从多个角度描述解释了不同省份生态福利绩效时空演化趋势及空间分布特征。

第 5 章为城镇化对生态福利绩效影响的实证分析。该章采用第 4 章生态环境福利绩效测算结果及 2003—2015 年省级面板数据，采用多类面板计量回归方法从人口城镇化、经济城镇化、空间城镇化等不同维度，剖析城镇化进程对生态福利绩效的影响作用。

第 6 章为城镇化进程中政府治理的生态福利效应实证分析。该章采用第 3 章 REEI 指数及 RHDI 指数测算结果、2003—2015 年省级面板数据及 CGSS（2003—2013 年）微观调查数据，采用多类面板计量回归方法和多种微观计量回归方法，剖析现有政府治理手段产生的生态福利效应，探讨城镇化进程中政府治理对生态福利绩效的作用机制，并将现有政府治理手段置于中国式分权制度背景下，从居民满意度的角度对其实施效果加以探讨，对政府治理的生态福利效应做进一步补充分析。

第 7 章综合第 3 章至第 6 章的研究成果，从治理宏观环境优化、治理网络结构完善、治理政策体系创新等方面，有针对性提出促进生态福利绩效提升相关政策建议。

第 8 章为结论与展望，该章对主要研究结论进行总结，提出未来可行研究方向。

目录

CONTENTS

第 1 章

绪 论

1.1 选题背景及问题提出

1.1.1 选题背景

（1）全球生态赤字、环境恶化等矛盾日益严重

18 世纪工业革命以来，全球城镇化进程已发展了 200 多年。联合国《世界城镇化展望》报告中指出，全球城市人口从 1950 年 7.46 亿增加至 2014 年 39 亿，城市人口占世界总人口比重已达到 54%，到 2030 年，全球将有超过 60%人口居住在城市中。城市是人类文明的重要组成部分。

城镇化是一把双刃剑。一方面，传统工业文明加速技术、经济、社会文化各方面变革，持续推动了社会生产力的高速增长，在世界范围内创造大量社会财富，导致“四百年繁荣时期”的出现。另一方面，随着世界经济步入高度工业化阶段，工业文明无序扩张的弊病开始凸显。在过去一个世纪内，资源枯竭、能源紧张、环境恶化、生态失衡现象频发，导致了地球整体生态环境质量的持续下降。频发的重大生态环境事件及全球性生态危机，使得人类与自然的冲突及矛盾频频凸显，如 20 世纪五六十年代，发达国家相继发生的震惊世界的“八大环境公害事件”等。生态环境是人类赖以生存的客观基础，提供社会经济持续繁荣的物质源泉。人类一切生产及生活活动，均依赖于生态环境中的物质供给。城市作为人类聚居地及工业、建筑、交通、物流的集聚区，是人类活动最为密集的地区，必然也是高耗能、高排放、高污染的集中地。联合国调查统计，全球城市建成区面积仅占地表面积的 2%，但却集中了全球一半以上人口，同时城市能源消耗占全球能源消耗总量的 75%，城市污染物排放占全球污染物排放的 75%。因此，城镇化进程中日益严重的生态环境问题，严重制约了经济社会发展，尤其成为人类福利水平桎梏所在，成为当今国际社会普遍关注的全球性问题，引起了世界各国的深切关注。

（2）中国快速城镇化发展的隐忧：生态环境困境

在全球范围城镇化进程加快的历史时期，中国自1978年改革开放以来，经济进入高速发展阶段，综合经济实力显著增强，实现了“奇迹式”增长。1978—2015年，中国国内生产总值年均增长率高达9.8%，2016年中国经济总量突破70万亿元，跃居全球第二。中国城镇化进程也经历了一个起点低、速度快的发展过程。《国家新型城镇化规划（2014—2020年）》及相关统计年鉴数据显示，中国城镇常住人口从1978年的1.7亿人增加至2015年的7.7亿人，城镇化率从17.92%增长至56.1%，年均增长率为1.03%。联合国人口部门预测，2040年中国城市人口数量将远超过10亿。

然而，伴随着中国快速城镇化进程，城市人口数量持续激增、城市建成区面积急剧扩张、城市资源消耗不断加剧、城市环境污染物大量排放，致使城市空气质量恶化、水污染严重、噪声污染、垃圾围城、地面沉降、交通拥堵、住宅短缺、用地紧张等诸多“城市病”现象频发。多项权威研究报告及统计数据表明，现阶段中国正在面临着极大的生态环境威胁。《中国环境发展报告（2013）》指出，空气污染、水资源缺乏与污染、重金属污染致使的食品安全、交通拥堵、垃圾处理困境等已成为中国城市生态环境“不可承受之重”。在《2016年环境绩效指数报告》（*Environmental Performance Index*：2016 *Report*）中，中国2016年EPI总体得分为65.1分（满分100分），总排名第109名（180个国家参评）。环境绩效指数（EPI，Environmental Performance Index），是由美国耶鲁大学环境法律与政策中心（YCELP）、哥伦比亚大学国家地球科学信息网络中心（CIESIN）、世纪经济论坛（WEF）共同发布。该指数在2006年首次发布，而后每隔1年发布1次。近年来，中国EPI指数排名虽然呈现上升趋势（从2010年第121名升至2012年第116名，再升至2014年的第118名，最近2016年升至第109名），但EPI指数仍处于所有参评国家的靠后位置。从EPI指数分项统计数据来看，中国现已成为世界PM2.5超标重灾区，“空气质量”分项指数排名为全球倒数第2位，其中该分项所含子指标，如PM2.5暴露平均值、PM2.5超标率、二氧化氮（NO_2）暴露平均值等，排名分别为第178位、第178位、第176位。《2016年环境统计公报》显示，2016年中国仅有84个城市环境空气质量达标，剩余254个城市环境空气质量超标，[①] 占338个地级及以上城市的75.1%。

① 空气质量达标，是指参与评价的污染物浓度均达标，即为环境空气质量达标。

总结起来，现阶段中国城镇化进程中生态环境所面临的新形势及新挑战，体现在以下方面：

①资源能源消耗总量大，利用效率低下。中国一直面临资源和能源人均占有量少，能源品种少，且区域结构不合理等现实问题（邓伟根和刘萱芝，2012；苗韧等，2013）。随着中国经济规模不断扩大，工业化加速城镇化进程，资源能源消耗加速，总量持续增长。2007 年国务院新闻办公室发布的《中国的能源状况与政策》白皮书数据显示，中国煤炭人均拥有量仅为世界平均水平的 50%，石油和天然气人均拥有量仅为世界平均水平的 7.5%和 7.2%，清洁能源占比远低于世界平均水平。同时，资源和能源区域分布不均，地区异质性明显，呈现“北多南少、西多东少”的特征。现阶段，中国能源使用效率虽有一定提升，但单位国内生产总值能源消费量保持下降趋势。《中国统计年鉴》（2016）数据显示，按照 2010 年可比价格计算，中国万元国内生产总值能源消费量从 2010 年 0.87 吨标准煤/万元，下降至 2014 年 0.75 吨标准煤/万元。但与世界发达国家相比，中国能源利用效率仍然偏低，只有发达国家的 1/2 左右（金培振等，2011）。2012 年，中国 1 吨标准煤的 GDP 产值为 14000 元，远低于世界平均水平 25000 元，更无法与美国（50000 元）、日本（31000 元）等发达国家能效水平相提并论（秦江波等，2015）。世界经济论坛发布的《2015 年全球能源架构绩效指数（EAPI）》显示，中国 EAPI 指数位列第 89 名，处于全球被测算 125 个国家的中下游位置，能源使用效率仍有待提升。资源、能源过度消耗，利用效率不高，直接导致了中国面临污染物过量排放、空气污染加剧、生态环境脆弱及生态系统服务退化等现实问题，增加额外经济负担。

②生态环境新旧矛盾交织。中国快速城镇化、工业化进程加剧，导致大气、水体资源、土地资源等传统环境污染问题日益严重。世界银行（World Bank）基于支付意愿调查估算，① 2003 年中国大气污染所造成的健康损失，已相当于当年国内生产总值的 3.8%。潘小川等所著《危险的呼吸：PM2.5 的健康危害和经济损失评估研究》（2012）显示，2010 年北京、上海、广州、西安 4 个城市由于 PM2.5 空气污染问题带来的经济损失高达 61.7 亿元，且这些损失仅包含由于 PM2.5 污染物导致人类过早

① 世界银行支付意愿调查，基于问卷调查数据运用条件价值评估方法，估算人们为减少下一年度单位死亡风险所愿意支付的货币价值，从而估算由大气污染问题所造成的人类健康损失。

死亡所造成的经济损失。2013 年中国由于 PM2.5 重污染所带来的过早死亡案例达到 65355 例，健康损失已达 281 亿元（穆泉和张世秋，2015）。同时，新化学污染物质、挥发性污染物、臭氧、生物激素等新型污染物质所导致的环境影响逐渐显现，新增生态破坏、环境污染问题更为复杂多变，处理难度不断加大。

③自然灾害、生态环境极端事件频发。城镇化进程、城市移民等使得中国区域生态环境面临巨大挑战，自然灾害频发，重大公共环境事件屡次出现。例如，2005 年松花江硝基苯污染事件、2007 年太湖蓝藻污染、黄河流域山东滨州段高盐度废水污染事件等。酸雨、土地荒漠化、赤潮等环境问题，在全国范围内频频出现，日益严重。上述生态环境问题，不仅造成了巨额经济损失，减缓经济增长速度，而且加剧了社会贫困及不公平现象，严重威胁人类发展及生命安全。

④生态环境成本居高不下。《中国环境经济核算研究报告 2010》中针对中国连续 7 年绿色 GDP 核算数据显示，中国仍处于经济发展环境成本上升阶段。2004—2010 年，中国环境退化成本从 5118.2 亿元增长至 11032.8 亿元，年平均增长 13.66%；环境虚拟治理成本①从 2874.4 亿元增长至 5589.3 亿元，年平均增长 11.72%。《中国需要工业精神》（汪中求，2012）一书中指出，根据世界银行测算，中国每年大约需要为生态环境退化和环境污染支付 8%～12%GDP 成本，其中水体污染成本达到 358 亿美元，空气污染成本达到 275 亿美元。

⑤生态环境污染所引发的社会矛盾、冲突加剧。随着生态环境重度污染对公众健康和生活质量产生巨大影响，加之公众环保意识不断增强，近年来中国涌现出多起因环境污染问题引发的大规模民众抗议群体性事件，例如，2007 年厦门海沧半岛 PX 项目、2009 年广东番禺垃圾焚烧厂选址事件、2010 年福建上杭紫金矿业铜酸水渗漏事故、2010 年大连新港中石油输油管泄漏事故等。生态环境问题衍生出诸多社会问题，引发大规模的公众恐慌，出现广泛的社会不安定现象。

（3）从“可持续发展”到“绿色经济”：反思与行动

全球范围内的生态危机渐现，严重威胁世界各国经济增长与社会发展。

---

① 环境虚拟治理成本，是指按照现行治理技术和水平，把目前排放到环境中污染物全部治理所需的支出。

因此，强调经济、社会、环境协调共生的可持续发展理念应运而生。1962年，蕾切尔·卡森（Rachel Carson）通过《寂静的春天》一书，反思传统工业文明的弊病，呼吁生态文明。1972年罗马俱乐部（Clud of Rome）出版的《增长的极限》中首次出现"持续增长"理念。1987年联合国世界环境与发展委员会（World Commission on Environment and Development，WCED）发表的《我们共同的未来》首次对"可持续发展"这一概念进行界定，提倡人地关系协调发展，探讨超越单纯环境保护的新型发展道路。1992年，联合国环境与发展大会（United Nations Conference on Environmental and Development，UNCED）通过《里约环境与发展宣言》《21世纪议程》，"可持续发展"理念被世界各国广泛接受并采纳。随着可持续发展理念受到热议，人类开始从工业文明模式审视生态环境问题，充分认识到工业文明必将耗竭地球生态承载能力，生态环境保护关系人类共同命运和未来发展（Gidden. A，1990）。自从《布兰特报告》以来，多数发达国家相继提出了"循环经济""生态经济""低碳经济""绿色经济"等发展模式。环境可持续性，作为可持续发展的重要组成部分，对促进社会繁荣发展和提升人类福祉水平，起到至关重要的作用。

学术界对于生态效率（Ecological efficiency）的关注由来已久。从20世纪90年代第二次绿色浪潮开始，生态经济效率理念备受学界推崇。传统生态效率思维，是基于生态资源消耗与经济增长二者关系的单一分析框架，建立"经济效益产出/生态资源投入"的生态效率评价模型。生态效率的高低，以生态资源投入所产出的经济绩效进行衡量。虽然此时的生态效率观点，相比过去环境主义，具有一定进步，但仍囿于古典经济学范式，强调经济增长的绿色化改进，重点关注资源环境的生产效率，单纯追求GDP增长、过分强调经济效益产出，存在一定局限。大量历史数据及文献研究发现，资源环境投入带来的经济效率提升、社会财富增长，并未如期待所想，进一步促进了居民福利水平的大幅提升。可持续发展经济学家Max-Neef验证经济增长与居民福利增加之间的"倒U形"曲线关系，提出"福利门槛"假说（Max-Neef，1992；Max-Neef，1995；Cruz et al.，2009），该假说也得到了大量国内外学者的研究验证（Vemuri et al.，2006；Moran，2008；Lawn & Clarke，2010；Mazur，2011；Kubiszewski et al.，2013；赵鑫铖和史红亮，2012）。学界逐渐尝试把生态资源消耗与居民福利结合起来，从崭新角度对生态环境利用效率内涵、特征及发展程度进行深入探讨。Few（1993）和Moran等（2008）从生态福利角度诠释了可持续发展定义，即："生态环境可承载能力内实现较高的福利水平"，这一定义可拆解成"可持续"及"发展"两个层面。其中，"可持续"关注资源消耗、环境污染等问题，要求人类经济社会活动不能超越地球生态环境承载能力；"发展"则关注人类自由发展、居民福利等问题，要求实现人类福利水平的不断提升。前者是必要前提与物质保障，后者是最终目标和终极意义。2012 年"里约+20"峰会最终成果文件《我们憧憬的未来》中提出的"绿色经济"理念，强调经济发展应具有生态环境"增长边界"，并把社会公平、包容性发展等与经济效率放在同等重要的位置，体现出对传统以"经济效率优先"的生态经济发展模式的突破，并且强可持续理论代替了过去的弱可持续理论，强调关注"关键自然资本非减发展"（诸大建，2012）。现阶段，人类社会已经从自然资本相对富裕的"空的世界"，过渡到受制于生态环境约束的"满的世界"（Daly，1990）。在自然资本日益稀缺的"满的世界"中，如何在增长边界内实现人类福利水平的不断提升，促进经济、社会、环境三大系统协调发展，是实现可持续发展的要义所在。

（4）生态文明建设已成为中国经济社会发展的重大战略部署

中国政府一直致力于生态保护和环境改善工作，重视经济社会与生态环境之间协调发展。1994 年发布的《中国 21 世纪议程：中国 21 世纪人口环境与发展白皮书》，是中国政府在联合国《21 世纪议程》基础上做出的政治承诺。1996 年，"可持续发展"理念在《国民经济和社会发展第九个五年计划和 2010 年远景目标纲要》中被确立为国家基本战略。党的十七大政府工作报告中，首次提出涵盖生态文明的建设发展内容，指出生态文明不能以牺牲环境为代价，要从根本角度上合理改善整体生态环境，控制污染物排放总量。党的十八大政府工作报告中，再次论述"生态文明"，明确指出，面对资源约束趋紧、环境污染严重、生态系统退化的严峻形势，必须树立尊重自然、顺应自然、保护自然的生态文明理念，把生态文明建设放在突出位置。生态文明建设已经被提升至新的历史高度，是"关系人民福祉、关乎民族未来的长远大计"，是"建设美丽中国，实现中华民族永续发展"的必要途径，是"国家强盛、民族复兴的中国梦"的重要载体。同时，要在提高城镇化质量上下功夫，走集约、智能、绿色、低碳的新型城镇化道路。

随着人民群众对环境质量、生存健康的关注越来越高，人民诉求从"求温饱"转变为"盼环保"，从"谋生计"到"要生态"。十八大报告中首次提出建设"美丽中国"，正是对人民群众日益增长的生态环境诉求的积极回应。

2016年1月，在中央党校举办的“贯彻落实十八届五中全会精神专题研讨会”中，习近平总书记明确指出“要坚定推进绿色发展，推动自然资本大量增值，让良好生态环境成为人们生活的增长点，成为展现中国良好形象的发力点”。同时，他还强调需要关注人居环境福祉，“让老百姓呼吸上新鲜的空气、喝上干净的水、吃上放心的食物、生活在宜居的环境中、切实感受到经济发展带来的实实在在的环境效益，让中华大地天更蓝、山更绿、水更清、环境更优美，走向生态文明的新时代”。

现阶段，生态文明建设已成为中国经济社会发展的重大战略部署，城市已成为可持续发展的主战场，良好的生态环境成为最为公平的公共产品。2016年3月，李克强总理在第十二届全国人民代表大会第四次会议中做政府工作报告，该报告指出，“治理污染、保护环境，事关人民群众健康和可持续发展，必须强力推进，下决心走出一条经济发展与环境改善双赢之路”。中国政府已经充分意识到“保护环境就是保护生产力，改善环境就是发展生产力”，应突破落后思想观念，改变传统既有管理制度，不能再走“先污染后治理”“边污染边治理”的老路，需要树立“创新、协调、绿色、开放、共享”发展理念，以生态文明代替工业文明，改变既有工业文明的生产生活方式，既稳定经济增长，又破解资源环境约束，明白“绿水青山就是金山银山”，做到“既要绿水青山，也要金山银山”，把单位GDP能耗降下来，让老百姓的幸福感升上去。

1.1.2 问题提出

自然资源的稀缺性、关键自然资本的不可替代性日益显现，要求我们必须承认经济增长存在客观的自然边界。如何以合理的生态环境投入获取更多的人类福利产出？生态福利绩效，作为近年来研究区域可持续发展的崭新视角和分析工具，正是对上述这一问题的阐述与探讨。生态福利绩效，是指生态环境转化为人类福利的效率，反映生态环境消耗与人类福利产出之间的相对变化趋势，它是对生态单一经济效率的反思与突破，综合反映了某一国家或地区可持续发展程度。

改善生态环境，提升生态福利绩效，是中国新型城镇化建设和生态文明建设过程中所面临的一个重要课题。近年来，中国生态福利绩效的基本状况到底表现为怎样的状态？《Living Planet Report 2012》报告中数据显示，2007年中国生态环境消耗与人类福利之间仍处于“高消耗—低福利”的状态，生态福利水平远低于世界平均水平，而日本、德国、美国、意大利、韩国、英国、法国、加拿大等主要发达国家，均已进入“低消耗—高福利”的发展模式（诸大建和张帅，2014）。臧漫丹等（2013）对二十国集团（G20）各国1996—2007年生态福利绩效变化趋势测算显示（如图1-1所示），仅有中国、墨西哥、巴西3个国家生态福利绩效呈现下降趋势，中国绩效水平下降速度最快，达到14.01%。

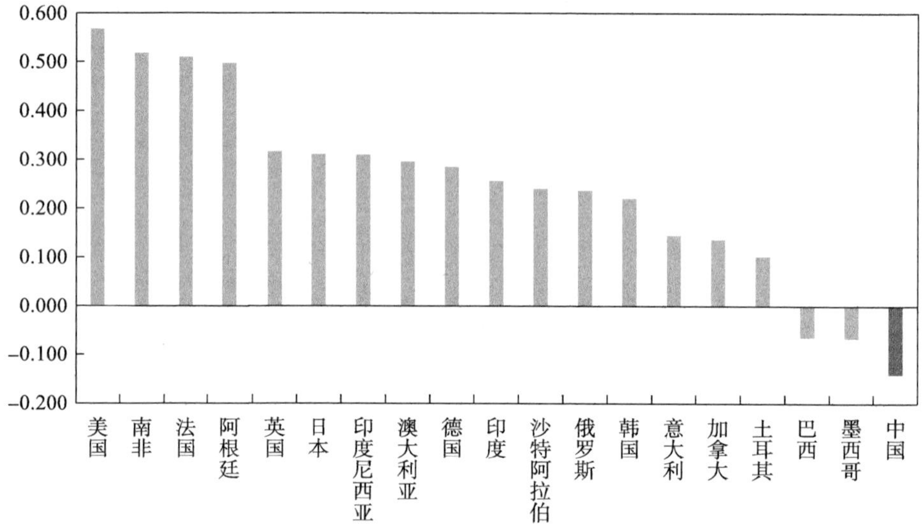

图1-1　G20国家生态福利绩效变化趋势（1996—2007年）

资料来源：根据《Living Planet Report》、世界银行数据库等测算而得。

刘国平（2017）针对二十国集团（G20）各国能源福利绩效的测算结果显示（如图1-2所示），2013年中国能源福利绩效值为1.312，低于平均值（1.284），排在第11位，处于中等靠后的位置。《2014年人类绿色发展报告》中展示了2014年123个国家人类绿色发展指数（HGDI）测算结果，中国HGDI指数位列第86名。该指数可以简明反映各国人类福祉水平高低与环境风险大小（李晓西等，2014）。通过上述国际间数据对比，可以发现，中国现阶段生态福利绩效、能源福利绩效均低于世界平均水平，福利效应并未显现，绿色可持续发展之路仍任重而道远。要解决中国当前经济社会发展中所存在的严峻生态环境问题，需要切实提高生态福利绩效水平，实现经济增长、社会进步与生态环境优化等协调发展。

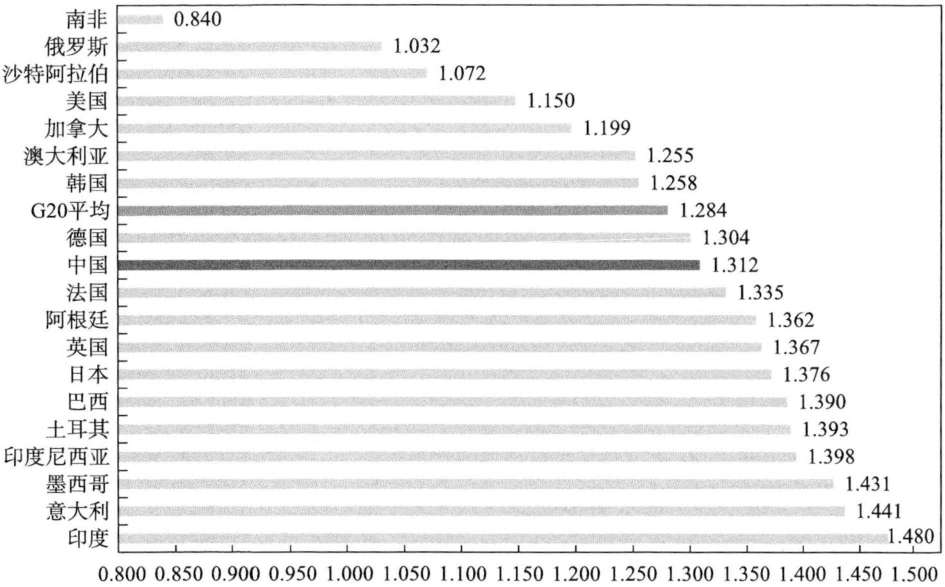

图 1-2 G20 国家能源福利绩效水平情况（2013 年）

资料来源：学者刘国平根据《Living Planet Report》、世界银行数据库等测算而得。

因此，本研究以研究城镇化进程中生态福利绩效这一现实问题为出发点，评价分析中国不同省份生态福利绩效演进历程，分析城镇化对生态福利绩效影响作用，剖析现有政府治理手段产生的生态福利效应，探讨城镇化进程中政府治理对生态福利绩效的作用机制，从而有针对性地提出促进生态福利绩效提升相关政策建议。

1.2 研究目的及研究意义

1.2.1 研究目的

本研究研究目的是：评价分析中国不同省份生态福利绩效的现有水平及演进历程，从不同维度剖析城镇化对生态福利绩效的影响作用，从多个层次剖析现有政府治理手段产生的生态福利效应，探讨城镇化进程中政府治理对生态福利绩效的可能存在的作用机制，有针对性地为促进生态福利绩效提升提供理论依据和实践途径。

为实现上述研究目标，本研究将重点就以下四个问题进行深入探讨及研究：

①中国不同省份生态福利绩效基本情况及演进历程是怎样的?

②中国不同省份在城镇化进程中生态福利绩效的差异及其原因是什么?城镇化及其过程是如何影响生态福利绩效水平的?

③城镇化进程中现有政府治理手段产生了怎样的生态福利效应?政府治理对生态福利绩效存在哪些作用机制?

④未来可从哪些途径提升中国快速城镇化进程中的生态福利绩效水平?

1.2.2 研究意义

促进生态福利绩效提升,不仅可以减少城镇化过程中导致的直接生态资源消耗及环境污染物排放,提升生态环境资源的利用效率;而且可以促进居民生态福利水平提高,促使社会公平、包容性发展,最终实现生态环境与社会福利脱钩式发展的目的。因此,本研究针对中国城镇化进程中生态福利绩效的提升与优化这一问题进行研究,具有一定的理论和实践意义。

(1)理论意义

①完善生态福利绩效评价的理论及方法体系

"效率问题",一直以来都是学术研究和产业实践应用的关注重点。国内外专家学者针对生态效率、环境效率、能源效率等进行了大量探讨与研究,但是多数研究成果主要集中于从效率视角探讨生态资源消耗、环境污染与经济增长的关系。近年来,虽有部分学者针对生态福利绩效进行研究,但是研究成果较少,还未形成完整研究体系,相关理论分析框架有待完善,绩效评价模型多采用单一指标比值法、指标体系简单加权函数综合评价法等,研究方法较为单一,测算方法亟待发展。研究对象主要集中在国家层面,虽有少量学者以省级数据作为研究样本,但多局限于截面数据。

本研究结合现阶段中国城镇化进程的实际情况,梳理分析现有生态福利绩效评价的相关理论,构建生态环境投入 REEI 指数与居民福利产出 RHDI 指数测算模型,用以评估生态福利发展状态,并从全要素生产率角度出发,运用改进 DEA 模型进行生态福利绩效测度,以期建立一套科学合理的生态福利绩效评价指标体系,完善现有生态福利绩效评价方法。

②拓展生态福利绩效的研究内容

学界针对生态环境福利的现有研究成果,大多集中在生态福利绩效评价的理论分析框架构建、评价模型改进及测算方法优化上,对生态福利绩效水平的影响因素分析有所欠缺。虽有少量针对影响因素探讨的研究,也多运用指数分解法从技术效应、服务效应等角度，分析其对生态福利绩效的影响作用，并未深层次分析影响技术效率、服务效率提升的具体原因，同时对生态福利绩效影响因素的拆解与讨论并不够全面。

本研究基于中国不同省份生态福利绩效测算结果，详细分析各省份生态福利水平的基本情况及发展历程。在此基础上，从人口城镇化、经济城镇化、空间城镇化等维度，实证检验城镇化各维度与生态福利绩效之间的关系，剖析城镇化对生态福利绩效的影响作用。同时，解释分析政府生态环境治理产生的生态福利效应，分析城镇化过程中政府治理主要手段对生态环境质量的改善作用及居民福利水平的提升作用，探讨了政府生态环境治理对生态福利绩效的作用机制，以期拓展丰富生态福利绩效的研究内容，完善生态福利绩效的研究体系。

（2）现实意义

①契合全球范围内绿色转型及可持续发展的本质要求

生态福利绩效，体现了生态资源消耗转化为人类福利水平的效率。如何在自然资本稀缺、生态环境消耗存在边界的现实前提下，促进人类福利水平的不断提升，是实现可持续发展的根本要求。通过对中国不同省份生态福利绩效时序分析，可以探究生态环境资源消耗与居民福利增长二者之间的关系，用以衡量各地区可持续发展的程度。

②与生态文明建设目标、美丽中国发展愿景相一致

生态文明建设是关系人民福祉、关系民族未来的大计，必须把生态文明建设摆在全局工作的突出位置。生态福利理念摒弃过往 GDP 主义，以追求社会福利最大化为终极目的。探讨研究中国不同省份生态福利绩效水平及相关问题，不仅可以实现资源消耗降低和环境质量改善，而且可以促进社会福利提升，实现人类全面自由的真正发展，从而加速推动中国生态文明建设进程，使得“绿水青山”逐渐生长出惠及民生的“金山银山”，“美丽中国”发展愿景可期。

③是促进区域可持续城镇化发展的重要举措

中国正处于城镇化加速发展时期，经济社会发展应与生态环境保护协同共进，协调发展。本研究有效识别出不同省份生态福利发展状态，综合评价不同省份生态福利绩效水平，分析城镇化不同维度与生态福利绩效之间的关系，剖析政府治理对生态福利绩效的影响作用，从而更有针对性地提出合理有效的政策建议，实现地区间高效、包容、可持续发展。

④可为政府生态环境治理提供决策依据及政策参考

本研究根据中国不同省份生态福利绩效的综合评价结果，结合城镇化过程中生态福利绩效的影响因素，剖析政府生态环境治理对生态福利绩效的作用机制。上述针对不同省份生态福利绩效的评价结果和提升生态福利绩效的相关政策建议，可以为环境保护部门、城市规划发展部门提供翔实的测算数据及合理的发展路径，为制定区域可持续发展战略、环境治理规划及配套政策措施，提供决策依据及政策参考。

1.3 研究思路与内容架构

本研究从中国生态环境与城镇化及其进程的现实发展状况出发，依托于生态福利相关理论、可持续城镇化相关理论等，首先，考察不同省份生态环境投入与居民福利产出二者协调度，分析不同省份生态福利发展状态，刻画不同省份生态福利发展现状；其次，测算不同省份生态福利绩效水平，从多个角度描述解释了不同省份生态福利绩效的时空演化趋势及空间分布特征，同时，运用多种计量回归方法实证检验城镇化不同维度对生态福利绩效的影响；再次，剖析城镇化进程中政府治理手段的生态福利效应，探讨政府治理对生态福利绩效的作用机制；最后，基于上述研究结果，提出促进生态福利绩效提升、政府治理手段优化的相关政策建议。

第 1 章为绪论部分。这一部分主要阐述了为什么要研究、如何研究城镇化进程中生态福利绩效评价与优化。论述了从社会福利视角考察生态福利绩效的理论意义及实践价值。厘清本研究撰写的基本思路，简要介绍研究架构，梳理研究主要内容，明确研究主要方法及技术路线，阐述本研究的主要创新点。

第 2 章为理论基础与文献综述部分。这一部分首先对生态福利及城镇化相关概念进行界定；其次梳理阐述了生态价值论、生态供需论、环境经济理论、生态现代化等生态福利相关基础理论，以及区位理论、人口迁移理论、城市结果转化理论、生态学派理论、可持续发展理论等城镇化相关基础理论；最后从生态环境与人类福利的关系、生态福利绩效评价、城镇化与生态福利、城镇化进程中政府治理与生态福利的关系等方面进行文献综述，发现知识缺口及研究空白点，提出本研究后续可行研究方向。

第 3 章对中国不同省份生态福利发展状态进行分析。这一部分主要通过构建生态环境投入指数（REEI）、居民福利产出指数（RHDI）评价指标体系及测算模型，运用熵值法和联合国人类发展指数（HDI）计算方法等，测算1997—2015年中国不同省份REEI指数及RHDI指数。基于上述测算结果，将生态福利发展状态分为4种类型，构建生态福利发展状态分析框架，进一步分析不同省份生态环境投入与居民福利产出之间的协调程度。

第4章对中国不同省份生态福利绩效水平进行综合评价。这一部分主要参考第3章生态环境投入指数（REEI）、居民福利产出指数（RHDI）所选指标，构建生态福利绩效评价指标体系，利用非角度Super-SBM模型和DEA窗口分析，测算1997—2015年中国不同省份生态福利绩效水平，分析各个省份生态福利绩效的差异性及收敛性，从多个角度描述解释了不同省份生态福利绩效时空演化趋势和空间分布特征。

第5章进行城镇化对生态福利绩效影响的实证分析。这一部分重点从人口城镇化、经济城镇化、空间城镇化等维度，剖析城镇化对生态福利绩效的影响作用，采用第4章生态环境福利绩效测算结果及2003—2015年省级面板数据，运用多种面板计量回归方法，综合检验了城镇化各维度与生态福利绩效之间的关系，并对不同省份样本数据进行分层回归。

第6章对城镇化进程中政府治理产生的生态福利效应进行实证分析。这一部分剖析了政府治理主要手段所产生的生态福利效应，分析这些手段对生态环境质量的改善作用及居民福利的提升作用，探讨城镇化进程中政府治理对生态福利绩效的作用机制，并将现有政府治理手段置于中国式分权制度背景下，从居民满意度的角度对其实施效果加以探讨，对政府治理的生态福利效应做进一步补充分析。本章主要采用第3章REEI指数及RHDI指数测算结果、2003—2013年省级面板数据及中国综合社会调查数据库CGSS（2003—2013年）数据，运用多种计量回归方法进行经验分析及实证检验。

第7章将综合第3章至第6章的研究成果，从优化生态环境治理的宏观环境、完善生态环境治理网络结构、创新生态环境治理政策体系等方面，对促进生态福利绩效水平提升提出相关政策建议。

第8章是结论与展望。这一部分总结本研究的主要研究成果和未来可行研究方向。

1.4 研究方法

本研究基于多学科视角，采用多个宏观、微观数据库作为研究数据来源，综合运用多种定量分析方法，使得研究工作更加科学性、系统性，保证研究结论的稳健性和可靠性。具体而言，本研究采用的主要研究方法主要有：

（1）文献研究法

本研究是针对城镇化进程中生态福利绩效评价及相关问题进行研究。由于生态福利绩效综合考虑居民福利水平变动，涉及经济学、哲学、伦理学、社会学等多个学科，是生态经济学领域较为崭新的研究视角，现有研究成果较少。因此，需要通过大量经典著作及相关参考文献进行梳理，归纳现有研究成果，明确研究方向，界定研究对象范畴，厘清研究脉络，提出知识缺口，并建立研究具体分析框架，制订行之有效的研究计划。

（2）定性分析与定量分析相结合

本研究通过文献归纳法、理论分析法、专家访谈法等定性分析方法，选取并构建全面有效、可操作性强的评价指标体系，用以计算生态环境投入指数（REEI）、居民福利产出指数（RHDI）及生态福利绩效（EWP），以《中国统计年鉴》《中国能源统计年鉴》《中国人口和就业统计年鉴》《中国教育统计年鉴》《中国环境统计年鉴》，各省、自治区、直辖市《国民经济与社会发展统计公报》《环境统计公报》《教育事业发展统计公报》，以及中国经济与社会发展统计数据库、中经网统计数据库、Wind 资讯数据库等官方统计数据为研究样本数据。

运用熵值法、联合国开发计划署（UNDP）人类发展指数（HDI）计算方法，测算 1997—2015 年中国 30 个省份生态环境投入指数（REEI）、居民福利产出指数（RHDI）。运用数据包络分析法（DEA）中非角度 Super-SBM 模型和 DEA 窗口分析法等，测算 1997—2015 年中国 30 个省份生态福利绩效（EWP）。运用变异系数、泰尔指数测算不同省份生态福利绩效的地区差异。运用 σ 收敛、β 绝对收敛、β 相对收敛、俱乐部收敛等模型，判定不同省份生态福利绩效水平收敛趋势，刻画地区间生态福利绩效时空演化趋势。

（3）规范分析与实证研究相结合

本研究将首先建立研究理论基础，注重借鉴多学科研究成果。之后，在实证研究中，利用上述宏观数据库统计数据和中国综合社会调查数据库（CGSS）微观数据等，运用多类面板回归方法以及针对有序被解释变量的微观计量回归方法，较为系统地研究了城镇化对生态福利绩效的影响作用、城镇化进程中政府治理的生态福利效应及政府治理对生态福利绩效的作用机制等，使得规范分析得到更为有力的经验数据支撑。

①在研究城镇化对生态福利绩效影响时，主要从人口城镇化、经济城镇化、空间城镇化等维度剖析城镇化对生态福利绩效的影响作用，运用混合OLS、面板固定效应模型（FE）和随机效应模型（RE）、空间自相关模型（SAC）等计量方法，综合检验了城镇化各维度与生态福利绩效之间的关系，并对30个省份样本数据进行分层回归，从而得到更为充分的研究结论。

②在研究政府治理的生态福利效应及对生态福利绩效作用机制时，主要从生态效应和福利效应角度分析政府治理产生的生态福利效应，并把生态效应拆解为节能效应和减排效应，福利效应拆解为主观福利效应和客观福利效应。同时，引入环保工作满意度检验环境治理效果，对政府治理的生态福利效应做进一步补充分析。在实证过程中，针对政府治理的生态效应和客观福利效应，主要采用静态面板的固定效应模型和随机效应模型，动态面板的广义差分矩估计模型和广义系统矩估计模型，以及空间面板的空间自相关（SAC）、空间杜宾（SDM）和广义空间面板随机效应（GSPRE）等多类面板计量回归方法；针对政府治理的主观福利效应和居民满意度，采用Ordered Logit模型、Ordered Probit模型等微观计量模型，匹配生态环境宏观数据与居民主观福利、居民满意度等微观调查数据，进行经验分析及实证检验。

1.5 研究的创新点

本研究可能的创新点主要体现在以下几个方面：

首先，研究视角上的创新。现有关于生态效率的研究大多以帕累托最优为评判准则，研究视野局限于生态环境投入的经济增长效应上，较少考虑生态环境产生的民生福祉效应，忽略了居民对于生态环境的真实偏好及需求。本研究对传统生态效率观点进行反思与突破，开展中国城镇化进程中生态福利绩效及其相关问题的研究，评价分析1997—2015年中国30个省份生态福利绩效演进历程，实证检验城镇化各维度对生态福利绩效的影响作用，剖析城镇化进程中政府治理产生的生态福利效应，探讨政府治理对生态福利绩效的作用机制。研究选题超越了传统生态经济学的研究视野，从社会福利视角进一步丰富现有生态效率的研究成果。

其次，研究方法上的创新。本研究利用经济社会宏观统计数据和中国综合社会调查数据库（CGSS）作为研究样本，将多种综合评价方法、多类面板计量回归方法及微观计量回归方法引入生态福利绩效评价及相关问题研究中，尽量充分考虑到数据可能存在的内生性及稳健性问题。具体来说，在进行生态福利绩效评价时，采用非角度 Super-SBM 模型及 DEA 窗口分析法测算生态福利绩效，实现跨期面板数据评价。在分析城镇化对生态福利绩效影响时，运用多类面板计量回归方法实证检验城镇化对生态福利绩效的影响作用。在探讨现有政府治理手段的生态福利效应时，运用广义差分矩估计模型、广义系统矩估计模型等动态面板计量模型，以及空间自相关（SAC）、空间杜宾（SDM）和广义空间面板随机效应（GSPRE）等空间面板计量模型进行实证；采用针对有序被解释变量的 Ordered Logit 和 Ordered Probit 等微观计量方法，处理居民主观幸福感和满意度调查数据，实现生态环境宏观数据与居民福利微观数据的匹配。

同时，跨学科的概念及研究成果借鉴。本研究借鉴哲学、心理学、社会学等学科关于人类福利的已有研究成果，首次将居民主客观福利效应纳入生态福利绩效研究中，创新性地采用居民主观幸福感、居民针对环保工作满意度等微观调查数据作为评价标准，剖析政府治理主要手段产生的生态福利效应，为解决城镇化过程中生态环境问题，提供新的分析角度和研究范式。

第 2 章

理论基础与文献综述

2.1 概念界定

2.1.1 生态福利

（1）生态

“生态”（Ecology）一词源自古希腊，《柯林斯英语大词典》中把该词解释为“植物、动物、人类与其所处环境之间的相互关系，及这些相互关系之间的平衡作用”。因此，“生态”表明的是一种有机体与其所处环境之间的相互关系，且这种相互关系是动态的、复杂的、不断进化发展的（白光润，2003；李良美，2005；杨桂芳，2010；谷树忠等，2013）。

1866 年，德国著名自然科学家埃·海克尔（Haeckel）在其所著《普通生态学》一书中首次提出“生态学”这一概念，指出“生态学”是研究地球生物有机体与其所处环境之间作用关系的科学。20 世纪 60—80 年代，生态这一概念被赋予更为丰富的含义，将人类纳入整个生态系统中。正如《增长的极限》一书中表述，生态环境的自然层面与人文层面之间开始产生相互交织的关系。从 20 世纪 80 年代至今，“生态”一词的内涵再度得到升华，被认为是人类所处环境中各种关系的和谐统一。1991 年，荷兰自然规划署出版的 *Ecopolis: Strategies Ecologically Sound Urban Development* 中，把“生态”界定为“包含经济、社会、政治、文化等多方面关系在内的，有效率、可参与、具有活力的统一体”。中国科学院生态环境研究中心王如松研究员认为，“生态是物质成果、精神成果、政治制度成果的在自然环境与社会环境上的具体表现”。[①] 中国著名城市规划专家黄光宇和陈勇认为，“生态应该包含经济、社

① 王如松．高效·和谐：城市生态调控原则和方法［M］．长沙：湖南教育出版社，1988.

会、文化、政治、科学技术等与自然资源、自然环境之间协调发展”。[①] 可以看出，“生态”可以理解为自然环境中一切生物生存及发展的状态，及生物个体之间、生物个体与自然环境之间的相互作用关系。

（2）福利

“福利”（Welfare）一词，是由 well 与 fare 两个词语复合而来，直译为“美好的生活”“幸福的生活”等，原属于社会学范畴。《牛津高阶英汉双解词典》把“福利”一词定义为“个人、集体或者社会的健康、幸福、安乐及繁荣”。《韦伯斯特新世界大学词典》中“福利”解释为“一种健康、舒适、感知幸福的状态”。《现代汉语词典》对“福利”一词的注解为“使生活上得到利益”。西方原始福利思想可追溯至古希腊罗马时代，几乎与“经济”思想同一时期萌芽产生。亚里士多德在讨论“公平”和“效用”问题时，就包含早期的福利思想。柏拉图认为“福利代表一种总体性的幸福状态”。[②] “福利”这一概念在中国最早出现于《后汉书·仲长统列传》“使奸人擅无穷之福利，而善士挂不赦之罪辜”的论述中，[③] 着重于对物质层面的利益表达和幸福阐述。

在学界中，社会学、人类学、心理学、经济学等不同领域学者，根据各自不同的研究范畴对“福利”一词的内涵进行界定。德国经济学家和统计学家恩斯特·恩格尔（Ernst Engel）用“达到满足日常生活需求的状态”来描述“福利”一词。美国经济学家汉斯·范登·德尔（Hans Van Den Doel）指出，“福利是指个人内在需求的满足程度，是考虑经济因素在内的基于资源稀缺需求的满足程度”。[④] 可以看出，恩格尔和汉斯·范登·德尔对“福利”一词的含义界定相近，均把其表述成一种“使个体本身得到满足或精神得到愉悦的程度或状态”。英国社会学家安东尼·吉登斯（Anthony Giddens）强调需要从心理学角度来诠释“福利”，认为“其绝非一个经济学概念，应从心理学范畴进行表征，代表个体对幸福的感知程度”。[⑤]

杰里米·边沁（Jeremy Bentham）将“福利”理解为“效用”，认为这种

---

① 黄光宇，陈勇．生态城市理论与规划设计方法［M］．北京：科学出版社，2002.

② 柏拉图．理想国［M］．郭斌和，等，译．北京：商务印书馆，2009.

③ 王先谦．后汉书集解［M］．北京：中华书局，1984；景天魁．福利社会学［M］．北京：北京师范大学出版社，2010.

④ 汉斯·范登·德尔，本·范．民主与福利经济学［M］．北京：中国社会科学出版社，1999.

⑤ 安东尼·吉登斯，郑戈．第三条道路［M］．北京：北京大学出版社，2000.

效用“是由事物或者服务所具备的，能够满足个人或者群体需求的特征”。[①] 庇古（Arthur Cecil Pigou）坚持了功利主义原则，将“福利”等同于“效用”，认为“福利”代表“人的主观内心状态，其大小可以被测算的”，是用来反映“个人或者群体通过商品或服务消费产生的效用”。[②] 经济学家维弗雷多·帕累托（Vilfredo Pareto）认为“效用作为个体的主观感受，个体之间是无法比较的”，并不存在边沁提出的“适用于所有个体的统一的基数效用单位”。[③] 在此基础上，他提出了“帕累托最优”理论（Pareto Optimality Theory），这也是新福利经济学区别于传统福利经济学的地方。该理论提出以序数效用理论替代基数效用理论，以“偏好”而并非“效用”来刻画福利表现，社会福利的改善应被诠释成“个体福利的增加而其他个体的福利并未减少”。

20 世纪 70 年代以来，诺贝尔经济学奖获得者阿玛蒂亚·森（Amartya Sen）认为，新福利经济学所倡导序数效用理论，并不能揭示有关人际间效用比较的信息，福利并不能以“生产和消费的商品”进行直接衡量。[④] 他提出可行能力方法（Capacity Approach），用“个人能力”诠释福利内涵，用功能、能力和自由等概念重新刻画表征福利。[⑤] 在他所提出的理论基础上，诸多学者发展了后现代福利经济学。该理论区别于传统福利经济学与新福利经济学，用以衡量福利大小的“自由”，是指人类行动上的自由，而这种自由的目标是可以被实践的。罗伯特·平克（Robert Pinker）把“福利”分为“集体与个人两个层面”，是指个人的需求和欲望的满足程度，从物质层面来说“主要涉及食物、收入、医疗、住房及教育等基本服务”，从更高的民主权利层面来说，“还包含公民拥有的权利及义务，及参与到社会管理、政治生活的机会”。[⑥] 日本福利学者一番ケ濑把“福利”看作“个人追求生存权及发展权的动态过程”，强调“其不仅只限于个体精神的感知，而是个体拥有的主动追求幸福生活权利的条件及机会”。[⑦] Prescott-Allen（2002）认为，福利是“个人当下享受的客观事物对其自身主观价值的体验”。Fin-

---

① 边沁．道德与立法原理导论［M］．北京：商务印书馆，2009.
② 阿瑟·塞西尔·庇古．福利经济学［M］．北京：华夏出版社，2013.
③ 崔大鹏．国际气候合作的政治经济学分析［M］．北京：商务印书馆，2003.
④ 阿玛蒂亚·森．以自由看待发展［M］．北京：中国人民大学出版社，2002.
⑤ 阿玛蒂亚·森．论经济不平等［M］．北京：社会科学文献出版社，2006.
⑥ 张士昌．社会福利思想［M］．合肥：合肥工业大学出版社，2005.
⑦ 一番ケ瀨．社会福利基础理论［M］．武汉：华中师范大学出版社，1998.

layson 等（2005）认为，福利是“个体针对生活、健康、成就、人际关系、安全、社区联系和未来安全等方面的综合感知满意程度”。Kareiva 等（2007）界定了个人福利所涉及的 6 个主要方面，即：健康、工作、知识、物质条件、自我决定权及人际关系。联合国《千年生态系统评估》（*The Millennium Ecosystem Assessment*）[①] 中，把福利细分为物质、健康、社会关系、安全、自由权及选择权等相互作用、有机联系的几个方面。《斯坦福哲学百科全书》（*Stanford Encyclopedia of Philosophy*，*SEP*）中将福利解释为：①个体的良好状态；②提升个体状态的政府行为和制度设定，这里的福利被界定为“状态描述与动作表达的结合体”。

综合以往学界针对福利这一概念的探究，可以看出，福利一词在内涵上有所延伸，在外延上有所拓展。早期的福利，以效用、利益、满足等作为关注重点，例如亚当·斯密提出的“自身劳动生产物中，使个体得到过得去的衣食住条件，才算上公正”，边沁主张的“福利倾向于给利益相关者带来好处、实惠，并防止利益相关者遭受损害、痛苦”。而后，学者开始更为重视个人感受，而并非简单以物质利益来衡量福利大小。阿玛蒂亚·森为代表的福利经济学者更偏重于以个体能力在消费商品或者服务过程中的体现程度来衡量福利大小。森还认为，并不应单纯以简单的终极状态，如最终消费、最终收入水平或 GDP 等，来测算福利大小，需要考虑到个体进行选择的过程及在该过程中拥有选择权利的自由程度。随着人类掌握物质资源数量的急速增长，人们对福利内容的追求也不断增加，不仅包含了物质财富、金钱利益等，还包括了健康、医疗、教育、住房及社会交往关系等诸多方面。

（3）生态福利

生态环境对人类经济社会发展具有至关重要的意义。当生态环境问题逐渐成为制约人类生存与发展的枷锁时，人类开始关注生态危机、环境恶化等严峻现实问题。追求生态健康，改善环境质量，开始成为福利需求的一部分，人们的福利观念也从“单纯追逐个人财富为主的经济福利，转向追求人与生态和谐共处的生态福利上来”（樊雅丽，2009；邓扶平等，2014）。生态福利，是生态化的社会福利，是社会福利的重要组成部分，其扩大了社会福利的内涵，强调人类自身与生态环境之间相互作用关系。洛夫斯基（1986）指出，

① RUSSO，SMITH. The Millennium Ecosystem Assessment ［A］ //What Water Is Worth：Overlooked Non-Economic Value in Water Resources ［M］. Palgrave Macmillan US，2013.

“生态需求是人类福利的基本指标之一，没有生态质量的社会福利，是残缺不完整的。生态福利是衡量人类生活质量的重要方面”。刘思华（1988）认为，生态需求有广义与狭义之分，广义的生态需求是指“现代人类经济活动中社会经济系统对自然生态系统的生态环境资源的需要”，狭义的生态需求主要是指“人类自身的生态需要”。杨柳青（2004）认为，生态需求是“人类为获取最大福利需要而对生态产品所产生的需求”，其本质是谋求最大社会福利，实现人类可持续发展。

生态福利概念的引入及发展，急需完善社会福利思想、理论及其对应的制度。众多学者对生态福利的内涵进行了广泛研究，但对这一概念始终未能达成统一的定义。本研究将“生态福利”界定为“满足人类生态需要的程度”，具体是指一定期间内，由于区域生态环境改变所导致的所属社会成员现有社会福利的影响变化。

2.1.2 城镇化

（1）城镇化与城市化

城镇化（Urbanization）一词，又被称之为城市化、都市化。马克思在《政治经济学批判》中指出“现代历史是乡村的城市化”。[①] 1867 年，西班牙工程师依勒德本索·塞尔达（A. Serda）在其著作《城镇化的基本理论》中提出，他首次使用“Urbanization”这一概念描述乡村向城市转变的过程。

严格意义上来说，国外学者所提到的“Urbanization”，应译为“城市化”。学术界中人口学、经济学、社会学、地理学、生态学等不同学科对城市化的理解存在差异，对城市化的内涵有不同的界定。从人口学角度来看，城市化是指农村人口向城市大量转移、不断聚集，农村人口向非农人口转变的这一过程。巴顿（1984）把城市化界定为“人口向城市集聚的过程”。[②] 威尔逊将城市化描述为“城市地区人口的居住比例上升”。[③] 英国经济学家 C. G. Clark（1960）把城市化定义为“第一产业人口逐渐减少、第二三产业人口不断增加的过程”。H. Eldridge 认为“城市化的全部定义在于人口的集中过程”（汤茂林，2001；李振福，2003）。从经济学角度来看，学者们通常从城市与经济的关系出发，强调城市化是农业经济向非农经济转变，第一产业向

① 马克思．政治经济学批判大纲（草稿）（第一分册）[M]．北京：人民出版社，1975.

② 巴顿，K. J. 城市经济学：理论和政策 [M]．北京：商务印书馆，1984.

③ 威尔逊．人口学词典 [M]．杨魁信，等，译．北京：商务印书馆，1992.

第二三产业转移的过程，在此过程中生产要素产生流动，生产能力得到集聚，并改变社会就业结构及居民消费方式。沃纳·赫希把“城市化”定义为“以分散型为主的乡村经济向集中型为主的城市经济的转变过程”。[①] Henderson 和 Wang（2005）认为，城市化是将“农村自然经济逐渐转换为城市工业经济”，该观点强调城镇区域的扩张及城市空间布局的调整。山鹿诚次认为，城市化强调“社会结构的改变”，被理解为“人类价值观念、生活方式、文化教育等社会因素不断转变、扩散的演化过程”。[②] Hudeson（1969）认为，城市化强调“乡村生活方式向城市生活方式的转变”。库采夫把城市化解读为“劳动分工与交换范围扩大所导致社会形态转变的历史过程”。[③] Friedmann 和 Lackington（1967）将城市化解读成“实体城市化和抽象城市化”，前者包含“人口、地域、景观等方面城市化过程”，而后者涵盖“文化传统、生产方式、生活方式、价值观念等方面城市化过程”。Pacione（2009）将城市化内涵扩展成“城市人口比例增长、城市建成区面积增长及城市生活方式扩散”三个方面。Schwirian 和 Prehn（1962）认为城市化可以从三个方面进行解读，即：①城市中心向周边区域不断辐射；②城市人口比例不断增加；③居民行为模式与价值观念的转变。

国内学术界常采用“城镇化”来表征“Urbanization”，“城镇化”一词的产生，完全是“中国制造”（田雪原，2013）。之所以采用“城镇化”这一表述，是因为中国现阶段城市体系中包括大量城镇，这些聚集了大量非农人口的城镇，区别于一般意义上的城市，其人口规模无法与国外一般城市相匹配，因此用“城镇化”能够更加精准地描述农村人口向城市及集镇流动的过程。1984 年，世界银行报告《城镇化：国际经验和中国的前景》中首次用中文提出“城镇化”这一概念（王慧炯和杨光辉，1984）。辜胜阻在《非农化与城镇化研究》[④] 中详细阐述了“城镇化”这一概念，探求了社会非农化及城镇化发展的中国式道路。2000 年 10 月，《中共中央关于制定国民经济和社会发展第十个五年计划的建议》中提到“积极稳妥地推进城镇化，提高城镇化水平”，这是中国政府报告中首次出现“城镇化”这一表述。随后，城镇化这一概念被政府和学界大量采用，城镇化发展战略，也成为中国国民经济发展、

① 沃纳·赫希．城市经济学［M］．北京：中国社会科学出版社，1990.

② 山鹿诚次．城市地理学［M］．武汉：湖北教育出版社，1986.

③ 库采夫．新城市社会学［M］．北京：中国建筑出版社，1984.

④ 辜胜阻．非农化与城镇化研究［M］．杭州：浙江人民出版社，1991.

社会深化改革的重要方针政策。刘耀彬等（2005）认为，城镇化是“经济发展、人口迁移、地域扩张、居民生活水平不断提升的综合过程”。邹彦林（1999）认为，城镇化会“引起人类生产方式、生产力布局、人口分布及生活居住方式的演变”。陈顺清（1998）、孙中和（2001）分别在各自的研究中表达类似观点，指出城镇化“不仅是人口要素向城市（镇）转移和集聚，而且是城市（镇）数量增加、规模扩大、设施完善、职能健全，同时城市（镇）经济关系、社会文明、居民生活方式向农村扩散的过程”。蔡俊豪和陈兴渝（1999）指出城镇化这一过程将导致“区域、人口、文化、生产及生活等方面向城市形态进行演变”。顾朝林（2004）指出城镇化进程体现在“经济结构、社会结构、文化及生活方式向城市（镇）演化转变”。李树琮（2002）认为，城镇化内涵主要体现在“城市区域扩张、产业结构变化、经济发展及社会变革、城市中心辐射作用加强、城乡协调发展”等 5 个方面。高珮义（2004）将城镇化内容理解为包含“乡村为城市所同化、乡村内部城市化”等在内的 5 个层次。陈春（2008）认为城镇化内涵可以从“人口城镇化、经济城镇化、土地城镇化、社会城镇化”等方面进行解读。

城镇化与城市化在本质上是一样的（蔡俊豪和陈兴渝，1999；刘士林，2013；田雪原，2013），二者都是强调农村人口脱离第一产业，从事第二、第三产业的过程。《现代地理学辞典》《城镇规划基本术语标准 GBIT50280-98》等专业工具书中，均指出“城市化，又称城镇化”（左大康，1990）。李树琮（2002）认为，城市化、城镇化在内涵上并无差别，均是对“Urbanization”一词的意译。朱铁臻（2002）、马长青（2014）认为，“城市化”与“城镇化”概念一致，所描述过程的内涵一样。冀延卿（2002）认为，“城镇化”与“城市化”内涵表征类似，均是把人口职业的转变和城乡构成的变化作为研究对象。

因此，本研究采用上述观点认为城镇化与城市化概念相同，为避免理解歧义，在书中尽量采用“城镇化”这一表述，但对所引用研究成果中采用“城市化”说法的，不做修改，便于完整释义。同时，在总结学界各方学科观点的基础上，倾向于对城镇化作为一个复杂的、系统的综合性过程，进行概念解读。城镇化是指一个国家或者地区的资本及劳动力等生产要素从农村向城市流动集聚的过程，伴随着人口流动、产业结构转变、城市地域景观扩张、城市生产生活方式扩散、城市文明传播、城市特征加强等变化。

（2）可持续城镇化

可持续发展（Sustainable development）是于 1980 年国际自然资源保护联

盟（International Union for the Conservation of Nature，IUCN）、世界自然基金会（World Wide Fund for Nature，WWF）共同出版的《世界自然资源保护战略大纲》中提出的。世界环境与发展委员会（World Commission on Environment and Development，WCED）（1987）在《我们共同的未来》（*Our Common Future*），第一次科学论述了可持续发展的概念，即“既满足当代人的需求，又不对后代满足其生存发展的需求构成危害”，该表述被学界普遍接受并广泛应用。联合国人居署（United Nations Centre for Human Settlements，UN-Habitat），把可持续城镇化过程定义为“经济得以发展、社会得以进步、环境得以保护、人类权益及基本自由得以尊重，从而提供一个更为稳定、和谐、道德的世界”（United Nations，2001）。Worldwatch Institute 指出，可持续城镇化可以实现“材料回收力度加大，资源利用效率提升，环境不利影响降低，社会福利及公众健康水平提升”（Lea et al.，1992）。Stanners 等（1995）指出，可持续城镇化过程可从 5 个主要方面进行解释：①自然资源消耗最小化；②有效管理乡村人口向城市流动；③关注公众健康水平；④自然资源及公共服务均等化；⑤确保社会多样性发展。Standish 等（2013）指出，可持续城镇化要求“经济、社会、环境及政府管理等方面协调发展”。Zhao（2011）认为城市可持续性表现为“可以持续提供社会福利，同时维持并提升城市生态系统服务的能力”。Wu 等（2014）指出城市可持续发展是一个生态系统服务于人类福利之间相互作用的动态过程。国务院发展研究中心和世界银行联合课题组在《中国：推进高效、包容、可持续的城镇化》一书中，指出“可持续的城镇化，是与中国生态环境和自然资源条件相适应，能够提供与人民愿望相称的城市生活质量”。[①] 赵峥和倪鹏飞（2012）指出，可持续城镇化的核心要义是人口城镇化，主要动力是产业城镇化，必然要求是空间城镇化，三者紧密联系，共同构成可持续城镇化的基本框架。赵旭等（2009）指出，可持续城镇化主要表现为“城镇人口增长与其就业容量、城市基础设施建设、区域生态环境承载力、城市管理机制之间的协调发展”。

本研究认为，可持续城镇化是基于可持续发展理念，在城镇化动态过程中实现经济、社会、环境等方面协调统一。具体来说，首先，可持续城镇化是一种同步城镇化，不同于“过度城镇化”或“滞后城镇化”，而是城镇化、

① 国务院发展研究中心，世界银行．中国：推进高效、包容、可持续的城镇化［M］．北京：中国发展出版社，2014.

工业化、现代化三者同步发展。其次，它强调城乡统筹，注重整个城市体系的可持续发展，达到经济竞争力增强、生产力水平提升的目的，并不拘囿于单个城市的可持续发展。同时，它关注社会弱势群体，强调社会公平，致力于减小贫富差距，实现社会福利均等化。而且，它要求政府管理者通过采取不同管理措施（例如，技术、体制、文化等更新变革），协调处理各方利益关系，解决城镇化过程中的各种负面效应等。

2.2　研究理论基础

2.2.1　生态福利相关理论分析

本节主要对生态价值论、生态供需论、环境经济理论、生态现代化理论等生态福利相关基本理论进行回顾与分析。上述生态福利相关理论对于城镇化进程中生态保护及环境治理诸多问题的研究，提供了理论借鉴与参考。

（1）生态价值论

①基于劳动价值论。

生态价值论认为，生态环境具有价值。因为生态环境在物质资源提供、景观提供、安全维护、文化承载等方面具有较强的使用价值，且不以人类意志为转移，逐渐成为人类物质财富的组成部分，因此不能因其存在市场交易障碍，而否定其使用价值属性。同时，现如今大量人力物力被投入至生态环境中，生态环境已并非纯天然，包含大量人类劳动参与。生态环境的价值，体现在人类维持及改造生态环境过程中付出的社会必要劳动时间。随着对生态价值这一问题深入探讨，大部分学者均赞同生态环境具有价值这一观点。刘业础（1981）认为由于人类生产力水平提升，人类对环境影响超过环境自身容量，自然界无法依赖自身净化能力，消除人类日常活动对生态环境产生的负面影响，需要耗费必要的人类劳动用以保护生态环境，该部分的耗费应属于生态环境的价值。于光远（1981）认为，环境保护及生态改善工作，凝结人类劳动，生态环境具有价值。陈予群（1985）指出，生态环境价值表现为人类必要的劳动时间的物化，并应通过历史发展过程来考察生态资源的有偿性。刘思华（1987）认为，应在劳动价值论的基础上建立生态价值论，把劳动价值延伸至生态经济系统中。司金銮（1996）把生态价值分为“天然的自然”和“人工的自然”2 个层次，前者逐步向后者发生转移，生态价值逐渐显现。蒲志仲（1993）认为，生态环境价值主要包括 3 个部分，即：生态环境开发利用过程中直接耗费量、简单再生产的中间耗费量及扩大再生产的中间耗费量。

②基于效用价值论。

效用价值论认为，价值是人们对物品或服务的主观评价，主要是指物品或服务能够满足人们主观欲望或需求的能力（程宝良和高丽，2006）。一般效用价值论认为，物品的价值是由其效用产生的，即物品用途大小决定了其价值大小。边际效用价值论认为，商品边际效用及其稀缺性决定了商品的价值，即：物品或服务所带来的总效用的边际变化量。均衡效用价值论认为，价值是由生产费用与边际效用共同构成，二者缺一不可。从上述效用价值论的多种观点来看，生态环境是具有价值的。首先，生态环境具备能够满足人们的主观欲望及需求的能力，具有重要效用；其次，由于生态环境具有客观增长边界，关键自然资本消耗存在不可逆性，生态环境逐渐显现出边界效用及其稀缺性。由此可见，生态价值理论强调了生态价值的重要性，克服了片面追逐经济利益的局限。该理论是从经济学角度研究生态福利的前提及基础，完善并发展了经济学理论。

（2）生态供需论

生态需求，是指人类及其后代为满足自身存在和发展，对生态环境产生的依赖及提出的要求。生态需求始终贯穿于人类社会发展的全过程，具有层次性、冲突性、外部性等特点。

首先，从层次性特征来说，如图 2-1 所示，生态需求可以依据马斯洛（A. H. Maslow）需求层次理论划分为 5 个层次（张金泉，2004）。其中，生理需求、安全需求是人类低层次的生态需求，也是最基本的生存需求；社交需求与尊重需求体现了人类对生活质量、生活环境的追求；成就需求则代表了最高层次的生态需求，以期在和谐的人地关系中实现全面自由的发展。其次，从冲突性特征来说，由于地区间经济社会发展异质性的普遍存在，各地区对生态环境资源的占有、利用、消费及再回收过程呈现明显差异。同时，地区内部也会由于社会阶层不同，生态需求存在差异，导致生态冲突的发生（刘昌明，2002；钟茂初，2004）。最后，从外部性特征来说，生态环境系统中大部分资源均属于公共资源，通常表现出产权归属划分不明确、有效产权不易建立、产权初始建立成本及后期交易成本过高等特点。例如，“公地悲剧”现象在环境领域尤为突出，表现出典型生态需求外部性特征（葛中全，2005；湛志伟，2004），“搭便车”行为也时常发生在生态保护及环境治理问题中（沈满洪和陆菁，2004；赵鼎新，2006；沈满洪和谢慧明，2009）。

图 2-1　生态需求的五种层次

资料来源：根据张金泉等（2004）研究结论绘制。

生态供给，是指在一定生产力水平下，生态系统能够为人类提供的生态资源的存储量及再生量（谢高地等，2012）。生态供给具有自我调节性、社会可控性等特点（乔青等，2007）。其中，自我调节性是指生态系统具有一定自我调节能力，能够根据人类外部活动而进行自我修复（张彪等，2010）。但该调节能力存在一定阈值，一旦超过其范围，就会产生不可逆的环境损害。社会可控性是指人类可以通过合理利用资源、加大环境治理力度及加强生态文明建设等方式，改善生态系统自我调节能力，提升生态系统的供给能力（李荣娟和孙友祥，2013）。工业革命以来，原始生态资本储量持续直线下降，生态供给锐减甚至出现短缺。人类日益增长的生态需求与持续下降的自然生态供给，存在不可调和的矛盾与冲突（杨莉等，2012）。生态供需论表明，应限制不合理的“无限生态需求”，倡导可持续的“有限生态需求”，同时增加生态资源的有效供给，提升生态环境的自我调节能力，才能使得生态环境得以可持续的发展（王颖芳和张彦芝，2011；施开放等，2013）。生态供需论确立了生态福利的经济地位，为提升生态福利水平提供了科学有效的思路。

（3）环境经济理论

①从“增长极限说”到“EKC 曲线假说”。

罗马俱乐部在《增长的极限》（*The Limits to Growth*）中指出，经济增长会受到自然资源的限制而不能长期持续增长，当经济增长导致资源消耗及环境破坏超过其生态承载能力时，生态系统将会受到不可逆的破坏直至崩溃

(Koehler, 1972)。20 世纪 90 年代初期，Grossman 和 Krueger 发现污染物排放量（如 SO_2、烟尘等）与居民人均收入之间并未呈现线性关系，同时在人均收入较低的国家污染物排放呈现增长趋势，人均收入较高的国家则表现为下降趋势。Panayotou（1993）率先将“污染—收入”之间存在的“倒 U 形”发展轨迹，命名并拓展成为环境经济理论中环境库兹涅茨曲线（Environmental Kuznets Curve，EKC）。“增长极限说”观点受到 EKC 假说的质疑与批驳。世界银行研究报告《世界发展 1992：发展与环境》（World Bank，1992）中认为，“增长极限说”存在片面性，它是建立在技术和环境支出静止不变的假设前提上的。EKC 假说则认为，虽然经济发展早期，环境恶化通常是经济增长的“附属物”，但随着经济进一步发展，通过调整经济结构、提高环境意识、加强环境治理、革新环境技术手段、加大环境投入等方式，生态环境恶化现象会被遏制。经济增长并非环境改善的潜在威胁，而是环境优化的根本途径(Beckerman，1992)。

20 世纪 90 年代以来，学界开始对 EKC 假说进行了经验分析及各种解释，并针对环境质量演变机理进行大量研究。EKC 经验研究主要采用各种污染物指标作为被解释变量，收入水平（一般以 GDP 或人均 GDP 衡量）作为解释变量，简化地估计二者之间关系，用以验证环境恶化趋势与收入水平之间是否存在“倒 U 形”关系及存在“倒 U 形”关系时“转折点”（Turning Point）或“阈值点”（Threshold Point）处的收入水平（Grossman & Krueger，1991；Shafik，1994；Selden & Song，1994；Panayotou，2000）。多数研究发现：ⓐ不同污染物的 EKC 曲线形状存在差异；ⓑ不同 EKC 曲线的转折点或阈值点的位置存在差异。Khanna（2002）通过研究交通工具燃料碳排放效率，发现碳排放 EKC 曲线与人类环境需求相关，其中教育水平、就业状态、人口密度等因素对该需求具有影响作用。Pasche（2002）指出，技术革新促进经济增长可持续增长、经济结构优化调整，这也是 EKC 曲线长期持续存在的必要前提条件。Thampapillai 等（2003）认为，环境与自然资源的稀缺性，会促使企业采用技术革新、产品升级及寻求替代品等手段，提升资源利用效率，降低污染物排放。

②对“EKC 曲线假说”的质疑：重回“罗马俱乐部”。

环境库兹涅茨曲线早期文献研究验证了环境改善与收入增长二者之间的关系，对“收入决定论”持肯定态度。随着研究深入，学界对经济增长与环境污染之间的关系进行反思，从统计方法、指标选取、拐点出现的时间及污染物转移等角度对EKC曲线假说存在问题及其隐含的原因进行深入探讨。ⓐ从统计方法来看，EKC曲线是大量统计结果表述的一种统计现象，其研究方法与研究结论之间存在极强的相关性。若采用多国或某国多区域面板数据拟合EKC曲线，可以观察到“贫困国家”或“经济落后地区”始终处于EKC曲线初级阶段，“发展中国家”或“经济较为发达地区”一般位于拐点附近分布，而多数“发达国家”或“经济发达地区”多处于EKC曲线下降阶段（胡聃等，2004；佘群芝，2008；陈华文和刘康兵，2004）。若采用某一国家或某一区域时间序列数据分析EKC曲线发展趋势，尤其是对“贫困国家”及“发展中国家”、“落后地区”及“不太发达地区”进行测算时，往往会发现这些国家或地区仍处于污染物排放持续上升及环境持续恶化的阶段（彭水军和包群，2006；包群等，2005），但未来是否存在拐点或拐点是否会到来并不能确定，且经济增长与环境污染之间的趋势是否满足EKC曲线的估计也存在疑问（张红凤等，2009；赵云君和文启湘，2004；胡初枝等，2008；杜婷婷等，2007；桂小丹和李慧明，2010）。ⓑ从指标选取来看，在现有针对EKC曲线研究中并未提及关于污染物排放量减少的“系统范围”。在某一国家或者地区内，某一污染物减少可能会伴随着其他污染物的增加，或者由本国向他国进行污染物排放转移。例如发达国家一些污染物已不再变化（如氟利昂CFC），但其他污染物仍呈现急速上升趋势（如CO_2）。ⓒ从EKC拐点出现的时间来看，由于EKC曲线是在描述环境质量与经济增长之间的长期发展趋势，但该假说并未明确指出单一经济体到达拐点的时间。假如拐点到达时间太长，环境恶化的程度过于严重，已经超过生态环境承载力，会造成不可逆的生态破坏。ⓓ从污染物转移方面来看，学者对EKC曲线提出的“收入决定论”的推断进行质疑（Unruh & Moomaw，2004），认为发展中国家向发达国家出口制成品，发达国家向发展中国家转移污染型产业，是发展中国家处于EKC曲线上升阶段、发达国家处于EKC曲线下降阶段的重要原因（Suri & Chapman，1998），这类似于“污染天堂假说”的表述（Lopez，1994；Copeland & Taylor，2004）。

综合以上表述，可以发现，针对环境污染及气候变化过程中存在的问题，EKC曲线假说的适用性有待进一步验证。假如不局限某一国家或地区，把经济增长放在全世界范围内，就需要考虑污染转移等因素对EKC曲线经验分析的作用，关于经济增长与环境污染二者关系的讨论将重新回归“增长极限说”。

（4）生态现代化理论

生态现代化理论，将生态化理论与现代化理论相结合，反对“去现代化”与“去工业化”的消极观点，力求实现生态化与现代化二者之间的平衡（孙莉莉，2012；王宏斌，2016）。该理论强调技术进步对经济增长与环境改善的双重作用（Peet，1997；Hannigan，2010；刘昌寿，2006），主张运用政府规制约束资本竞争中带来的不利环境影响，从而达到生态效率提升的目的（洪大用，2012）。该理论具有以下 4 方面特征：①不同于过去反生产力理论及“苦役踏车”的新马克思主义理论，不再把环境污染作为工业化的必然结果，主张环境危机可以通过工业化及社会制度现代化进行克服；②强调政府的市场调节作用，重点关注包括科学技术、生产消费、政治文化及多层次化市场（地方、国家、全球）在内的现代社会制度转型；③关注环境治理策略，主张以“预防性策略”替代“补救性策略”，解决可能存在“应付治理”的弊端；④强调生态环境的全球性，提倡以全人类视野来看待人类社会的进步与发展，把重视生态、保护环境的理念从少数发达国家扩大到全体人类。

2.2.2 城镇化相关理论分析

国外在城镇化领域的理论研究与实践经验早于中国。自从 18 世纪工业革命起，英国就已经开始了快速城镇化进程。在英国的带动及影响下，欧洲各国也开始了各自快速城镇化进程，美国也于 20 世纪初期开始推动其城镇化进程。20 世纪 60 年代起，日本、韩国等亚洲国家也开始推动“村镇综合建设示范工程”“新村运动”等，逐渐开始各自城镇化进程。在此过程中，国外各国在城镇化领域形成一系列诸如区位理论、城市结构转化理论、人口迁移理论、生态学派理论、可持续发展理论等城镇化相关理论。上述城镇化相关理论对于中国城镇化进程中诸多问题的研究，提供了理论借鉴与参考。

（1）城市结构转化理论

城市结构转化理论主要包含刘易斯二元经济结构理论、刘易斯-费景汉-拉尼斯经济模型、托达罗经济模型、乔根森经济模型等。英国经济学家 W. Arthur Lewis（1954）针对发展中国家的经济结构，建立包含现代部门与传统部门的“两部门经济发展模型”，指出由于大量低收入劳动力存在于传统农业部门，现代工业部门可以通过支付较低的工资水平获取大量劳动供给，也促使农村劳动力向城市迁移。该迁移过程将会随着农村剩余劳动力完全被城市吸纳，城乡差别逐渐消失而停止。刘易斯二元经济结构理论，为研究“从农村到城市”人口迁移过程中相关问题奠定理论基础。费景汉（John C. H. Fei）、拉尼斯（G. Ranis）二位学者对该模型进行补充和修正，认为不应贬低农业部门在经济发展过程中的地位及作用，其不仅只为工业部门的发展提供所需廉价劳动力。“刘易斯-费景汉-拉尼斯”模型，体现出应注重不同产业部门的平衡发展、重视人口增长因素等思想，进一步丰富了农业剩余劳动力理论（Ranis & Fei，1961）。

Michael P. Todaro（1969）在《发展中国家的劳动力迁移和产生发展模型》一书中所提出的“托达罗经济模型”，也对人口城镇化研究产生重要影响。托式模型指出，城市工资水平高低与就业概率大小，是影响农村劳动力向城市迁移的决定因素。该模型引入“期望收入”的概念，认为发展中国家的二元经济结构导致城乡收入差距较大，促使大量农村人口向城市流动，导致城市劳动力市场失衡，出现日益严重的失业问题，从而较好地阐述了发展中国家中普遍存在的农村人口大规模流动与城市失业率居高并存的现象。

美国经济学家 Dale W. Jorgenson（1961）提出的“乔根森二元经济模型”深受发展过程论和市场均衡理论的影响，具有明显的新古典主义特色。该模型强调了经济增长会受到农业剩余价值的影响作用，农业部门的发展对经济增长具有决定性作用。舒尔茨（T. Z. W Schultz）同样对“刘易斯模式”提出质疑，他充分肯定了农村劳动力资源的优化配置，并认为技术能力不足、劳动力素质低下是发展中国家面临的主要障碍，需要通过自身努力解决人力资本不足，改善人力资本状况（陶骅，1993；周天勇，2001）。

（2）生态学派理论

城市建设和社会改革领域的生态学派理论主张人与自然和谐共处，强调生态环境可持续协调发展的重要作用，主要包括田园城市理论、有机疏散论、城市复合生态系统理论、山水城市理论等。

田园城市理论（Garden city Theory），是1898年由英国社会活动家 Ebenezer Howard 在《明日：一条通往真正改革的和平道路》中提出的，旨在推广“都市+农村”（City = Urban+village）的田园城市模式。[①] 该模式提倡若干个田园城市围绕其中心城市，形成类似于城市群概念的“社会城市”

① Howard E S. Garden Cities of Tomorrow [M]. Routledge，2007.

(Social city),[①] 强调城市发展应当遵循自足（Self-contained）和平衡（Balanced）两大原则。自足原则，是指田园城市采取不依赖于外部支持的内部良性运转模式。平衡原则是指实现城乡协调，强调农业和工业均衡发展，避免城市过度膨胀（钟小青，1996；宋俊岭，1998）。可以看出，田园城市理论所倡导的城市发展理念，与后来提出的可持续发展观念是不谋而合的。

有机疏散论，是美国建筑学家 E. Saarinen 于 1942 年在其著作《城市：它的生长、衰退和将来》中提出并做了系统阐述。该理论提倡构建利于人类健康发展兼具城乡优点的有机疏散结构，该结构把城市视为一个有机体，既要求符合人类聚居、共同生活的特性，又充分强调自然因素作用。城市规划中不仅应考虑集中布置“日常活动”区域，分散布置“偶然活动”区域，而且应减少机械化交通工具的使用率。

城市复合生态系统理论，是由中国生态学家马世骏和王如松（1984）提出并深化发展而来的。该理论认为，城市生态系统是由以人口为中心的社会系统、以资源为核心的经济系统、以生物结构和物理结构为主线的自然系统等构成。其中，自然系统是基础，经济系统是保障，社会系统是主导，在一定时空范围内，三个亚系统互为环境，各个亚系统所包含的生态要素相互作用，进而导致城市这个复杂多变的生态系统产生不断冲突、矛盾及向前运动。

山水城市理论，是由中国著名科学家钱学森（1993）所提出，是以中国传统文化观念为基础的全新城市观。该理论倡导“山水（自然环境）+城市（人工环境）”的“共生、共荣、共乐、共雅”发展模式，以期实现重视生态、倡导绿色、和谐宜居的目的（马世骏和王如松，1984；鲍世行和顾孟潮，1994；吴良镛，2001）。

（3）可持续发展理论

19 世纪 60 年代以来，《寂静的春天》《只有一个地球》等著作开始对以牺牲环境为代价换取经济增长的“褐色经济”模式进行批判与反思（Solow，1974）。1972 年，联合国人类环境会议中正式提出经济发展应该充分考虑生态环境因素。1980 年，“可持续发展”（Sustainable Development）首次由世界自然保护联盟（International Union for Conservation of Nature，IUCN）在《世界保护策略》中提出。1987 年，世界环境与发展委员会（WECD）在《我们共同

① 埃比尼泽·霍华德，金经元．明日的田园城市［M］．北京：商务印书馆，2000.

的未来》（Our Common Future）中，准确定义“可持续发展”这一概念，即：“既满足当代人的需求，又不损害后代人并满足其需求的发展”。1992 年，联合国环境与发展会议（United Nations Conference on Environmental and Development，UNCED）首次确定了可持续发展战略。该阶段所倡导的可持续发展仍停留于弱可持续性理论（Weak Sustainablity）阶段，仅强调经济、社会、环境三者的总和意义上非减发展（曲福田，1990）。

新古典经济学通常认为自然资源是中性的、无限供给的，且自然资源与人造资本被认为是可以相互替代的。人类可以通过技术革新、科技进步等手段，实现人造资本的增加小于自然资源的消耗，或把不可再生资源产生的收益持续投入到可再生的人造资本中，从而人类的发展被认为是可持续的（Goodland & Daly，1996；Daly，2005；Costanza & Daly，2010；埃里克·诺伊迈耶，2002）。工业革命以来，该假设在相当长一段时间内一直被视为是合理的。这是由于在自然资本相对富裕、经济系统相对较小的“空的世界”（Empty World）中，自然资本并未对经济增长和人类福利提升构成威胁，而稀缺的人造资本才是制约经济社会发展的关键要素（Costanza，2009）。随着经济增长和社会发展，相较于日益过剩的人造资本，自然资本的稀缺性开始凸显，逐渐成为阻碍经济增长的桎梏，人类社会开始从所谓的“空的世界”（Empty World）向自然资本制约的“满的世界”（Full World）过渡。人们开始意识到人造资本并不能完全替代自然资本，二者更多表现为一种互补关系，关键自然资本的不减少，才是实现社会可持续发展的必要条件，可持续发展范式应从弱可持续性（Weak Sustainablity）向强可持续性（Strong Sustainablity）转变（Daly，2013）。

现阶段，可持续发展经济学关注的首要问题，不再是效率、分配及波动等问题，而是经济增长的规模问题（孙陶生和王晋斌，2001；李志青，2003；诸大建和朱远，2013）。联合国环境规划署（United Nations Environment Programme，UNEP）2008 年《全球绿色新政》（*Global Green New Deal*）、2011 年《迈向绿色经济——实现可持续发展和消除贫困的各种途径》（*Green Economy: Pathways to Sustainable Development and Poverty Eradication*）等报告中指出，以超越地球生态承载力获取的经济增长，即使达到经济、社会、环境等三大支柱总和进步，也并非能够实现可持续发展的最终目的，呼吁“环境非下降式”的经济增长。2012 年，“里约+20”联合国可持续发展大会中，明确呼吁采取“强调关键自然资本非减发展”的区域强可持续发展模式。

2.3 国内外相关研究文献综述

随着社会对节能减排、环境保护、能效提升等环境问题的日益重视，越来越多的学者关注生态环境改善与治理这一研究领域，针对环境效率、生态效率、能源效率等研究频现于诸多专著及学术期刊中。生态福利绩效评价及其相关研究，不仅统筹考虑现有自然资本的约束条件和增长边界，运用效率概念刻画生态环境消耗的产出效果，并且把人类福利作为重要因素，拓展生态效率内涵外延，从单一追求物质增加转向追求人类福利水平增长。为使本研究能够更好借鉴已有研究成果，有必要针对生态福利绩效相关研究现状进行系统梳理和总结，以期从福利角度重新认识经济社会的可持续发展过程，为后续研究奠定基础。

从“What（现状如何）→Why（受何影响）→How（如何提升）”的研究逻辑，将现有文献大致划归为四类，即：①生态环境与人类福利关系研究；②生态福利绩效评价研究；③城镇化与生态福利关系研究；④城镇化进程中政府治理与生态福利关系研究。在此基础上，通过深入分析上述四个方面的研究脉络，识别研究缺口，提出未来研究方向。

2.3.1 生态环境与人类福利

人类作为地球上繁衍生存的一类特殊生物群体，诸多方面均会受到生态环境的影响。生态环境对人类福利的影响主要可以分为两大类，即：自然资源供给对人类福利的影响；生态系统服务对人类福利的影响。

就自然资源供给对人类福利的影响来讲，主要是指生态环境所提供的资源能源，用于支撑人类生存发展及其一切经济和社会活动。从本质上来讲，人类一切福利要素均来源于地球生态环境供给。部分学者验证了生态环境投入对经济社会发展具有一定正向推动作用。Niu 等（2016）基于 1128 份针对中国西部地区家庭电力能源消耗的问卷调查，发现在中国欠发达地区电力能源消耗增长是居民生活质量提升的必要条件。陈敏等（2005）采用可变世界单产法计算中国 1978—2003 年生态足迹变化，阐明生态足迹与经济发展、资源经济产出效率、资源利用效率之间的关系，认为生态资源投入导致经济社会发展与进步。陈波翀和郝寿义（2005）从供给和需求的角度指出自然资源是中国城市化快速发展的硬约束。汪旭晖和刘勇（2007）指出，中国能源消费与经济增长之间存在长期稳定的均衡关系，现阶段能源消费对经济增长还具有单项因果作用。

随着对生态环境与人类福利二者关系的深入研究，越来越多的学者发现人类福利并未随着生态资源消耗增大及环境污染物排放增多，而呈现直线上升趋势，二者并非具有正向线性关系。Steemers 和 Manchanda（2010）运用英国和印度 2 个国家 12 个办公建筑案例，探讨建筑能源消耗量、CO_2 排放量与使用者满意度和舒适度之间关系，实证显示，办公建筑能耗与使用者满意度和舒适度呈现负向关系，建筑能耗水平提升还会导致使用者自我报告中的健康状况的下降。Niu 等（2013）运用 50 个国家面板数据对电力消耗和人类福利二者关系进行实证研究，结果发现，人均电力资源消耗提高，促进城镇化率提升，但对预期寿命、成人识字率等居民福利指标作用并不大。Mazur（2011）指出，在以往研究中通常认为，单位能源及电力消耗水平与多个生活质量指标存在密切关联，额外的能源及电力资源投入能够带来居民生活质量的提升。然而运用纵向分析法对一部分高收入国家 1980—2006 年样本数据进行实证研究，结果显示，过去 30 年期间，人均能源消费量增加并未对居民生活质量产生大幅提升作用，居民福利水平提升并不显著。Steinberger 和 Roberts（2010）基于预期寿命、个体读写能力、收入水平、人类发展指数（HDI）等指标，研究人类需求、资源消耗和碳排放之间的关系，通过 1975—2005 年样本数据进行实证，结果显示，适量的资源消耗和碳排放会导致居民福利水平提升，但资源消耗和碳排放均存在“增长极限”，超过一定界限后，即使资源消耗和碳排放持续增加，也无法为居民带来生活质量及福利水平提升。张岩贵（2004）叙述了现阶段中国由于自然资本存在供给边界而出现的“经济增长极限”，并指出改善增长极限的可持续发展模式。刘耀彬和陈斐（2005）基于 Romer 假设和城镇化增长函数，构建城镇化进程中资源消耗“尾效”模型，实证检验中国资源消耗存在的“尾效”效应，并指出假如未来仍采用过去生存要素投入方式及既有平衡经济增长路径，将难以实现既定的城镇化发展战略目标。傅允生（2005）指出，现阶段中国 GDP 增长与社会福利增长呈现弱相关特征，经济发展应充分考虑资源承载能力和社会福利水平，从而改善这种“不经济增长”现象。陈辉民（2015）指出，过度使用自然资源、消耗生态环境的经济行为，会导致环境贫瘠和生态危机频发，破坏人类与生态环境的和谐关系，从而影响人类社会福利水平。

就生态系统服务对人类福利的影响来讲，主要是指生态系统为人类所提供的调节功能（如减缓干旱和洪涝灾害、气候调节、空气净化、干扰调节、水调节等）和娱乐功能（如休闲娱乐、文化、美学等）。Carroll 等（1999）通过对美国森林资源消耗与当地居民福利水平之间关系进行研究，发现减少森林资源采伐量虽然导致当地居民直接经济收入的降低，但森林资源所提供的生态环境得以改善，从而增加当地居民环境福利，综合来看，居民总福利水平得到提升。Gohlke 和 Portier（2007）研究显示，自然环境提供生态服务功能对居民健康水平具有显著正向作用，通过对部分国家具体案例进行分析后发现，在较长时间区间内，生态环境的恶化直接导致居民健康水平及预期寿命的下降。张林波等（2008）运用 GIS 技术构建城市最小生态用地空间分析模型，以深圳市为例模拟生态用地的 4 种情景用以分析最小生态用地空间分布的合理性，结果显示，森林、农田、草地、湿地等生态用地均发挥着重要生态服务功能，对改善城市居民的生活质量和福利水平具有重要意义。杨莉等（2010）采取农户问卷调查和参与式评估等方法，分析中国黄土高原生态系统服务变化对人类福利水平的影响，结果显示，水源、粮食和空气等生态系统服务功能与当地农民福利水平关系最为密切。陈永伟和史宇鹏（2013）运用主观幸福感评价方法及特征价格法，基于中国家庭动态跟踪调查数据库（Chinese Family Panel Studies，CFPS）2010 年数据，测算由于空气质量的改善所导致的居民等价经济收益，评价环境治理产生的直接价值和间接价值。岳耀杰等（2014）通过修正生态服务价值当量因子，测算中国宁夏盐池地区 1990 年和 2005 年 2 期生态系统服务价值，发现区域生态退耕行为对当地居民生存环境和生活福利产生正向效应。谢高地等（2015）根据扩展劳动价值论原理，采用单位面积生态系统价值当量方法，对中国 11 种生态服务类型价值进行量化核算，实证检验了生态系统服务与人类福祉之间的关联性。宋敏和韩曼曼（2016）运用归纳演绎法阐明生态系统服务与人类福利二者的关系，并基于生态福祉视角下构建中国农地城市流转生态补偿机制。乔旭宁等（2017）指出，生态系统服务的空间流动性对居民福利水平具有显著影响作用，基于场强理论和断裂点模型构建流域生态系统服务空间转移模型，运用格兰杰因果关系检验和灰色关联模型，以中国渭干河流域地区 2000—2010 年数据作为样本进行实证研究，验证上述假设。

2.3.2 生态福利绩效评价

（1）生态福利绩效内涵界定

生态福利绩效，是指单位生态消耗带来的居民福利产出，可用以衡量生态环境消耗所产生的人类福利效应。针对生态福利绩效的研究，最早起源于 1974 年美国生态经济学家 Herman E. Daly 对世界各国可持续发展状况评估分析中。他用生态系统服务的福利效用与自然资源消耗之比，表征单位生态资源消耗所产生的福利效用，即“Service/Throughout”（服务与通量的比值）。但 Daly 后续并未在此基础上进一步提出更为详细的、可用以量化分析的生态福利绩效测算指标，因此关于生态福利绩效评价研究未能够广泛进行。

随后，1990 年德国学者 Schaltergger 和 Sturn 提出“生态效率”（Eco-efficiency）这一概念，用“经济增长/环境影响”定义生态环境产生的经济效用。之后，国内外学界与业界一直拘囿于传统的新古典经济学的范式，始终将经济产出视为福利替代变量，围绕“生态效率”这一问题进行大量研究。国外专家学者从产品、组织、区域及国家等层面对生态效率的概念及内涵进行深入探讨。①从产品角度来看，1992 年世界可持续发展工商理事会（World Business Council for Sustainable Development，WBCSD）在其研究报告中指出，生态效率是“要求商品及服务在其全生命周期内既能够满足人类所需，具有价格优势，并产生较小环境影响，不超越地球生态承载力”。加拿大工业部（Industry Canada）在其报告中指出，生态效率是“达到生产资料成本最小化与商品效益最大化的统一”。大西洋发展机会部（Atlantic Canada Opportunities Agency，ACOA）在报告中指出，生态效率是“在提供高质量产品及服务的同时，注重生产过程对环境造成的负面影响，尽量减少环境损害，降低资源消耗，提升资源利用效率”。国际金融公司（International Finance Corporation，IFC）认为，集约、有效的生产方式能够实现生态资源的可持续利用，从而实现生态效率提升。②从组织角度来看，1998 年世界经济合作与发展组织（Organization for Economic Co-operation and Development，OECD）将“生态效率”这一概念由商品层面扩大到组织层面，把生态效率定义为“对生态环境投入与产出关系的度量”，即使用最少的资源环境投入获取最多的经济价值产出。Schaltegger 和 Burritt（2000）认为，某一活动所体现出的生态效率，可以采用资源投入与价值产出之间的比率进行衡量。Scholz 和 Wieki（2010）指出，生态效率作为企业环境管理中的重要方面，可采用“经济绩效/环境绩效”进行衡量。③从区域及国家角度来看，欧洲环境署（European Environment Agency，EEA）报告中指出，生态效率是“综合考虑某一国家或区域经济、社会、环境等因素后单位自然资源所产出的经济效益”，可运用该指标对某一国家或区域的可持续发展水平进行评价。中国针对生态效率及其相关问题的研究起步较晚，现有关于生态效率的概念及内涵探讨，大都借鉴了国外相关已有研究成果。李丽平等（2000）在对中国环境管理模式探讨过程中，创新性地引入了 OECD 提出的生态效率理念。周国梅等（2003）认为生态效率可被定义为“单位生产消费量对生态环境产生的影响作用”。汤慧兰和孙德生（2003）、戴铁军和陆钟武（2005）从商品角度对生态效率概念及内涵有类似界定。诸大建和朱远（2005）、陈傲（2008）、刘丙泉等（2011）、成金华等（2014），从国家或区域层面对生态效率内涵进行类似研究。

纵观上述国内外研究，虽然从不同层面对生态效率的概念进行解构，但生态效率的内涵及基本原理相似，即以最少的生态环境投入获取最多的经济利益产出。现阶段随着生态危机频发，环境问题日益严重，生态环境投入带来的经济增长和社会财富增加，并未给人类带来更多的幸福感与社会满意度（Dietz et al.，2009；Knight & Rosa，2011；臧漫丹等，2013）。鉴于此，近年来国内外学者开始对生态效率衡量标准进行反思，经济效益不再作为生态效率提升所追求的唯一目标，开始尝试把非经济产出因素考虑到生态效率的价值产出中，其中人类福利被作为考察生态效率的重要因素。虽然现有研究对生态福利绩效的定义表述不同（内涵存在差异，构成部分存在区别），但表述的基本思想是一致的，是基于生态效率内涵的基础上发展而来，即：生态福利绩效，是以较少的生态资源投入及较小的环境代价获取较大人类福利效益产出，多用以衡量某一国家或地区的生态福利水平及综合可持续发展能力（臧漫丹等，2013；诸大建和张帅，2014；冯吉芳和袁健红，2016；龙亮军和王霞，2017；徐昱东等，2017）。

（2）生态福利绩效测算方法

由于现阶段针对生态福利绩效综合评价的文献较少，因此本研究梳理分析现有关于生态效率、环境效率、能源效率等效率多种评价方法。关于上述生态环境类效率评价方法有很多，由于评价对象、评价层面及评价视角的不同，综合评价方法的选择上存在一定的差异性。本研究根据效率评价中投入要素、产出要素的具体数量，将测算方法分为单要素效率测算和全要素效率测算两大类进行分析。

①单要素效率测算方法。

单要素效率测算，通常仅考虑该要素的单位产出能力。国内外学者多采用单位生态投入的价值产出作为生态环境效率的评价方法，并常采用经济产出作为最终价值产出。例如，世界可持续发展工商理事会（WBCSD）所采取的计算公式为“生态效率=产品或服务的价值/环境影响”（Schmidheiny，1992）。芬兰统计局提出的计算公式为“生态效率=生活质量的改善/（自然资源的消耗+环境损耗+经济花费）”（王妍等，2010）。Schaltegger 和 Burritt（2000）提出的计算公式为“生态效率=产出/环境影响增加量”。同时，学者在运用比值评价法进行生态效率测算时，计算公式并未严格采用“投入/产出”的单一形式，也会采用“产出/投入”进行效率表征。例如，Muller 和 Sterm（2001）提出的计算公式为“生态效率=环境影响/产出价值”。联合国贸易和发展会议（United Nations Conference on Trade and Development，UNCTAD）（2003）提出生态效率测算公式为“生态效率=价值/环境影响”，式中“价值”主要是指产品或服务价值、产品销售额等产出指标，“环境影响”则采用能耗、水耗、CO_2 排放量、臭氧层物质损耗排放量等生态环境类指标进行表征。2004 年在荷兰莱顿举办的生态经济学会议中，部分学者指出，用以改变单位环境绩效所耗费的成本，或与环境改善相关的投入产出比值，均可以作为生态效率的测算指标（白世秀，2011）。

部分学者借鉴生态效率、环境效率比值计算思想，定义了生态福利绩效单要素指标及评价方法。其中，比较有代表性的测算指标包括以下三类：第一，英国新经济基金会（New Economics Foundati）提出的幸福星球指数（Happy Planet Index，HPI）。该指数是全球首次将人类活动对生态环境产生影响与居民的幸福感和健康水平联系起来进行评价，包含二氧化碳排放量、居民生活满意度及人均寿命 3 类指标。HPI 指数定量表述为“HLY/EF”（快乐生活指数/生态足迹），其中，快乐生活指数，采用人均预期寿命和快乐指数的乘积来衡量（何强和吕光明，2009）。第二，学者诸大建（2008）在 Daly 所提出的生态效益等式的基础上，于 2008 年在国内首次提出生态福利绩效的概念，将其定量表述为“HDI/EF”（人类发展指数/生态足迹）。其中，用人类发展指数（HDI）衡量居民福利水平，用生态足迹（EF）来测算生态环境消耗强度。与诸大建研究思想类似，付伟等（2014）结合人类发展指数（HDI）和生态足迹指数（EFI），通过二者比值构建资源福利指数（RWI），并测算 1996—2008 年全球 24 个国家 HDI 指数、EFI 指数及 RWI 指数变化情况，按照测算结果把上述国家现有资源可持续利用水平分成三大类。第三，学者 Dietz 等（2009），臧漫丹等（2013）把生态福利绩效表述为“人类福利/生态压力”，用“出生时预期寿命/人均生态足迹”进行评价，即：“EWP = Well-being/Stress = LEB/ef ”。其中，居民福利水平仅用“出生时预期寿命”

单一指标进行衡量，是由于该指标具有很强的客观性和可比性，且数据易获取，从而使得全球各国福利水平具有纵向可比性。

单要素效率测算方法结构简单，数据获取较为容易，且便于计算，在生态环境效率评价的研究前期，运用较为广泛（Wilson et al.，1994；Patterson，2007）。但该测算方法只将生态环境消耗作为唯一投入要素，忽略人力、资金、机械设备等其他生产要素产生的替代效应，从而使得计算结果存在较大片面性（Tanaka，2008）。

②全要素效率测算方法。

由于单要素效率测算存在较大缺陷，随着对生态环境效率评价研究深入，越来越多的学者采用全要素效率测算方法进行相关研究。全要素效率测算方法基本思想为：首先根据被评价单元的投入和产出情况确定效率生产前沿面，然后通过比较被评价单元与效率前沿面的差距，从而得到被评价单元的效率测算值。按照 Farell 在 1957 年提出的生产（效率）前沿面构建方式的差异，可分为参数法和非参数法 2 种方式（Farell，1957）。

参数法，主要是通过设定生产（效率）函数进行拟合，常用随机前沿分析法（Stochastic Frontier Analysis，SFA）、厚前沿分析方法（Thick Frontier Approach，TFA）及自由分布法（Distribution Free Approach，DFA）等方法。例如，Reinhard 等（2000）分别运用 SFA 及 DEA 两种方法对荷兰牧场环境效率进行评价，测算结果显示，采用 SFA 方法，允许假设检验，但单调性假设被拒绝；而采用 DEA 方法，可以对各分项效率（技术效率、规模效率、综合效率等）进行测算，从而分析了上述两种效率测算方法的优缺点。李胜文等（2010）运用随机前沿生产函数对 1986—2007 年中国不同省份环境效率进行测算，结果显示中国省级环境效率水平较低且增长缓慢，地区间差异较为显著。盖美等（2014）采用随机前沿法测算 2005—2011 年中国辽宁省 14 个地级市的环境效率水平。谭雪等（2015）从用水、排水视角，运用随机前沿分析法（SFA）估算中国 1998—2013 年省级层面环境效率，结果显示，中国环境效率存在地区间显著差异，东部地区环境效率普遍高于西部地区。王雄等（2013）运用随机前沿分析模型（SFA）测算 1990—2010 年中国中部六省能源效率，结果显示，山西、安徽、河南、湖北、湖南及江西 6 个省份的能源效率均呈现波动趋势，仅有江西省能源效率呈现明显下降趋势。许珊等（2013）运用基于参数的随机前沿法测算 2001—2011 年中国在环境约束下区域全要素能源效率，并引入能源污染综合指数（EPI）进行补充分析。谢洪军和任玉珑（2006）、万磊霞（2008）、李双杰和范超（2009）、赵国浩和高文静（2013）等采用不同参数模型进行全要素效率测算，并对不同测算方法进行对比分析，详细探讨了 SFA、TFA、DFA 等方法在模型设定、参数选择及应用范围上的异同。上述多种参数法被广泛运用于技术效率、环境效率、能源效率、碳生产率等测算中。

非参数法，与参数法的不同之处在于，不需要进行固定模型设定和检验，主要采用逐段凸函数逼近法估计效率前沿面，主要以数据包络分析法（Data Envelopment Analysis，DEA）为代表。Murty 等（2006）运用 DEA 方法对印度制糖产业环境效率进行测算，并对不同水体污染物排放对该产业环境效率的影响进行实证分析。Li 和 Hu（2012）基于 DEA 模型“投入—产出”思想，运用考虑 CO_2、SO_2 等污染物非期望产出的 SBM 模型，测算 2005—2009 年中国 30 个省份生态全要素能源效率（ETFEE），结果显示，研究期间内中国各省份 ETFEE 效率值保持在 0.6 附近，处于较低水平，且地区间差异显著。Azadeh 等（2007）运用 DEA 模型、主成分分析及数值分类（NT）等方法对能源密集型制造业全要素能源效率进行评价，并以部分 OECD 国家炼油产业为例进行实证。Wei 等（2007）运用 DEA 方法测算 1994—2013 年中国省级层面钢铁行业能源效率，并采用 Malmquist 指数将能源效率所产生的效应做进一步分解，即：技术改进带来的“生产边界转移效应”（Production frontier shifting effect）和技术效率改变带来的“追赶效应”（Catching up effect）。Chien 和 Hu（2007）运用 DEA 模型分析 2001—2002 年 45 个国家可再生能源对技术效率作用，其中，劳动力、资本存量、能源消耗作为投入变量，实际 GDP 作为单一产出变量，结果显示，加大可再生能源投入能够提升国家技术效率水平。Zhang 等（2008）运用 DEA 方法测算中国各省域工业系统的生态效率表现，结果显示在研究期间内，天津、上海、广东、北京、海南、青海等省份工业系统的生态效率水平较高。杨斌（2009）运用 DEA 方法从宏观角度对中国 2000—2006 年区域生态效率进行测度及评价。王恩旭和武春友（2011）运用超效率 DEA 模型对中国 30 个省份 1995—2007 年生态效率进行测算，并对东中西三大区域生态效率进行时空差异性分析。邓波等（2011）运用三阶段 DEA 模型对中国 2008 年不同省份生态效率进行实证研究，研究发现去除外部环境因素和随机因素，各省份生态效率测算值会发生较大变化。

由于数据包络分析（DEA）方法在国家、区域、产业等不同层面的生态效率、环境效率、能源效率等测算评价研究中得以广泛应用，部分学者借鉴DEA思想及生态效率评价方法，对生态福利绩效展开研究，但现有研究成果不多。龙亮军等（2016）运用生态足迹和人类发展指数等构建城市可持续发展评价指标体系，采用DEA方法计算二者投入产出效率，从生态福利绩效视角对上海市1999—2012年可持续发展水平进行实证分析，发现上海市处于严重“生态赤字”状态，且多数年份生态福利绩效处于“DEA无效状态”。龙亮军等（2017）基于数据包络分析（DEA）方法构建城市生态福利绩效评价指标体系，以中国35个省级及副省级城市2013年截面数据为研究样本，评价上述城市生态福利绩效水平，测算结果显示各城市2013年生态福利绩效水平均比较低，城市间差距较大，其中，经济发达的长三角地区大部分城市生态福利绩效排名靠后，而青岛、海口等旅游型城市生态福利绩效表现良好。

（3）生态福利绩效区域差异及收敛性分析

中国幅员辽阔，各地区资源禀赋和自然条件差异较大，加之经济水平、人口规模、产业结构、科技实力、城镇化水平等宏观环境因素不同，导致地区生态福利绩效水平存在差异。由于现有针对生态福利绩效地区间差异及动态演化趋势的研究还比较少，因此本研究主要通过回顾现有关于生态效率、环境效率、能源效率、碳排放效率等空间差异性及收敛性等研究，借鉴已有成果的研究思想及方法，为后续进行生态福利绩效相关问题的研究奠定基础。

Dong等（2013）运用跨对数随机前沿模型（Trans-log stochastic frontier model）测算中国东中西三大区域碳排放绩效表现，结果显示在研究期间内，全国范围及三大区域内的碳排放绩效表现均呈现趋同趋势，其中中部地区收敛速度最快，西部地区速度最慢。Huang和Meng（2013）对中国1985—2008年人均CO_2排放量进行收敛性检验，实证结果显示，当考虑到空间依赖性时，人均CO_2排放量收敛速度有所增加。Wang等（2014）运用对数T检验模型对中国1995—2011年CO_2排放量进行收敛性检验，结果表明全国层面CO_2排放量呈现发散态势，而省际层面CO_2排放量分别收敛于三个稳态值，存在“俱乐部收敛”现象，且运用Ordered Logit模型对人均GDP、能源消费结构、能源强度、经济发展初始水平等因素对CO_2排放量俱乐部收敛性的影响进行剖析。Yang等（2016）通过构建环境全要素生产率（ETFP）框架，分析中国1998—2012年CO_2排放对经济收敛性的作用，并综合考虑CO_2排放等非期望产出，对标准β收敛模型进行修正，还采用GMM系统广义矩法检验了GDP、CO_2排放量、资本、劳动力等因素变动对ETFP指数影响作用。结果显示，中国地区 ETFP 指数存在不完全收敛性，其中 GDP、CO_2 排放等因素支持 ETFP 收敛，而资本、劳动力等因素并不支持 ETFP 收敛。

袁晓玲等（2009）运用中国 28 个省份 1995—2006 年面板数据，选择超效率 DEA 模型对中国省际全要素能源效率进行测算，并对全国层面及区域层面的全要素能源效率进行 σ 收敛性检验，结果显示，在研究期间内全国层面全要素能源效率呈现“先收敛后发散”态势；从区域层面来看，东部沿海地区和中部地区能源效率呈现缓慢收敛趋势，东部老工业基地地区 σ 值变动较大，发散趋势明显，西部地区的收敛趋势与全国趋势相同。王恩旭和武春友（2011）分析 1995—2007 年中国东部、中部、西部、东北四大区域生态效率的时空差异，对上述四大区域生态效率的动态演化趋势进行了收敛性检验，结果显示，研究期间全国层面生态效率不具有收敛性特征，主要受到东部地区生态效率变化趋势的影响。许广月（2013）对 1990—2008 年中国碳排放强度进行俱乐部收敛性检验，结果表明，中国碳强度俱乐部收敛可分为高、中、低三种类型，城镇化、工业化、产业结构、能源消费、能源价格、环境规制、产权制度等多种因素对碳强度收敛性具有重要影响作用。潘兴侠等（2013）对 2010 年中国 30 个省份生态效率收敛性进行分析，发现中国三大区域生态效率呈现东高西低阶梯分布态势，“俱乐部收敛”现象明显。李兰冰（2015）运用全要素生产率分析法研究中国能源效率动态演化趋势，发现全国总体能源效率并不具备收敛趋势，且并未出现地区间“协调发展”及“加速增长”趋势，总体差距逐渐加大。汪克亮等（2016）采用 σ 收敛、绝对 β 收敛两种分析方法，检验 2004—2012 年中国长江经济带 11 个省市生态效率的敛散性特征，结果表明，生态效率地区异质性明显，长江经济带总体效率及上游、中游、下游三大区域效率差距均呈现发散趋势。洪开荣和李博（2016）运用 σ 收敛检验了 2006—2013 年中国各省市土地资源生态效率收敛趋势，对东部、中西、西部地区的整体系统及经济、社会、环境等子系统的生态效率收敛性进行分析，结果发现，不同区域不同子系统的敛散态势存在差异。杨佳伟和王美强（2017）运用考虑非期望中间产出的网络 DEA 模型分析 2009—2014 年中国生态效率变化趋势，研究结果发现，全国生态效率呈现自东向西阶梯式递减趋势，全国总体效率及三大区域效率并未呈现显著收敛性特征，省际生态效率差距逐渐扩大。马海良等（2017）对 2003—2013 年中国不同省份绿色水资源利用效率进行测算，发现全国绿色水资源利用总体效率、东部和中部区域效率的增长率呈现收敛态势，但是西部地区只具有条件 β 收敛，不存

在绝对 β 收敛。

2.3.3 城镇化与生态福利

城镇化及其进程，对一个国家或地区的经济增长、社会发展、生态环境质量等诸多方面具有重要影响作用。随着国内外学者对城镇化与生态福利之间关系的关注度日益增加，现有研究多从城镇化与生态环境质量之间关系、城镇化对生态环境效率的影响因素及作用机制等方面进行分析。

（1）城镇化与生态环境质量

现有研究对城镇化与生态环境质量二者关系并无定论，主要存在两种观点，即：呈现线性关系和非线性关系。城镇化对生态环境质量的线性关系，主要包括城镇化降低生态环境质量、城镇化改善生态环境质量两种观点。Cole 和 Neumayer（2004）研究人口规模与其他人口因素与空气污染之间的关系，运用 86 个国家 24 年数据为研究样本，采用 SO_2 排放量、CO_2 排放量等作为测算指标进行实证分析，结果显示，城市人口规模增加会导致污染物排放量增长，其中城镇化率提升、平均家庭规模的减少等因素具有重要作用。Poumanyvong 和 Kaneko（2010）运用 STIRPAT 模型研究城镇化、能源利用及 CO_2 排放之间的关系，采用 99 个国家 1975—2005 年面板数据进行实证研究，结果显示城镇化及其进程不仅推动了所有样本国家 CO_2 排放总量，并且持续推动了中等收入和高收入国家能源使用总量的增长，其中中等收入国家的增长效应最为明显。Sadorsky（2014）采用考虑非均匀斜率系数和截面依赖的面板回归模型，研究了城镇化进程对碳排放强度的影响机理，运用 16 个新兴国家 39 年间宏观数据作为研究样本进行实证，结果显示，在研究期间内，城镇化与碳排放强度呈现显著正向关系，城镇化及其进程将持续促使新兴国家碳排放总量大幅上涨。Jorgenson 和 Dietz（2015）对世界主要国家 50 年以来人类环境福利绩效与经济增长关系进行研究，结果表明，相比经济相对落后国家，发达国家和发展中国家的经济增长对生态环境造成了更大负面作用。未来若不采取更为有效的手段提升环境福利绩效，这些国家的生态环境将持续加剧恶化。Wu 等（2016）运用修正的 U-Kaya 方程分析碳排放强度与能源消费、人口增长、城镇化水平、居民收入水平之间的关系，应用蒙特卡罗算法预测 2020 年碳排放水平，结果表明，较高的城镇化率、能源碳排放系数、能源使用强度，将直接导致碳排放总量增长。刘华军（2012）运用中国 1995—2009 年省级面板数据，采用 CO_2 排放总量、人均 CO_2 排放量、碳强度等指标，实证检验城镇化对全国 CO_2 排放的影响作用，结果显示，通过按时间序列数据进行经验估计，城镇化对全国 CO_2 排放总量、人均 CO_2 排放量、碳强度等均具有显著地正向作用。张燕和高峰（2015）采用中国 2005—2013 年省级面板数据对城镇化与环境污染的关系进行实证，结果显示，城镇化发展阶段对二者关系具有较大影响，处于城镇化加速提升地区，城镇化对环境污染具有显著正向作用；而处于城镇化发展终期地区，城镇化对环境污染作用较小。与上述学者研究结论不同，部分学者的研究结果显示城镇化及其进程有利于生态环境的改善。Liddle（2004）研究人口规模对个体交通使用的影响，采用国际能源署（IEA）统计数据和美国家庭调查库问卷数据进行实证检验，发现研究期间内，道路能源使用的 EKC 检验并不显著，收入水平与道路能源使用呈现出线性关系，人口密度越大，导致个人交通需求越少，从而道路能源使用降低，CO_2 等污染物排放量减少。Chen 等（2008）从城市公共基础设施完善性、城市公共交通可及性、居民能源消费和资源消耗及环境外部性等方面，研究城市紧凑度与城市可持续发展之间关系，论证城市紧凑化方案的适用性及可实施性，发现在一定界限控制下，城市人口密度增加有利于降低能源消费和资源消耗，紧凑型城市发展方案会带来区域可持续发展。王家庭和毛文峰（2016）采用 VAR 脉冲响应函数模型和方差分解等方法，评价中国武陵山片区城镇现有水平和生态环境综合质量，实证检验二者之间动态关系，结果显示，城镇化率提升对生态环境质量改善具有显著正向作用。

很多学者也发现城镇化水平与生态环境质量呈现非线性变化趋势。Martínez-Zarzoso 和 Maruotti（2011）运用 88 个发展中国家 28 年数据实证分析了城镇化水平与发展中国家 CO_2 排放之间的关系，结果显示，研究期间样本国家城镇化率与 CO_2 排放总量之间呈现出显著“倒 U 形”关系。Dietz 等（2012）通过 58 个国家截面数据测算人类环境福利绩效（Environmental Intensity of Human Well-being，EIWB），分析人类福利产出与其对生态环境造成的压力之间的作用关系，结果显示，居民收入水平与环境福利绩效呈现明显的“正 U 形”关系。Mazur（2011）基于能源投入与居民福利产出视角，考察 1980—2006 年全球 21 个发达国家能源消耗与居民生活质量二者关系，研究结果显示，能源消费与生活质量并非呈现线性增长关系，人均能源消费量持续上升，并未导致居民生活质量的大幅提高。杜江和刘渝（2008）选取 1998—2005 年中国 30 个省（市、自治区）面板数据对扩展后的 EKC 假说进行实证检验，结果表明，从总体上看中国已进入“U 形”曲线右半段，同时由于各省份存在差异性，导致存在不同拐点，并且研究所选取的6类污染物指标中，有4类污染物指标与城镇化率存在“倒U形”关系，其余呈现“正U形”关系。王家庭和王璇（2010）以中国2004—2008年28个省市面板数据作为研究样本，验证了城镇化与环境污染之间存在的“倒U形”关系。刘华军（2012）研究发现中国1995—2009年省域城镇化率与碳排放水平呈现显著的“U形”关系。孙昌龙等（2013）采用STIRPAT模型分析城镇化动态演进与碳排放之间的相关性，运用76个国家1980—2007年面板数据进行实证，结果显示，城镇化对碳排放呈现驱动和制动的双重作用，且城镇化的不同阶段所表现出的驱动及制动作用存在明显差异性。诸大建和张帅（2014）通过124个国家和地区2007年截面数据对生态福利绩效与经济增长的关系进行实证研究，发现二者呈现“倒U形”关系，“U形”曲线拐点为人均GDP3000美元。吴玥弢和仲伟周（2015）运用中国西安市20年数据实证分析了城镇化与大气污染之间的关系，发现城镇化率与大气污染物排放量之间呈现“N形”发展关系。何枫（2016）分析中国2001—2012年30个省市雾霾污染和城镇化二者之间关系，研究结果显示，东部、中部、西部地区分别呈现“倒N形”“N形”“U形”等曲线关系，且各自拐点不同，地区异质性显著。

（2）城镇化对生态环境质量的作用机制

国外学者针对城镇化对生态环境质量作用，多从生态现代化理论、城市环境转变理论、紧凑型城市理论等进行理论解析及影响机制建构（Poumanyvong & Kaneko，2010）。

生态现代化理论（Ecological Modernization Theory）强调城镇化带来的社会转变过程，认为在城镇化初期，经济社会发展不够成熟导致环境质量恶化；随着城镇化进程的不断推进，人力资本集聚、技术变革与创新、产业集聚、产业升级改造、能源消费结构变化、居民环保意识增加等诸多因素，使生态环境质量得以改善（Mol et al.，2000）。Crenshaw和Jenkins（1996）批判性评价了新马尔萨斯主义和宏观社会发展理论，指出虽然存在诸多证据表明社会经济和政治组织是温室气体排放和森林砍伐的主要驱动力量，但是关于全球生态环境退化的讨论中忽视了社会结构在气候变化中作用，城市现代化、生态进化、全球化等均有助于推动生态环境质量的提升。Gouldson和Murphy（1997）指出，经济发展与环境保护应相互结合，形成协同效应，不应把环境保护看作经济增长的桎梏和阻碍，也不应把经济发展当作环境衰退的根源，应当发挥政府环境治理在促进经济效率提升、技术进步、生产力革新等方面的多样化作用，从而达到优化生态环境质量和促进经济社会发展的目的。

城市环境转变理论（Urban Environmental Transition Theory）主要从城市层面关注生态环境问题的主要特征及动态演化过程（McGranahan，2000）。在城市发展初期，城市管理者通过推动工业化发展，带动城市财富集聚，促进城市整体发展，在此过程中必然导致一系列工业生态破坏和环境污染等问题发生。随着城市发展及居民生活水平提升，居民环保意识及环境质量诉求越发强烈，敦促城市管理者通过多种环境规制政策，减少城镇化和工业化过程带来的环境负面效应。Ahmed（2016）基于 UET 城市环境变迁理论，研究中国 1971—2013 年二氧化碳排放、城市化、贸易开放之间的关系，实证结果验证了城市环境转移理论已有研究的理论假设，经济增长和贸易开放在长期和短期内均造成了生态环境质量恶化，其中短期内贸易开放与城镇化之间存在双向因果关系，从长期来看，经济增长会导致二氧化碳排放增加，城镇化率提高，及贸易开放度提升；贸易开放会导致二氧化碳排放增加，经济增长，并推动长期的城镇化进程。Wang 等（2016）通过对中国不同地区城镇化、二氧化碳排放及能源消耗之间关系的实证研究，发现处于后工业化阶段城市（如北京、上海等）受到城镇化过程的作用，私人住宅和公共建筑等能源消耗量较大；中部、西部地区受城镇化影响作用主要体现于上述区域工业化程度的加深，工业发展导致能源消耗呈现高消耗、高排放、低效率等显著特征；东部地区现有轻工业结构与快速城镇化进程等因素，导致该区域城镇化对二氧化碳排放和能源消耗产生较小影响。上述这些研究成果及其相关结论，均证明了城市环境转移理论的观点。

紧凑型城市理论（Compact City Theory）主要探讨了城市空间发展对生态环境所产生的影响作用（Cairnes，1996）。城市人口密度增加，会间接导致城市向紧凑化发展，能够提升城市基础设施的利用效率，发挥教育、医疗、卫生等公共服务的集聚效应，导致生态环境质量的改善和居民福利水平的提高。Burton（2000）分析了高密度型城市形态促进社会公平的有效性，该有效性以是否能够促进低收入群体的生活机会为衡量标准，通过英国部分城市数据作为研究样本进行实证，发现城市密度与社会公平所涵盖的部分方面之间存在正向关系，例如，城市人口密度加大，带来了公共交通利用效率提升、社会阻隔减少及基础设施可及性加大等正向影响。Capello 和 Camagni（2000）指出，城市规模不应以“最佳规模”（Optimal size）来衡量，而应关注其“有效规模”（Efficient size），并取决于城市具体功能特征及城市体系的空间组织结构，研究采用意大利 58 个城市相关数据作为样本，运用区位收益和成本函数等方法，对城市网络结构、城市规模及城市功能等进行评价，发现城镇化进程能够推动经济结构调整及优化，新的经济优势产生，从而导致生态环境改善的可能性。Bardhan 等（2015）分析了紧凑型城市发展对城市居民生活质量的影响作用，选取印度人口高密度地区——加尔各答作为研究案例，研究显示，该地区城市紧凑度与居民生活质量呈现显著正向关系，城市密度的提升导致了居民生活质量的提高。Wolsink（2016）运用荷兰阿姆斯特丹案例进行实证研究，指出发展紧凑型城市是实现城市可持续发展重要战略。但部分学者对此观点持反对意见，认为紧凑型城市发展会导致人口过分集聚，从而出现城市规模偏大、城市空间过度拥挤、交通拥堵等问题，进而需要更为充足的城市基础设施和更为完善的公共服务水平，保证城市正常运转。因此，紧凑型城市发展模式，会导致城市建设成本加大、能源消耗增加、污染物排放量加大，继而引发新的城市生态环境问题（Burgess，2000；Breheny，2001；Chen et al.，2008；Dempsey et al.，2012）。

国内学者针对城镇化对生态环境质量的影响作用也进行了诸多研究。郑慧等（2017）通过建立面板 Tobit 模型对城镇化背景下外部环境因素对中国区域生态效率影响作用进行分析，结果显示，产业结构、技术水平、能源结构、环境政策等因素对区域生态效率产生了不同方向、不同程度的影响作用。蔡洁等（2015）基于新型城镇化视角，运用 STIRPAT 模型分析地区间生态效率与城镇化水平、产业结构、环保财政投入、能耗水平等之间的关系，采用中国山东省 17 个地级市 2005—2012 年面板数据进行实证，结果表明，上述因素均对区域生态效率水平产生不同程度的影响作用。陈真玲（2016）对中国 30 个省份 2003—2012 年城镇化与生态效率之间关系进行实证检验，结果表明，城镇化与生态效率呈现较强的负相关关系，且城镇化对生态效率的溢出效应主要依赖于产业结构、技术水平等因素，政府排污费征收对生态环境质量改善的作用并不显著。袁晓玲和李政大（2017）运用中国 1991—2012 年省级面板数据，研究分析城镇化进程中影响生态环境质量的关键因素，结果发现，城镇化率与生态环境质量呈现显著负相关关系，经济发展、居民素质、科技实力、环保力度、能源效率及第三产业发展水平等诸多因素对生态环境质量具有正向积极影响。翁智雄等（2017）采用 2004—2013 年中国 285 个地级及以上城市面板数据作为研究样本，运用改进的 STIRPAT 模型分析产业结构、人口密度、城市规模、对外开放度、经济发展水平等社会经济因素对环境污染物排放（如工业 SO_2、工业废水、工业烟粉尘）产生的驱动作用，实证结果显示：产业结构、人口密度、城市规模等因素对污染物排放具有显著负向影响；外商直接投资对污染物影响并不显著，“污染避难所假说”并不成立；工业污染物排放 EKC 曲线拐点已到来且已处于曲线下降阶段。龙亮军等（2017）运用 Tobit 模型回归分析中国 35 个大中城市生态福利绩效的影响因素，检验了经济贡献率、经济外向性、产业结构、城市紧凑度、城市绿化、技术进步等因素对城市生态福利绩效的作用。

2.3.4 城镇化进程中政府治理与生态福利

生态环境问题，具有公共产品和负外部性属性，单一依赖市场行为很难完全解决生态破坏及环境污染等问题，无法实现生态福利绩效提升的目的（曾贤刚，2010；涂正革和谌仁俊，2016）。因此，生态环境问题的解决，需要依靠政府治理行为弥补市场失灵的缺陷（李平和慕绣如，2013；路正南和冯阳，2016）。目前，学术界对政府生态环境治理对生态福利绩效影响作用机制，尚未进行系统研究。本研究主要从现有关于政府环境治理对生态环境改善、经济社会发展及居民福利提升等方面进行文献回顾与分析。

从政府治理对生态环境质量的影响作用方面来讲，现有大部分学者均认为政府生态环境治理行为能够产生直接或间接作用，从而抑制污染物排放，改善现有生态环境质量。Laplante 和 Rilstone（1996）以加拿大魁北克省纸制品产业作为研究对象，分析政府环境治理与企业污染物排放二者关系，结果显示，政府环境监管对污染物排放具有显著负向效应，同时，政府治理行为能够敦促被监管的企业治污减排自查频率的提升。谭娟等（2013）运用 VAR 模型检验中国不同省份政府环境规制投入与 CO_2 产出总量之间的动态关系，研究显示政府治理与 CO_2 排放水平之间存在显著负相关关系，政府治理行为和环境治理投入能够有效降低 CO_2 排放水平。还有学者对政府生态环境治理与生态环境效率之间的关系进行检验，但尚未形成统一结论。李胜文等（2015）对 1986—2007 年中国省域层面环境效率与政府环境治理之间的关系进行检验，发现二者呈现显著的“U 形”关系，说明现阶段政府治理对环境效率的正向效应并未完全显现。张华（2014）运用静态和动态空间面板模型进行实证分析，发现政府环境治理与碳排放绩效之间呈现“倒 U 形”曲线关系。张华和魏晓平（2014）利用两步 GMM 法实证分析中国不同省份政府环境规制对 CO_2 排放的可能作用机制，结果显示政府环境规制与 CO_2 排放呈现

"倒U形"曲线关系，作用机制会从"绿色悖论"逐步转变为"倒逼减排"。徐盈之等（2015）运用面板门槛模型实证检验中国不同省份在环境规制作用下产业结构调整对CO_2排放水平的作用路径，结果显示当采取不同变量作为门槛控制时，环境规制会呈现出"倒U形"或"N形"等不同曲线特征。柴泽阳等（2016）运用非线性面板门槛模型检验了2003—2014年中国30个省份环境规制与碳排放之间关系，结果表明由于受到地区政府财力、技术水平、对外开放度、经济水平等因素影响，环境规制与碳排放呈现"倒U形"曲线特征，且存在明显的地区异质性。

从政府环境治理对经济增长的影响作用方面来讲，现有研究成果可概括为以下三种观点：其一，"成本假说"，即：政府环境规制及治理行为会导致某一国家（或地区）企业增加额外治污减排成本，导致最终产出经济效益的降低，从而影响该国（或地区）经济总量和经济增长速度提升。例如，尤济红和高志刚（2013）采用1990—2010年中国新疆地区政府环境治理数据作为样本进行实证研究，结果显示，研究期间内新疆地区政府环境治理行为对单要素能源效率、全要素能源效率均产生负向影响，即政府治理行为对能源效率产生抑制作用，且该抑制作用存在一定滞后期。这说明，政府环境治理行为导致当地企业生产成本提升，经济效益下降，从而降低该地区能源效率。陈玲和赵国春（2014）以中国新疆14个地区2003—2010年面板数据为样本，采用SFA模型检验政府环境规制对全要素能源效率的影响，研究显示"波特假说"在新疆地区的表现并不明显，该地区政府环境治理行为产生能源"非效率"效应。其二，"波特假说"，即：有效的生态环境治理能够刺激企业进行技术革新的积极性，从根本上提高生产效率，降低生产成本，进而达到既改善环境质量又促进经济效益增长的目的。例如，赵红（2008）通过实证分析验证了"波特假说"的观点，指出1996—2004年中国不同省份政府环境规制对技术创新具有正向促进作用。张子龙等（2015）运用Tobit面板估计模型分析了政府环境治理对生态效率影响作用，结果显示，短时期内政府环境治理对生态效率具有抑制作用，这主要由于企业的"遵循成本效应"大于"创新补偿效应"，但从长期来看，政府环境治理对生态效率呈现正向促进作用，有效的政府治理手段能够导致生态效率的提升。其三，二者关系因受到环境治理效率、环境治理政策质量、地区异质性、产业异质性等诸多因素影响，具有不确定性（原毅军和谢荣辉，2016）。王国印和王动（2011）对中国不同区域政府环境规制与企业技术创新之间的关系进行实证分析，结果显示，在研究期间内“波特假说”在东部发达地区得到支持，但在中部、西部落后地区却未得到验证，这也在一定程度上说明，政府环境治理需要从实际出发，因地制宜，统筹考虑经济增长与生态环境改善的协同性。沈能和刘凤朝（2012）利用1992—2009年中国省域层面数据对环境规制与技术创新之间关系进行实证分析，结果表明，因受到环境规制强度及经济发展水平等因素的影响，政府环境治理对技术创新的作用存在显著地区差异性，二者呈现“U形”曲线特征关系，并只有当环境规制强度跨越门槛值后，“波特假说”才成立。李静和沈伟（2012）实证检验环境规制对中国工业绿色生产率的影响作用机制，发现中国三大区域实证结果存在差异，其中，中部、西部地区“波特假说”并不成立。

从政府环境治理对居民福利的影响作用方面来讲，现有研究成果发现政府环境治理对提升居民健康水平、预期寿命、主观幸福感及生活满意度等具有重要作用。Katrin和David（2008）采用德国社会经济调查数据库（German Socio-economic Panel，SOEP）1994—2004年时序数据作为研究样本，发现噪声和空气污染程度均是造成居民幸福感和生活满意度下降的重要因素。Rose等（2009）利用欧洲生活质量调查数据库（European Quality of Life Survey，EQLS）微观数据，发现噪声污染对居民主观福利（幸福感、满意度及精神状态等）具有显著负向影响。Ferreira和Moro（2010）运用基于主观福利的环境价值评估方法，证明空气质量和气候变化对爱尔兰当地居民的主观福利具有显著影响作用。Mackerron等（2009）基于对2001—2010年英国400份问卷调查数据分析，发现空气污染水平（采用NO_2和PM10排放量为主要衡量指标）与居民生活满意度之间呈现显著的负向关联。Tiwari（2011）利用1970—2005年21个国家的面板数据进行研究，发现生态环境恶化与居民主观福利水平存在显著稳健的负相关关系。Levinson（2004）研究了1984—1996年美国空气污染状况与居民幸福感之间的关系，发现空气污染加剧导致美国居民主观福利水平的下降。Graham和Graham（2001）利用欧洲调查数据库（European Social Survey，EES）所提供的数据，研究发现气候变化和空气污染对生活在西班牙不同地区的居民的自身幸福感均产生不同程度的显著负面影响。Ada和John（2007）通过对2002—2007年23个欧洲国家调查数据进行实证研究，发现SO_2浓度显著增加会导致居民主观幸福感的下降，但反之，居民主观幸福感的提升作用并不明显。Cuftado和Gracia（2013）根据英国和西班牙的微观调查数据进行研究，同样发现类似结论。Lu和Zhang（2016）利用中国家庭追踪调查数据库（China Family Panel Studies，CFPS）对2010年和2012年25个省份162个区县的微观数据进行分析，发现空气质量恶化（如SO_2等污染物浓度上升、空气能见度下降等），将会显著降低居民短时期内个人主观幸福感知。陈永伟和史宇鹏（2013）利用CFPS2010调查数据进行研究，发现不同污染物对居民主观福利水平存在不同程度的负面影响。杨继东和章逸然（2014）利用中国综合社会调查数据库（Chinese General Social Survey，CGSS）和中国285个地级市截面数据进行实证分析，发现环境污染程度、政府治理效果与居民主观幸福感之间存在显著负相关关系，说明环境污染导致居民主观幸福感的下降，同时现有政府治理手段并未显著改善居民的主观福利水平。

2.3.5 研究现状评述

通过对国内外相关文献进行梳理总结，可以发现国内外学者基于城镇化背景下对生态环境效率评价及其相关问题进行了大量研究，取得了一系列研究成果。学者们围绕生态环境效率的理论基础、概念内涵、综合评价方法、影响因素及提升路径等方面展开深入探讨，提供了衡量区域可持续发展及绿色经济水平的评价方法，研究结论对推动中国区域绿色发展和促进生态文明建设等均具有重要意义。但是目前关于针对生态福利绩效的研究仍存在以下不足之处：

①目前针对生态环境效率的相关研究，仍然停留在对生态效率、环境效率、资源效率等测算及评价，且绝大部分效率测算均只考虑经济增长作为单一产出，仅能够反映生态环境与经济增长之间的关系，未能把人类福利水平作为重要因素考虑到生态环境效率的研究中。虽然近年来部分学者尝试进行生态环境福利绩效评价及相关问题的研究，但现阶段已有研究成果仍比较少，且多数仅停留在效率测算的阶段，并未对生态福利绩效进行全面系统的研究。

②在研究方法上，现有研究成果中针对生态环境效率测算已有多种评价方法及相关模型，虽然这些评价方法各自具有优缺点，但是将其应用于生态福利绩效问题研究中，还比较少见。在研究区域上，还未有研究采用中国不同地区多年面板数据作为研究样本进行生态福利绩效评价。同时，中国幅员辽阔，地区间发展存在异质性，也未有研究深入检验中国地区间生态福利绩效的收敛性特征，分析生态福利绩效的地区间差异及动态演进态势。

③现有针对生态福利绩效的影响因素研究还比较少且不深入，多为定性

分析，仅有定量研究也多采用了传统计量方法，仅从宏观经济社会发展方面对影响生态福利绩效的因素进行探讨，且未能考虑生态福利绩效可能存在的空间效应。同时，由于生态环境问题的外部性及公共产品属性，政府环境治理应是生态福利绩效提升的重要途径。现有评价政府环境治理效果的文章多从宏观数据出发，以经济产出与污染物排放等作为评价指标，数据源较为单一，且多为横截面数据，并未能综合系统考虑城镇化进程中政府治理所产生的生态福利效应，尤其对居民的主客观福利的影响作用机制的探讨，尚存在一定空白之处。

第 3 章

生态福利发展状态分析

生态福利发展状态，主要是通过某一地区内部生态环境投入水平与居民福利产出水平共同决定。其中，生态环境投入水平及发展模式，能够体现该地区生态承载能力，居民福利产出水平能够衡量该地区人类发展水平，二者共同决定了该地区生态福利发展状态。因此，单纯的居民福利产出水平较高，抑或生态环境投入水平较低，均不能判定该地区生态福利发展状态良好，具有可持续性。改善某一地区生态福利发展状态，需要统筹考虑生态环境投入与居民福利产出两个方面。因此，有必要对中国各省份生态福利发展状态进行分析，考察生态环境投入和居民福利产出两方面的平衡协调度，从而了解不同省份生态福利发展的演进历程及现实状况。

3.1 生态环境投入指数

3.1.1 现有生态环境投入评价指标

生态环境资源，是区域经济社会发展，人类生存生活的必要物质基础。生态环境投入类指标，应当包含资源消耗类指标和环境污染类指标两大部分。虽然部分学者在研究生态环境与经济增长、社会发展等之间关系时，一般均认为环境污染是经济活动对生态环境造成的“坏的影响”，环境污染类指标通常被作为非期望产出指标（王兵等，2010；杨俊等，2010；涂正革和刘磊珂，2011；沈能等，2012；朴胜任等，2017）。但从另一方面来讲，环境污染是进行经济生产及社会发展过程中所需要付出的生态环境代价，从本质上来看，仍属于生态环境投入范畴。因此，学者陈傲等（2008）、潘兴侠等（2013）、付丽娜等（2013）在对区域生态效率进行评价时，均选取了多种环境污染类指标作为生态环境投入要素进行效率测算。由于生态福利绩效从本质上来讲与生态效率是一致的，因此本研究参照上述已有研究成果，同样把环境污染类指标作为生态环境投入的组成部分，进行生态环境投入指数的测算。

通过回顾国内外专家学者针对生态环境效率测算及评价的已有研究，可以发现：①针对资源消耗类指标选择，主要是基于土地资源、水资源、能源等维度。例如德国环境经济核算账户所涉及的涵盖土地、能源、水、原材料等在内的 3 大类 8 小类指标。荷兰学者 Hoffren（2001）采用的包含直接物质流（DMF）等在内 5 种生态效率指标。诸大建和邱寿丰（2006）通过土地、能源、水、原材料等维度，构建适合中国区域循环经济发展特点的生态效率指标体系。黄和平等（2006）通过构建涉及能源消费、用水量、建设用地面积等资源投入的指标体系，测算并评价中国江西省生态环境效率表现。②针对环境污染类指标选择，国内外学者的研究具有较大的弹性。Kaneko 和 Managi（2006）、程丹润和李静（2009）、龙亮军等（2017）均选择了废水、废气及固体废物相关指标用以衡量环境污染状况。Managi 和 Kaneko（2004）除了考虑常规“三废”污染物指标以外，还单独考虑了工业废水中的 COD、工业废气中的 SO_2、工业烟尘、工业粉尘等指标。胡鞍钢等（2008）选取了废水、工业固体废弃物、化学需氧量（Chemical Oxygen Demand，COD）、二氧化硫（SO_2）、二氧化碳（CO_2）等污染物排放总量作为测算指标。翁智雄等（2017）选取了工业 SO_2 排放强度、工业废水排放强度、工业烟（尘）排放强度等指标，衡量中国 285 个地级市城市环境污染状况。综合国内外专家学者已有研究，本研究整理出用以衡量生态环境投入的主要评价维度及常用评价指标，见表 3-1。

表 3-1　常用生态环境投入评价指标

维度	一级指标	二级指标	参考文献
资源消耗	能源消耗	人均消费标准煤、人均电力消费量、单位地区生产总值能耗、单位地区生产总值电耗	付丽娜等（2013）；陈傲（2008）；龙亮军等（2017）
	土地资源消耗	人均建成区面积、人均耕地面积、人均建设用地面积	付丽娜等（2013）；潘兴侠等（2013）；陈傲（2008）；龙亮军等（2017）
	水资源消耗	人均供水量	付丽娜等（2013）；潘兴侠等（2013）；陈傲（2008）；龙亮军等（2017）；袁晓玲等（2009）

续表

维度	一级指标	二级指标	参考文献
环境污染	废水排放	工业废水人均排放总量、工业废水中化学需氧量人均排放量、工业废水中氨氮人均排放量、生活废水人均排放总量、生活废水中化学需氧量人均排放量、生活废水中氨氮人均排放量	Zhang 和 Choi（2013）；Li 等（2013）；Chen 和 Jia（2017）；Managi S 和 Kaneko S；Wang 等（2013）；付丽娜等（2013）；潘兴侠等（2013）；王兵等（2010）；陈傲（2008）；龙亮军等（2107）；袁晓玲等（2009）；程丹润和李静（2009）；胡鞍钢等（2008）
	废气排放	工业废气二氧化硫人均排放量、工业烟尘人均排放量、工业粉尘人均排放量、生活烟尘人均排放量、生活粉尘人均排放量；人均二氧化碳排放量	Zhang 和 Choi（2013）；Li 等（2013）；Chen 和 Jia（2017）；Watanabe 和 Tanaka（2007）；Wang 等（2013）；付丽娜等（2013）；潘兴侠等（2013）；汪克亮等（2017）；陈傲（2008）；龙亮军等（2017）；袁晓玲等（2009）；程丹润和李静（2009）；胡鞍钢等（2008）
	固体废弃物排放	工业固体废弃物人均排放量、工业固体危险废物人均产生量、工业固体废物综合利用率、生活垃圾清运量、生活垃圾无害化处理率	Zhang 和 Choi（2013）；Li 等（2013）；Chen 和 Jia（2017）；Wang 等（2013）；付丽娜等（2013）；潘兴侠等（2013）；陈傲（2008）；龙亮军等（2017）；袁晓玲等（2009）；程丹润和李静（2009）；胡鞍钢等（2008）

资料来源：本研究整理编制。

3.1.2 测算方法

（1）评价指标构成

生态环境投入指数（REEI）主要采用资源消耗类和环境污染类 2 大类指标进行综合评价。

①资源消耗。资源是指“生产过程中所使用的投入”，被划分为“自然资源、人力资源和加工资源”（傅允生，2005；张景华，2008）。根据本研究所界定的“生态福利”概念，这里所涉及的“资源”仅包含自然资源。根据已有研究成果，本研究同样选取了与人类经济活动密切相关的三大类自然资源，即：能源、土地资源及水资源，用以考察资源消耗状况。其中，能源消耗水平，用全社会人均消费标准煤表征；土地资源消耗水平，用全社会人均建成区面积表征；水资源消耗水平，用全社会人均供水量表征。

②环境污染。目前现有多数研究一般采用废水、废气、废物等三废产生

量和排放量相关指标测度环境污染水平。同时，国内大部分研究仅用工业三废排放量进行环境污染状况的测算与评价（杨斌，2009；王恩旭和武春友，2011），并未将生活三废排放量纳入评价考虑范畴内，仅能代表某一地区内工业发展对生态环境的影响，不能够完全反映该地区整体发展状况与生态环境之间的关系，具有一定局限性。因此，本研究采用三废排放量作为环境污染的评价指标，并把生活三废排放情况纳入考虑范畴，使三废污染物排放来源涵盖工业源和生活源两个方面。根据数据可得性和政策重要性原则，选取了 6 个评价指标用以衡量污染排放状况，即：采用废水人均排放量、废水中化学需氧量（COD）人均排放量，表征废水排放状况；采用二氧化硫人均排放量、烟（粉）尘人均排放量，表征废气排放状况；采用工业固体废弃物人均产生量、生活垃圾人均清运量，分别对应生产环节、生活环节的废物产生量，表征固体废弃物排放状况。《国民经济和社会发展第十二个五年规划纲要》中提出将“主要污染物排放总量显著减少”作为主要节能减排目标之一，明确要求“化学需氧量（Chemical Oxygen Demand，COD）、二氧化硫（SO_2）等主要污染物排放分别达到减排 8%的总控目标”。削减主要污染物排放量，能够对区域生态环境改善起到显著作用，是政府进行环境有效治理、实现区域可持续发展应考虑的重要因素之一。因此，构建生态环境投入指数评价指标体系，也应综合考虑化学需氧量（COD）、二氧化硫（SO_2）这 2 种主要污染物排放情况。综上所述，生态环境投入指数所含具体指标构成，见表 3-2。

表 3-2　生态环境投入指数评价指标

目标层	一级指标	二级指标	指标单位
资源消耗	能源消耗	人均消费标准煤	tce/人
	土地资源消耗	人均建成区面积	m^2/人
	水资源消耗	人均供水量	t/人
环境污染	废水排放	废水人均排放量	t/人
		废水中化学需氧量人均排放量	kg/人
	废气排放	二氧化硫人均排放量	kg/人
		烟（粉）尘人均排放量	kg/人
	固体废弃物排放	工业固体废弃物人均产生量	t/人
		生活垃圾人均清运量	t/人

资料来源：本研究整理编制。

（2）测算模型构建

如上所述，本研究构建的生态环境投入指数（REEI），由能源消耗（EEI_{er}）、土地资源消耗（EEI_{lr}）、水资源消耗（EEI_{wr}）、废水排放（EEI_{ww}）、废气排放（EEI_{wg}）、固体废弃物排放（EEI_{ws}）6个维度构成。生态环境投入指数（$REEI$）测算模型如式（3-1）所示：

$$REEI = EEI_{er} + EEI_{lr} + EEI_{wr} + EEI_{ww} + EEI_{wg} + EEI_{ws} \quad (3-1)$$

每个维度的表现值可分别按照式（3-2）至式（3-7）进行计算：

$$EEI_{er} = \sum_{j=1}^{n_{EEI_{er}}} w_{j(EEI_{er})} \times P_{ij(EEI_{er})} \quad j = 1, 2, 3, \cdots, n_{EEI_{er}} \quad (3-2)$$

$$EEI_{lr} = \sum_{j=1}^{n_{EEI_{lr}}} w_{j(EEI_{lr})} \times P_{ij(EEI_{lr})} \quad j = 1, 2, 3, \cdots, n_{EEI_{lr}} \quad (3-3)$$

$$EEI_{wr} = \sum_{j=1}^{n_{EEI_{wr}}} w_{j(EEI_{wr})} \times P_{ij(EEI_{wr})} \quad j = 1, 2, 3, \cdots, n_{EEI_{wr}} \quad (3-4)$$

$$EEI_{ww} = \sum_{j=1}^{n_{EEI_{ww}}} w_{j(EEI_{ww})} \times P_{ij(EEI_{ww})} \quad j = 1, 2, 3, \cdots, n_{EEI_{ww}} \quad (3-5)$$

$$EEI_{wg} = \sum_{j=1}^{n_{EEI_{wg}}} w_{j(EEI_{wg})} \times P_{ij(EEI_{wg})} \quad j = 1, 2, 3, \cdots, n_{EEI_{wg}} \quad (3-6)$$

$$EEI_{ws} = \sum_{j=1}^{n_{EEI_{ws}}} w_{j(EEI_{ws})} \times P_{ij(EEI_{ws})} \quad j = 1, 2, 3, \cdots, n_{EEI_{ws}} \quad (3-7)$$

其中，$P_{ij(EEI_{er})}$，$P_{ij(EEI_{lr})}$，$P_{ij(EEI_{wr})}$，$P_{ij(EEI_{ww})}$，$P_{ij(EEI_{wg})}$，$P_{ij(EEI_{ws})}$分别表示某一地区生态环境投入指数各维度在第i年经标准化后指标值；$w_{j(EEI_{er})}$，$w_{j(EEI_{lr})}$，$w_{j(EEI_{wr})}$，$w_{j(EEI_{ww})}$，$w_{j(EEI_{wg})}$，$w_{j(EEI_{ws})}$分别表示某一地区生态环境投入指数各维度指标的权重。

$P_{ij(EEI_{er})}$，$P_{ij(EEI_{lr})}$，$P_{ij(EEI_{wr})}$，$P_{ij(EEI_{ww})}$，$P_{ij(EEI_{wg})}$，$P_{ij(EEI_{ws})}$是可以通过收集原始数据后标准化得到；指标权重$w_{j(EEI_{er})}$，$w_{j(EEI_{lr})}$，$w_{j(EEI_{wr})}$，$w_{j(EEI_{ww})}$，$w_{j(EEI_{wg})}$，$w_{j(EEI_{ws})}$，则需通过计算确定。

考虑到若采用主观赋权法，评价者主观上的差异必然体现到对指标权重的赋值上，使得人为给出的权重缺乏客观的科学依据，从而影响评价结果的真实性和可靠性。而客观赋权法，主要依据已有客观数据所具备的信息量来确定权重，指标评价过程的再现性较好。因此，本研究采用熵权法确定生态环境投入指数各指标权重。应用熵权法计算各个指标权重的步骤如下：

①为了消除各评价指标的量纲影响，首先对各指标数据进行归一化处

理,[①] 极差标准化法公式见式（3-8）及式（3-9）：

正向指标：
$$P_{ij}=\frac{\max(v_j)-v_{ij}}{\max(v_j)-\min(v_j)} \tag{3-8}$$

负向指标：
$$P_{ij}=\frac{v_{ij}-\min(v_j)}{\max(v_j)-\min(v_j)} \tag{3-9}$$

其中，P_{ij}表示数据归一化后的指标值，V_{ij}表示指标 j 在第 i 年的原始值，$\max(v_j)$，$\min(v_j)$ 分别为指标 j 在观测期间的最大值和最小值。

②计算第 j 个指标下第 i 年指标值的比重 f_{ij}：

$$f_{ij}=\frac{P_{ij}}{\sum_{i=1}^{n}P_{ij}} \tag{3-10}$$

③计算第 j 个指标值的熵值 e_j：

$$e_j=-k\sum_{i=1}^{m}f_{ij}*\ln f_{ij} \tag{3-11}$$

其中，$k=\frac{1}{\ln m}$，$\ln m$ 为自然对数，$0\leqslant e_j\leqslant 1$；

④计算第 j 个指标的差异性系数 g_j：

$$g_j=1-e_j \tag{3-12}$$

⑤定义 j 个指标的权重 w_j：

$$w_j=\frac{g_j}{\sum_{j=1}^{n}g_j} \tag{3-13}$$

3.2　居民福利产出指数

3.2.1　现有居民福利评价指标

人类福利产出，最主流的测算方法是以经济福利进行衡量，主要用国内生产总值（GDP）、国民生产总值（GNP）等评价指标。例如，方精云和唐志尧（1999）在对全球 16 种生物类群的 17 种生态系统的工艺价值进行估算时，所选取的估算指标就为国民生产总值（GNP）。孙菲和李友俊（2012）构建包

①　数据标准化，常采用极差标准化法、Z-score 法、均值法等。其中，Z-score 法会导致部分评价指标数据出现负值，均值法中高于平均值的数据经过标准化处理后结果会大于 1，以上 2 种方法无法确保指标数据经过处理后稳定在某一区间内，不适合本研究后续针对生态环境投入指数评价，故采取极差标准化法进行数据无量纲处理。

含绿色 GDP、幸福 GDP、政府 GDP 在内的 3G-GDP 核算体系，用以核算中国国民经济水平。

但以单一经济福利维度来衡量社会真实福利水平，尽管便于统计和政策操作，仍具有较大的片面性及局限性。随着学者们对人类发展水平这一问题研究的不断深入，从多个维度衡量人类福利水平的评价方法应运而生。这类福利水平核算方法，从不同维度、多个层次，选取不同评价指标体系，客观描述某一地区影响居民福利水平的外在环境条件。所测算出的居民福利水平分值，不仅可以提供一个简单而清晰的总体性指标，用以衡量影响居民福利水平外在环境条件，同时也在一定程度上显示出影响居民福利水平高低的重要因素，使得人类福利水平评价具有某种程度上的长期性。例如，1970 年不丹国王提出的国民幸福总值（Gross National Happiness，GNH），该指标主要包含“平等社会发展、保护传统文化、保护环境、高度负责政府”等核心内容。1979 年美国海外发展委员会（CFIUS）提出的囊括预期寿命、婴儿死亡率、识字率等 3 方面的人类物质生活质量指数（Physical Quality of Life Index，PQ-LI）。另外，比较有代表性的人类福利水平测算指数，还有联合国开发计划署（UNDP）颁布的人类发展指数（HDI），经济合作与发展组织（OECD）提出的幸福生活指数（BLI），国际社会福利理事会（ICSW）提出的社会进步指数（ISP），美国经济学家戴利、科布提出的可持续经济福利指数（ISEW），英国新经济基金会（New Economics Foundation）提出的快乐星球指数（HPI），联合国提出的全球幸福指数（WHI），等等。表 3-3 总结了常用的人类福利产出衡量指数及其所包含的评价内容/测算指标等。

表 3-3　常用的人类福利产出衡量指数及其所包含的评价内容/测算指标

人类福利产出衡量指数	评价内容/测算指标	年份	颁布机构/研究人员
国民幸福总值 Gross National Happiness，GNH	社会发展、传统文化、生态环境、政府治理等	1970	不丹国王 Jigme Singye Wangchuck
人类物质生活质量指数 Physical Quality of Life Index，PQLI	婴儿死亡率、平均寿命、15 岁以上人口识字率等 3 个指标	1979	美国海外发展委员会、David Morris
社会进步指数 Index of Social Progress，ISP	涉及教育、健康、经济人口、地理、文化等 10 个社会经济领域 36 项指标	1984	国际社会福利理事会、理查德·J. 埃斯蒂斯
可持续经济福利指数 Index of Sustainable Economic Welfare，ISEW	涉及健康、教育、自然资源、生态环境、分配公平度等	1989	美国经济学家戴利、科布共同提出

续表

人类福利产出衡量指数	评价内容/测算指标	年份	颁布机构/研究人员
人类发展指数 Human Develop Index，HDI	预期寿命、教育年限、生活水平	1990	联合国开发计划署 UNDP
快乐星球指数 Happy Planet Index	对自身生活的满意度、二氧化碳排放量、人均寿命 3 个指标	2006	英国新经济基金会
幸福生活指数 Better Life Index	住房、收入、就业、教育、环境、卫生、社区生活、机构管理、安全、工作与家庭关系、生活条件与社交等 11 个类别	2011	经济合作与发展组织 OECD
全球幸福指数 World Happiness Index	教育、健康、环境、管理、时间、文化多样性及包容性、社区活力、内心幸福感、生活水平等 9 大领域	2012	联合国

资料来源：根据人类福利产出不同衡量指数所涉及的官方权威报告整理编制。

上述诸多人类福利水平衡量指数采用的评价指标存在差异，测算略有不同。目前，联合国开发计划署（UNDP）提出的人类发展指数（HDI），是国际上比较认可的、较为权威的、用以衡量客观福利的指标（龙亮军和王霞，2017）。该指数建立在公平、实质自由的正义论和福利经济学基础上，体现出对阿玛蒂亚·森提出的"人的可行能力"为发展主要概念的深刻理解（李晓西等，2014）。自 1990 年 HDI 指数发布以来，联合国开发计划署（UNDP）每年都会发布《人类发展报告》，并公布世界主要国家和地区的 HDI 指数测算结果及排名情况。人类发展指数（HDI）是对人类发展水平的总体衡量，主要从人类发展的 3 个基本维度衡量一国取得的平均成就，即：健康长寿、知识的获取及体面的生活，主要以"预期寿命、教育水平、生活质量"3 项基础变量组成综合评价指标（宋洪远和马永良，2004；赵志强和叶蜀君，2005；王志平，2007）。因此，国内外多位专家学者在进行生态福利绩效、环境福利绩效、能源福利绩效测算（Common，2007；Dietz，2012；臧漫丹等，2013；诸大建和张帅，2014；何林和陈欣，2011；冯吉芳和袁健红，2016；龙亮军等，2017）时，均借鉴了 UNDP 所提出的人类发展指数（HDI）构建方式，用以表征人类福利发展状况。

3.2.2　测算方法

（1）评价指标构成

本研究参考联合国开发计划署（UNDP）所提出的人类发展指数（HDI）的构建方式，从收入、教育及健康 3 个维度对人类福利发展水平进行量化评估。但基于统计数据的可获取性，本研究对现有人类发展指数（HDI）所采用的评价指标进行改进，形成可用于本研究测算的居民福利产出指数（RHDI）。

其中，收入水平，采用收入指数进行测度，以人均实际 GDP 作为衡量指标。联合国《全球人类发展报告》中收入指数评价方法，是以人均国民收入（GNP）作为评价指标进行计算的。但受限于中国宏观数据统计资料中国民经济水平是按照 GDP 进行核算，同时，根据现阶段中国 GNP、GDP 两个指标的实际统计数据来看，尤其是人均数据差距不大，[①] 对数据计算的可靠性影响不大（刘伟和蔡志洲，2015）。

健康水平，仍采用联合国《全球人类发展报告》中预期寿命指数的评价方法，采用预期寿命指数进行测度，以出生时预期寿命（岁）作为衡量指标。

教育水平，同样采用联合国 2009 年《全球人类发展报告》中教育指数评价方法，采用成人识字率，及初级、中级、高级教育综合入学率作为衡量指标。

综上所述，居民福利产出指数（RHDI）所含具体指标构成，见表 3-4。

表 3-4　居民福利产出指数评价指标

目标层	一级指标	二级指标	指标单位
经济水平	收入指数	人均实际 GDP	元
健康水平	健康指数	出生时预期寿命	年
教育水平	教育指数	成人识字率	%
		初级、中级、高级教育综合入学率	%

资料来源：本研究整理编制。

（2）测算模型构建

RHDI 指数主要参考联合国《人类发展报告》所提出 *HDI* 指数计算方法，采用收入指数（*II*）、健康指数（*HI*）、教育指数（*EI*）的几何平均值进行测算，如式（3-14）：

$$RHDI=\sqrt[3]{II\times HI\times EI} \tag{3-14}$$

① GDP 与 GNI 两个指标从构成内容上来看相差“来自国外的要素收入净额”。从中国历史上看，人均 GDP 和人均 GNI 数量差异不到 2%。该研究成果题为“我国人均 GDP 和人均 GNI 国际位次稳步提高”，载于中国信息报（网络版），2011 年 5 月 18 日。资源来源：http：//www. zgxxb. com. cn/jqtt/201105180008. shtml.

①分项评价指标数据标准化。

分项评价指标数据标准化，仍采用极差标准化法进行数据无量纲处理。极差标准化法公式如式（3-15）：

$$x_{ij}^{*}=\frac{x_{ij}-\min(x_{ij})}{\max(x_{ij})-\min(x_{ij})} \tag{3-15}$$

其中，x_{ij}^{*}为数据标准化后指标值，x_{ij}为各观测指标实际值，$\max(x_{ij})$、$\min(x_{ij})$采用联合国人类发展指数（*HDI*）设置分项评价指标的最大值、最小值，分项评价指标具体阈值见表3-5。

表3-5　人类发展指数（HDI）分项评价指标阈值

基本指标	单位	最大值	最小值
出生时预期寿命	岁	85	25
成人识字率	%	100	0
综合入学率	%	100	0
人均GDP	美元	40000	100

资料来源：根据联合国UNDP《人类发展报告》编制。

②收入指数（*II*）计算过程：

$$II=\frac{\log(\text{人均 GDP})-\log(100)}{\log(40000)-\log(100)} \tag{3-16}$$

其中，人均GDP做不变价处理，首先利用中国不同省份GDP平减指数以1997年不变价格作为基期计算地区生产总值，再除以当年的年平均常住人口[①]所得，用以消除价格等因素的影响。

③健康指数（*HI*）计算过程：

$$HI=\frac{\text{出生时预期寿命}-25}{85-25} \tag{3-17}$$

根据全国人口普查四普、五普、六普数据资料，可直接获取1990年、2000年、2010年全国出生人口的预期寿命，数据来源于《中国1990年人口普查资料》《中国2000年人口普查资料》《中国2010年人口普查资料》等。借鉴宋洪远和马永良（2004），霍景东和夏杰长（2005）研究中指标处理方法，1997—2010年各年人均预期寿命按照内插法推算，2011—2015年各年数据采用外推法计算。

① 当年平均常住人口，为上一年年末常住人口与当年年末常住人口的平均值。

④教育指数（EI）计算过程：

$$EI = \frac{1}{3} \times 综合入学率 + \frac{2}{3} \times 成人识字率 \tag{3-18}$$

成人识字率，是指15岁及以上识字人口占15岁以上总人口的比重，具体统计数据源自《中国统计年鉴》（1998—2016）、《中国人口和就业统计年鉴》（1998—2016）、《中国教育统计年鉴》（1998—2016）。综合入学率，是指各级教育（包括小学、初中、高中、大学等）人数占官方规定的教育适龄人口（UNDP定义一般为6～22岁）的百分比。由于1997—2015年研究样本期间，中国30个省份6～22岁人口总数难以获取，借鉴李晓羽等（2015）针对“综合入学率”这一指标的处理方法，以普通小学、初中、高中、中等职业学校、高等学校在校学生总人数占地区总人口的比重进行表征。

3.3 生态福利发展状态分析框架构建

为进一步分析生态环境投入与居民福利产出之间的相关关系，借鉴学者方叶林等（2012）研究成果，将中国不同省份REEI指数和RHDI指数测算结果分别进行排序，绘制两轴四象限散点图，用以描述中国不同省份生态福利发展状态。具体来说，生态福利发展状态可被描述成4种类型，即：高—高型（象限Ⅰ）、高—低型（象限Ⅱ）、低—低型（象限Ⅲ）、低—高型（象限Ⅳ），见表3-6。基于上述分类，可以建立生态福利发展状态评估框架，如图3-1所示。

表3-6 生态福利发展状态评估分类

象限区域	分类	特征	发展状态
Ⅰ区	H—H型	高REEI—高RHDI	欠可持续发展
Ⅱ区	H—L型	高REEI—低RHDI	不可持续发展
Ⅲ区	L—L型	低REEI—低RHDI	欠可持续发展
Ⅳ区	L—H型	低REEI—高RHDI	可持续发展

资料来源：本研究整理编制。

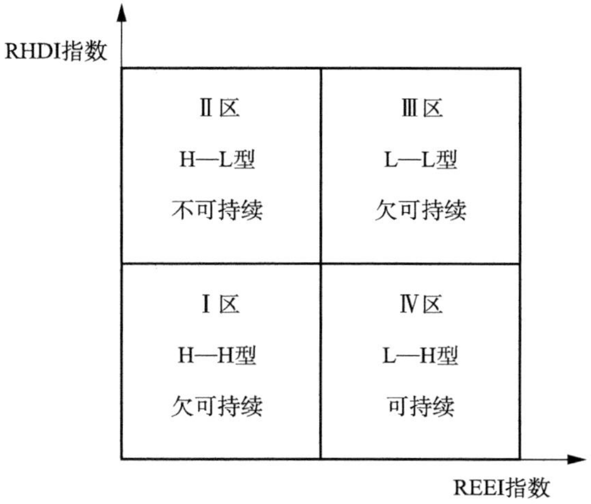

图3-1　生态福利发展状态评估框架

资料来源：本研究整理绘制。

3.4　研究样本与数据来源

3.4.1　研究样本

由于重庆1997年被确立为直辖市，为实现数据可比性，所以本研究起始时间设置为1997年。西藏自治区生态环境类统计数据量较少，且大部分年份缺失严重，因此该省份不在本研究范围内。同时本研究也不包含香港、澳门、台湾3个地区。因此，本研究生态福利发展状态评估以中国30个省份为研究样本，研究时间跨度设计为1997—2015年共19年。

3.4.2　数据来源

本研究所需宏观统计数据来源主要从以下途径收集整理：

①《中国统计年鉴》（1998—2016年）、《中国能源统计年鉴》（1998—2016年）、《中国人口和就业统计年鉴》（1998—2016年）、《中国教育统计年鉴》（1998—2016年）、《中国环境统计年鉴》（2004—2016年）、《中国1990年人口普查资料》、《中国2000年人口普查资料》、《中国2010年人口普查资料》等。

②1998—2016年各省、自治区、直辖市统计年鉴，《国民经济与社会发展统计公报》《环境统计公报》《教育事业发展统计公报》。

③国家统计局、各省、自治区、直辖市统计局网站。

④中国经济与社会发展统计数据库、中经网统计数据库、Wind资讯数据库。

3.5 生态福利发展状态评估分析

3.5.1 生态环境投入指数测算及分析

（1）指数测算

结合上文已构建的生态环境投入指数（REEI）测算模型，处理已收集整理后各指标数据，并计算所涉及的各评价指标权重，具体结果见表 3-7。基于前述章节 REEI 指数评价模型及测算方法，对 1997—2015 年中国 30 个省份生态环境投入水平进行定量分析，从而得到不同省份 REEI 指数测算结果，详见附录附表 1。

表 3-7 REEI 指数各评价指标权重

目标层	一级指标	二级指标	指标权重
资源消耗	能源消耗	人均消费标准煤	0.0970
	土地资源消耗	人均建成区面积	0.1203
	水资源消耗	人均供水量	0.1036
环境污染	废水排放	废水人均排放量	0.0952
		废水中化学需氧量人均排放量	0.1085
	废气排放	二氧化硫人均排放量	0.1192
		烟（粉）尘人均排放量	0.0818
	固体废弃物排放	工业固体废弃物人均产生量	0.1288
		生活垃圾人均清运量	0.1455

资料来源：本研究计算编制。

（2）结果分析

REEI 指数越低，说明该地区发展过程中资源消耗量越低、环境污染物排放量越少，REEI 指数排名越靠前。

①总体状况。

1997—2015 年，中国 30 个省份 REEI 指数年均值得分区间为 0.135~0.193，生态环境投入全国平均水平呈现波动上涨趋势（如图 3-2 所示），说明近年来中国各省份生态环境投入持续增长，资源消耗、环境污染等现象日益严峻。

②地区差异分析。

图 3-3 至图 3-5 显示了 1997 年、2005 年及 2015 年中国 30 个省份 REEI 指数变化情况。可以看出，1997 年、2005 年各省份 REEI 指数并未呈现明显阶梯分布，具有一定连续型分布特征。但 2015 年各省份 REEI 指数呈现出较

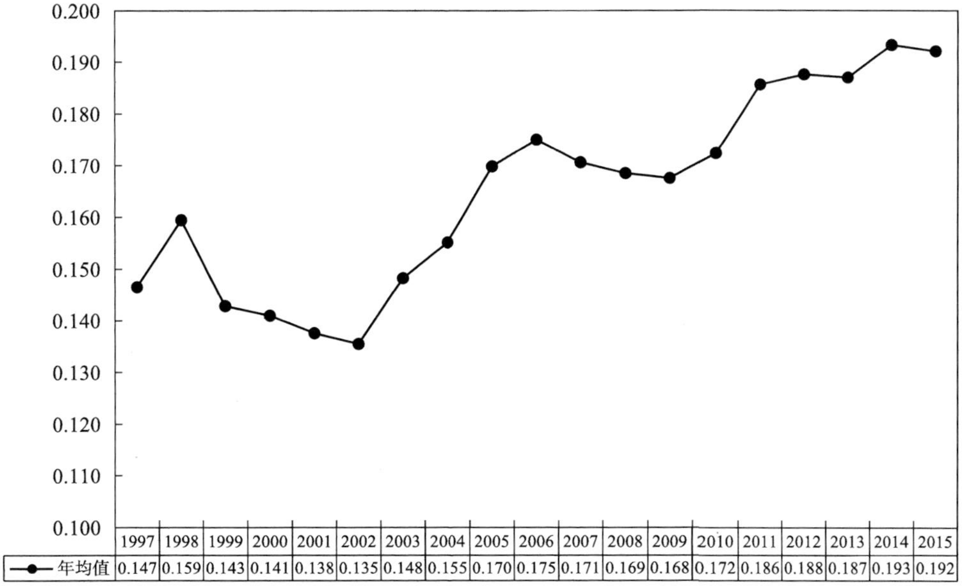

图 3-2　中国 REEI 指数年均值变化状况（1997—2015 年）

资料来源：本研究计算绘制。

为明显的阶梯分布，山西、辽宁、新疆、内蒙古、宁夏、青海等省份生态投入水平，明显高于其他省份。

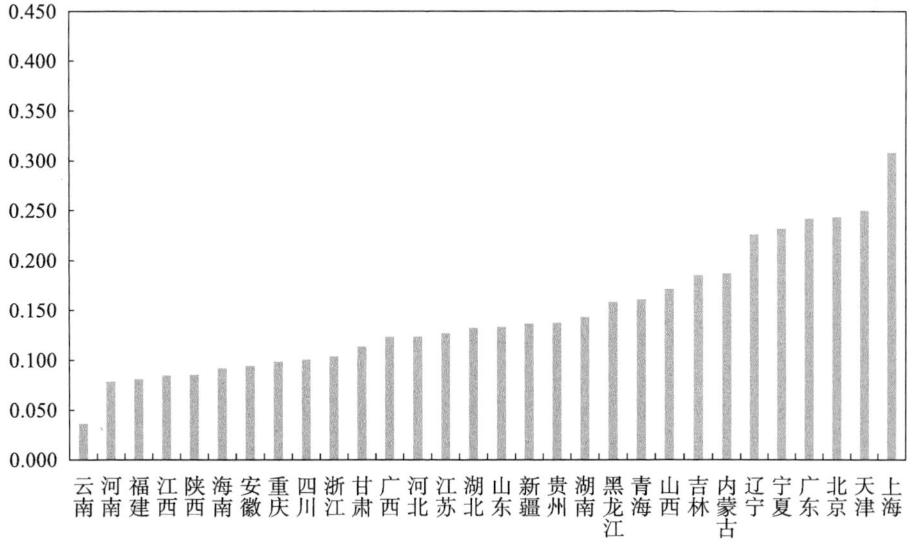

图 3-3　中国 30 个省份 REEI 指数水平（1997 年）

资料来源：本研究计算绘制。

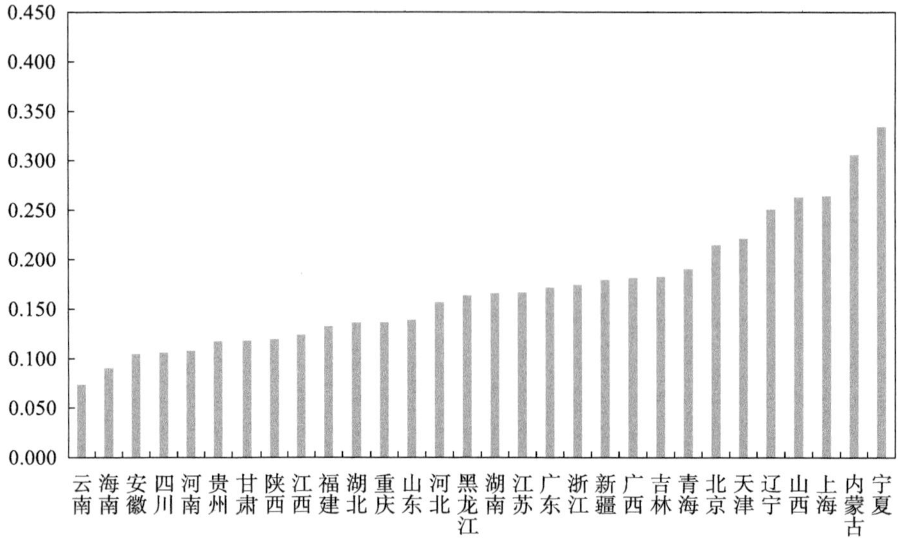

图 3-4　中国 30 个省份 REEI 指数水平（2005 年）

资料来源：本研究计算绘制。

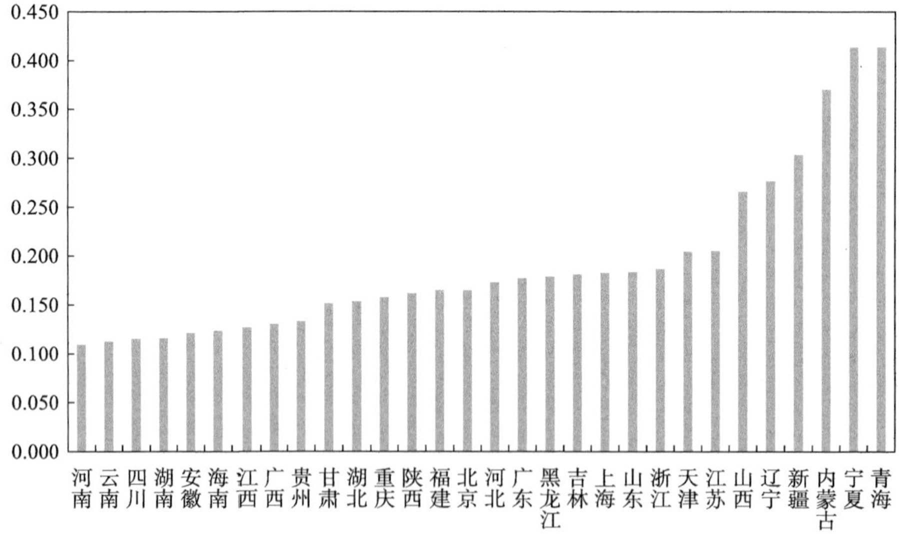

图 3-5　中国 30 个省份 REEI 指数水平（2015 年）

资料来源：本研究计算绘制。

3.5.2　居民福利产出指数测算及分析

（1）指数测算

基于前述章节的 RHDI 指数评价模型及测算方法，对 1997—2015 年中国 30 个省份居民福利产出水平进行定量分析，从而得到不同省份 RHDI 指数的测算结果，详见附录附表 2。

（2）结果分析

RHDI 指数越高，说明该地区发展过程中居民福利产出水平越高，RHDI 指数排名越靠前。

①总体状况。

1997—2015 年，中国 30 个省份 RHDI 指数年均值得分区间为 0.577～0.736，全国居民福利水平呈现波动上涨状态（如图 3-6 所示），说明现阶段中国各省份居民福利产出水平不断提升，居民收入水平、健康状况、受教育水平等呈现上升趋势。

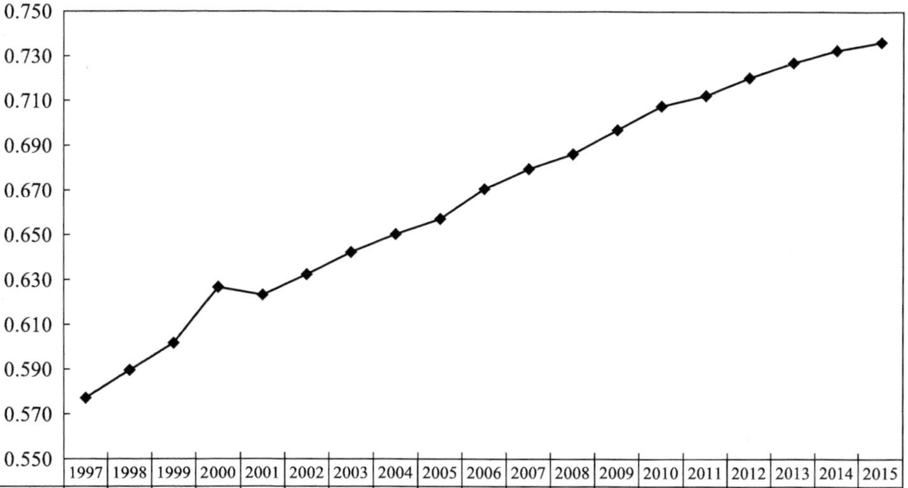

	1997	1998	1999	2000	2001	2002	2003	2004	2005	2006	2007	2008	2009	2010	2011	2012	2013	2014	2015
年均值	0.577	0.590	0.602	0.627	0.623	0.632	0.642	0.650	0.657	0.671	0.680	0.686	0.697	0.708	0.712	0.720	0.727	0.733	0.736

图 3-6　中国 RHDI 指数年均值变化状况（1997—2015 年）

资料来源：本研究计算绘制。

②地区差异分析。

图 3-7 至图 3-9 显示 1997 年、2005 年、2015 年中国 30 个省份 RHDI 指数变化情况。可以看出，1997 年、2005 年、2015 年中国各省份 RHDI 指数并未呈现明显阶梯分布，具有一定连续型分布特征。

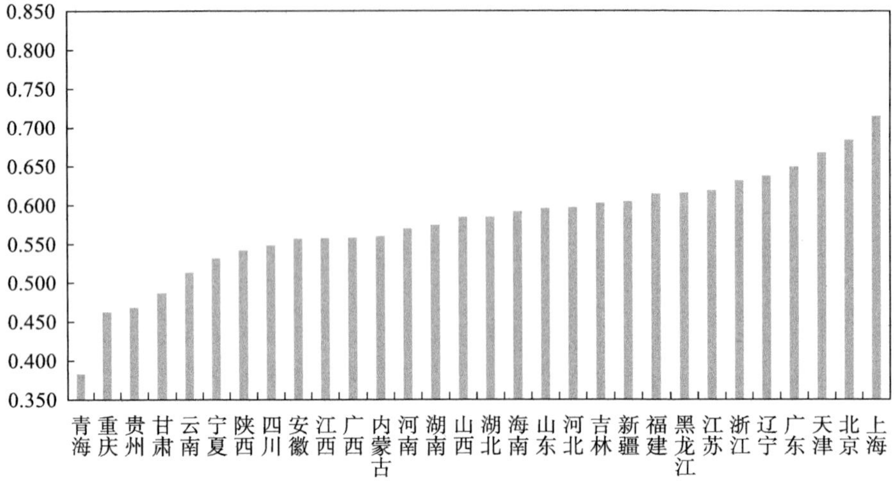

图 3-7　中国 30 个省份 RHDI 指数水平（1997 年）

资料来源：本研究计算绘制。

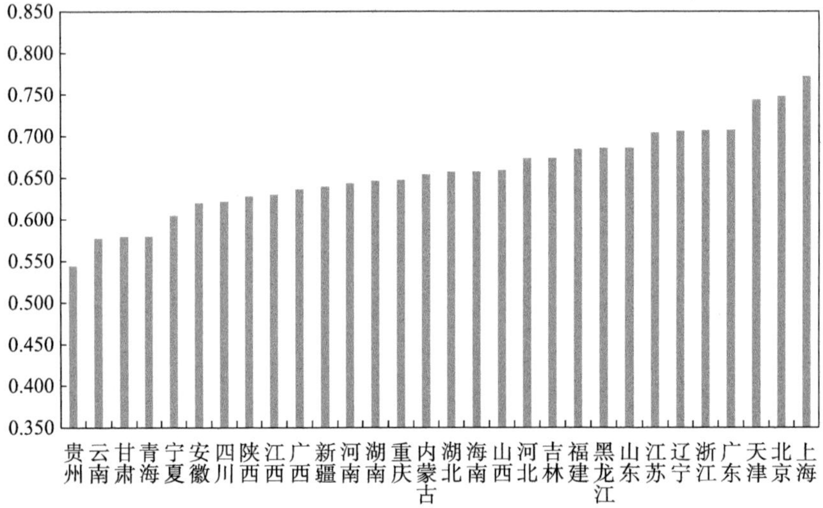

图 3-8　中国 30 个省份 RHDI 指数水平（2005 年）

资料来源：本研究计算绘制。

3.5.3　生态福利发展状态评估结果分析

根据 1997—2015 年中国 30 个省份 REEI 指数与 RHDI 指数均值排名，可绘制出生态福利发展状态的两轴四象限散点图，如图 3-10 所示。根据各省份在图 3-10 中的相对位置，可以区分出各省份生态福利发展状态所处象限区域，具体分类结果见表 3-8。

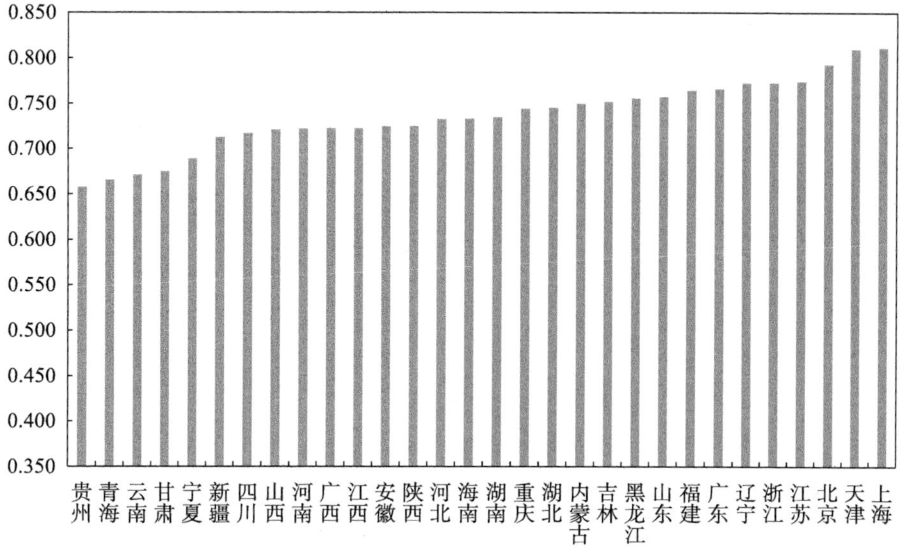

图 3-9　中国 30 个省份 RHDI 指数水平（2015 年）

资料来源：本研究计算绘制。

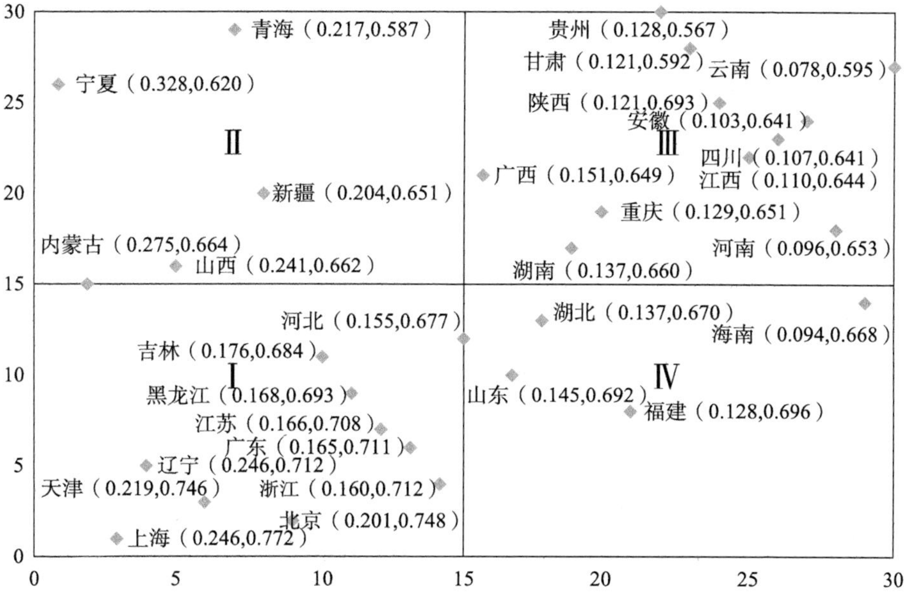

图 3-10　中国 30 个省份生态福利发展状态两轴四象限散点图（1997—2015 年）

注：图中坐标系 X 轴为 1997—2015 年 30 个省份生态环境投入指数均值的排名，y 轴为 1997—2015 年 30 个省份居民福利产出指数均值的排名；括号内为 30 个省份生态环境投入指数、居民福利产出指数的具体均值。

资料来源：本研究计算绘制。

表 3-8 中国 30 个省份生态福利发展状态分类（1997—2015 年）

象限区域	分类	省份	生态福利水平
Ⅰ区	H-H 型	北京、天津、河北、辽宁、吉林、黑龙江、上海、江苏、浙江、广东	欠可持续
Ⅱ区	H-L 型	山西、内蒙古、青海、宁夏、新疆	不可持续
Ⅲ区	L-L 型	贵州、甘肃、云南、陕西、安徽、江西、四川、广西、湖南、河南、重庆	欠可持续
Ⅳ区	L-H 型	海南、湖北、山东、福建	可持续

资料来源：本研究计算编制。

位于第Ⅰ象限的主要有北京、天津、河北、辽宁、吉林、黑龙江、上海、江苏、浙江、广东等 10 个省市。“高—高型”省份的主要特征表现为，生态环境投入水平、居民福利产出水平均比较高，生态福利水平呈现欠可持续发展状态。可以看出，上述省份虽然居民福利水平已经达到较高状态，但是生态环境投入过多，可能会出现超过其区域生态承载力阈值的现象发生。这种居民福利水平的较高状态，从某种意义上说，是以人为过度消耗生态资源、牺牲环境为代价的。未来应着重关注区域生态承载能力、环境质量，进一步转变经济社会发展方式，提倡生态化、低碳化、绿色化、集约化的发展模式。

位于第Ⅱ象限的主要有山西、内蒙古、青海、宁夏、新疆等 5 个省份。“高—低型”省份的主要特征表现为，生态环境投入水平高，但居民福利产出水平低，生态福利水平呈现不可持续发展状态，是最不理想的发展状态。可以看出，上述省份多位于中国西北部，客观地理位置导致其存在生态承载能力差、自然环境脆弱等现实问题。同时，地区内经济基础较为薄弱，对外开放程度不高，基础设施不完善，交通不便利。以上原因导致了上述省份居民福利水平长时期处于较低水平，需要较多人力、物力、财力及大量的生态环境资源投入，并且即使加大各方面资源投入，仍有可能存在居民福利水平提升缓慢、生态福利效果不明显等现象。未来应该加大环境保护力度，改善地区生态脆弱性，走资源节约型道路，切实关注居民福利水平，提升社会基本公共服务能力。

位于第Ⅲ象限的主要有贵州、甘肃、云南、陕西、安徽、江西、四川、广西、湖南、河南、重庆等 11 个省市。“低—低型”省份的主要特征表现为，生态环境投入水平、居民福利产出水平均比较低，生态福利水平呈现欠可持续发展状态。可以看出，上述省份大部分位于中国西南部，是西部大开发的主要省份，这些省份的居民福利水平还有待提升，且生态环境投入水平相对较低，存在扩容空间。

位于第Ⅳ象限的主要有海南、湖北、山东、福建等 4 个省份。“低—高型”省份的主要特征表现为，生态环境投入水平低、居民福利产出水平高，生态福利水平呈现可持续发展状态，是最为理想的发展状态。可以看出，上述省份在提升居民福利水平的同时，较好控制资源、能源投入力度与环境污染排放水平，实现了生态环境与经济社会之间协同发展。

第 4 章

生态福利绩效综合评价

从理论范畴上说，生态福利绩效是一种特殊的生态效率。与一般的生态效率不同的是，生态福利绩效衡量的是自然资源、生态环境承载力与社会福利之间的定量关系，即人类将有限的自然资源和生态环境承载力转化为社会福利的充分程度，从而可以揭示人类如何以更为集约的生产和生活方式获得幸福的现实问题。从价值层次来看，生态福利绩效，相比仅追求物质“投入—产出”比最大的生态效率来说，内涵和意义均丰富很多。因此，关于生态福利绩效的测算与评价，应在充分借鉴近年来生态效率评价方法的基础上，更应在投入产出的指标选取中注意契合生态福利绩效的理论内涵，使得评价结果能够更为准确和贴切地反映人类利用现有生态环境条件追求幸福、个体发展的真实状态。

4.1 生态福利绩效测算

4.1.1 测算模型构建

(1) 常用效率测算方法比较

生态福利绩效（Ecological Wellbeing Performance，EWP）的本质是“少投入多产出”，即：期望以较少的生态环境投入获取更多的人类福利产出，主要反映参与评价的个体生态环境投入转化为居民福利水平的有效程度。

生态环境类效率测算方法主要有单一投入产出比、指标体系综合评价法、随机效率前沿分析法（SFA）、数据包络分析法（DEA）等（尹科等，2012）。由于生态福利绩效涉及生态环境投入和居民社会福利产出 2 个层面多个维度，单一投入产出比和指标体系综合评价等方法显示出极大的局限性；而随机效率前沿分析法（SFA）和数据包络分析法（DEA）等方法较为适合同时考虑产出和多投入的定量效率分析，因此被广泛应用于生态福利绩效的测算评价中（龙亮军和王霞，2017；徐昱东等，2017）。

实际上，无论是随机效率前沿分析法（SFA）还是数据包络分析法（DEA），均是根据被评价单元的投入和产出情况来确定出其效率前沿面，进而计算出被评价单元与效率前沿面的差距用以体现相对效率水平。不同的是，SFA 是一种参数分析方法，而 DEA 则是一种非参数分析方法。虽然 SFA 方法的效率前沿面是一种理想的前沿面，可以计算出被评价单元的绝对效率，但在使用该方法计算被评价单元的效率时，需要设定生产（效率）函数的形式，假定模型参数的概率分布，还需进行烦琐的参数检验。而作为非参数分析方法，DEA 方法在对决策单元进行效率评价时，不需要进行模型设定和参数检验，也不需要过多的指标且不用统一指标单位，从而保证效率计算的客观性和便捷性。同时，DEA 方法在处理多产出情况时比 SFA 方法更有优势。此外，近年来也不断有学者在此基础上研究动态效率的测度问题，比如采取多种 Malmquist 指数、窗口分析等方法处理面板数据。因此，综合考虑两类方法的特点及优势，结合本研究需要，主要选取数据包络分析方法（DEA）测算中国 30 个省份生态福利绩效水平。

（2）非角度 Super-SBM 模型

Charnes 等（1978）首次使用数据包络分析方法测度多投入和多产出的效率问题，所建立的模型被称为 CCR 模型。这一模型假设规模报酬不变，并在确定生产可能集前沿和计算径向距离函数的基础上，得出具有相同投入和产出类型的不同决策单元的相对效率。Banker 等（1984）进一步把假设条件变为规模报酬可变，从而提出了效率测度的 BCC 模型。此后的四十多年里，大量研究在上述 2 个模型的基础上，根据不同的研究需要不断改变或者放松相关假设条件，对 DEA 方法的具体模型形式进行丰富和改进。

①SBM 模型。

在径向的 DEA 模型中，非有效的决策单元向有效目标值改进的过程中，只能沿着原点射线的方向同比例缩减投入或者扩大产出。这使得无效率的衡量只包含投入缩减的比例或产出增加的比例，而遗漏了松弛部分。

作为非径向 DEA 模型的 SBM 模型则不要求。为此，Tone（2001）基于松弛度测度的 SBM 模型（Slack-Based Model），直接以各类投入松弛度均值和产出松弛度均值来衡量决策单元的无效率程度，进而得到被评价的各个单元的效率。

假定参与评价的决策单元数量为 n，投入与产出矩阵分别为 $X=(x_{ij})\in R^{m\times n}$ 和 $Y=(y_{ij})\in R^{q\times n}$。对于任意决策单元 k，非角度①的 SBM 模型的分式规划式，如式（4-1）及式（4-2）所示：

$$\min\delta=\frac{1-\frac{1}{m}\sum_{i=1}^{m}s_i^-/x_{ik}}{1+\frac{1}{q}\sum_{r=1}^{q}s_r^+/y_{rk}} \tag{4-1}$$

$$s.t.\begin{cases}\sum_{j=1,\ j\neq k}^{n}x_{ij}\lambda_j+s_i^-=x_{ik}\\ \sum_{j=1,\ j\neq k}^{n}y_{rj}\lambda_j-s_r^+=y_{rk}\\ \lambda,\ s^+,\ s^-\geqslant 0\\ i=1,\ 2,\ \cdots,\ m;\ r=1,\ 2,\ \cdots,\ q;\ j=1,\ 2,\ \cdots,\ n\end{cases} \tag{4-2}$$

其中，x_{ik} 是 SBM 决策单元 k 的第 i 种投入，y_{rk} 是 SBM 有效决策单元 k 的第 r 种产出，s_i^-、s_r^+ 分别是投入和产出的松弛变量，λ 是权重向量。

如果将上面的目标函数的分子或者分母分别去掉并相应改变松弛度约束条件，即可得到产出或者投入角度的 SBM 模型。由于非角度 SBM 效率测度中既包含投入角度的非效率（$\frac{1}{m}\sum_{i=1}^{m}s_i^-/x_{ik}$）也包含产出角度的非效率（$\frac{1}{q}\sum_{r=1}^{q}s_r^+/y_{rk}$），因此，非角度 SBM 的效率值小于或者等于投入或产出角度 SBM 的效率值。由于标准的 SBM 模型是一种非角度且非径向的效率测度模型，它既克服了同比例缩减投入或同比例扩大产出所带来的效率高估，也能够同时兼顾投入不足和产出过剩带来的无效率，进而最大限度地考虑了效率改进的程度，使效率测算更加贴近现实。

此外，从线性规划式的目标函数可以看出，SBM 模型使用的是非效率决

① 非角度，是指既可以从投入角度也可以从产出角度进行改进，以提升效率水平。

策单元到效率前沿的最远距离，因而尽可能充分地考虑了无效率程度，尽管这使得非效率决策单元的改进路径可能过长，可能并不合理。

②Super–SBM 模型。

尽管 SBM 模型在效率测度时是基于松弛度计算的，但与传统的 CCR 模型和 BCC 模型一样，SBM 效率值 $\rho \in [0, 1]$。更为严重的一个问题是，使用 SBM 模型评价效率时往往会出现多个决策单元的效率值为 1，即不止一个有效决策单元。此时，有效决策单元之间难以进行效率排序。为进一步区分有效决策单元的效率高低，一些学者提出并不断完善了超效率模型（Andersen & Petersen，1993；Tofallis，1996；Zhu，2001）。

超效率模型的核心在于，在对决策单元的效率进行初步评价后，保持非有效决策单元的效率不变，同时进一步鉴别有效决策单元的效率问题。径向超效率模型相对于标准的径向效率模型而言，只是将标准模型中效率为 1 的决策单元从参考集（Referrence Set）中删除，其他约束条件并没有改变（Andersen and Petersen，1993）。而非径向超效率模型则相对复杂一些。为便于直观理解，图 4–1 给出了基于投入角度的规模报酬不变条件下径向超效率 DEA 模型的具体思想。

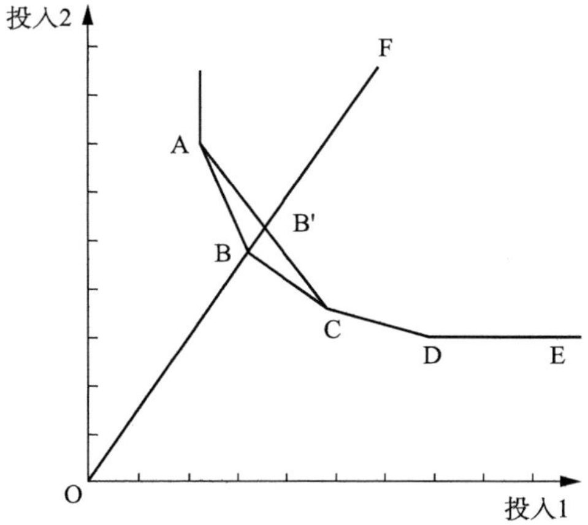

图 4–1　规模报酬不变的超效率 DEA 模型

Tone（2002）将 SBM 模型与超效率模型的思想进行融合，提出以修正松弛变量为基础的非角度、非径向的超效率模型，即 Super–SBM 模型。具体地，假设有 n 个决策单元参与效率评价，每个决策单元都有 m 项投入和 q 项投入。

在规模报酬不变（CRS）条件下，针对 SBM 求解得到的有效决策单元，非角度 Super-SBM 模型如式（4-3）及式（4-4）：

$$\min\delta = \frac{1 + \frac{1}{m}\sum_{i=1}^{m} s_i^- / x_{ik}}{1 - \frac{1}{q}\sum_{r=1}^{q} s_r^+ / y_{rk}} \tag{4-3}$$

$$s.t.\begin{cases} \sum\limits_{j=1,\ j\neq k}^{n} x_{ij}\lambda_j - s_i^- \leqslant x_{ik} \\ \sum\limits_{j=1,\ j\neq k}^{n} y_{rj}\lambda_j + s_r^+ \geqslant y_{rk} \\ \lambda,\ s^+,\ s^- \geqslant 0 \\ i = 1,\ 2,\ \cdots,\ m;\ r = 1,\ 2,\ \cdots,\ q;\ j = 1,\ 2,\ \cdots,\ n \text{ 且 } j \neq k \end{cases} \tag{4-4}$$

其中，x_{ik}是 SBM 有效决策单元 k 的第 i 种投入，y_{rk}是 SBM 有效决策单元 k 的第 r 种产出，s_i^-、s_r^+ 分别是投入和产出的松弛量，λ 是权重向量。

从线性规划式的目标函数可以看出，在超效率分析中评价集（Evaluated Set）的最大效率值可能不再为 1。Super-SBM 较之于标准的 SBM 模型，投入和产出的约束条件也不再是等式的形式。这说明 Super-SBM 决策单元的改进目标位于由剔除该决策单元形成的新生产可能性集前沿内距离该前沿最近的点，但这个点可能并不在前沿面上。尽管这无法保证投影值是强有效的，但却可以使模型避免无可行解的情况。除此之外，在线性规划的实际求解过程中，不变规模报酬（CRS）假设下的超效率通常具有可行解，而在可变规模报酬假设下（VRS）的模型却可能出现无解的情况（Seiford & Zhu，1999），因此本研究在计算生态福利效率时，遵循不变规模报酬的假设条件。

③DEA 窗口分析方法。

静态的 DEA 模型只能对同一时期不同决策单元的相对效率进行评价，但这往往会使得效率评价缺乏纵向可比性。利用单一年份的省级宏观数据对相应决策单元进行评价时，更是容易出现决策单元数量不足问题，进而导致效率评价的可靠性大打折扣。① 面板数据不同于截面数据，它往往内含了不同时期可能存在的技术变化情况，如果分别对不同的截面数据进行相对效率评价后进行效率对比就会存在明显的结论偏误。目前，针对面板数据的动态 DEA 效率评价方法主要有 Malmquist 指数和窗口分析法。前者早在 1953 年就已出现，之后 Färe 和 Grosskopf（1992）首先使用 DEA 方法测算该指数，主要考察了生产技术和技术效率的变化情况。而窗口分析法首次出现于 Charnes 等（1985）针对美国航空维修机构效率的测度中。近些年，一些学者开始把 DEA 窗口分析法应用于生态环境效率评价中（Halkos & Tzeremes，2009；Wang et al.，2013；王锋和冯根福，2013）。在 DEA 窗口分析法中，决策单元因被多次使用而成倍地增加了决策单元的数量，进而提高了效率评价结果的可靠性和稳定性。同时，不同时期决策单元在各个窗口中的交叉使用也充分兼顾了效率评价结果的横向与纵向的可比性，非常适合面板数据的环境福利绩效测度。

DEA 窗口分析法实际上是利用移动平均法进行跨期相对效率评价。它以相邻的一定时期内的所有决策单元作为效率评价的参考集，窗口宽度为每个窗口中参照群覆盖的时期（通常为年份）数量。表 4-1 给出了 DEA 窗口分析方法的基本原理。其中，第 1 行表示共 m 个时期决策单元参与效率评价。第 1 列表示 n 个参与评价的单位，如果窗口宽度为 d，每个截面均有 n 个相同的单位参与效率评价，则决策单元的数量为 $n \times d$。这意味着同一个被评价个体在不同时期是不同的投入产出组合，因而被认定为不同的决策单元。② 第 2 列是窗口的名称，共有 $m-d+1$ 个，在 DEA 效率评价时，每个被评价单位都会出现在这 $m-d+1$ 个窗口当中。从表中不难看出，每一行共有 d 个效率值，分别对应窗口覆盖的每个时期，评价的参考集是各个被评价单位在该窗口期的所有投入产出组合；每个决策单元的首列只有 1 个效率值，第 2 列有 2 个效率值，直至第 d 列开始具有 d 个效率值并一直延续到第 $m-d+1$ 列，此后，各列逐步衰减到最后一列的 1 个效率值。通常，以某一时期每个决策单元在不同窗口的效率值的均值作

① 根据一般的经验法则，决策单元数量应该至少达到投入产出指标数的 2 倍。

② 这里将被评价单位与决策单元相区别。前者不区分不同时期，而仅以名称来决定被评价的个体，如某一地区；其数据形式可以是一个投入产出组合，也可以是一个投入产出组合构成的时间序列。后者是每一个被评价单位在不同年份的投入产出组合所构成的集合。

为该期该决策单元的效率值。

表 4-1　DEA 窗口分析方法的基本原理

		T_1	T_2	…	T_d	T_{d+1}	…	T_{m-d}	T_{m-d+1}	…	T_{m-1}	T_m
	$Window_1$	δ_{111}	δ_{112}	…	δ_{11d}							
	$Window_2$		δ_{121}	…	$\delta_{1,2,d-1}$	δ_{12d}						
DMU_1	…						…					
	$Window_{m-d}$							$\delta_{1,m-d,1}$	$\delta_{1,m-d,2}$	…	$\delta_{1,m-d,d}$	
	$Window_{m-d+1}$								$\delta_{1,m-d+1,1}$	…	$\delta_{1,m-d+1,d-1}$	$\delta_{1,m-d+1,d}$
	各窗口均值											
	$Window_1$	δ_{211}	δ_{212}	…	δ_{21d}							
	$Window_2$		δ_{221}	…	$\delta_{2,2,d-1}$	$\delta_{2,2,d}$						
DMU_2	…						…					
	$Window_{m-d}$							$\delta_{2,m-d,1}$	$\delta_{2,m-d,2}$	…	$\delta_{2,m-d,d}$	
	$Window_{m-d+1}$								$\delta_{2,m-d+1,1}$	…	$\delta_{2,m-d+1,d-1}$	$\delta_{2,m-d+1,d}$
	各窗口均值											
…												
	$Window_1$	δ_{n11}	δ_{n12}	…	δ_{n1d}							
	$Window_2$		δ_{n21}	…	$\delta_{n,2,d-1}$	δ_{n2d}						
DMU_n	…						…					
	$Window_{m-d}$							$\delta_{n,m-d,1}$	$\delta_{n,m-d,2}$	…	$\delta_{n,m-d,d}$	
	$Window_{m-d+1}$								$\delta_{n,m-d+1,1}$	…	$\delta_{n,m-d+1,d-1}$	$\delta_{n,m-d+1,d}$
	各窗口均值											

资料来源：根据相关研究成果编制。

此外，需要注意的是，由于同一个窗口中不同时期的被评价个体被合入一个参考集，因此窗口内的决策单元不应该存在明显的技术变化，以避免效率评价的失真；而窗口宽度过小则会使得跨期的评价失去意义，同时同一窗口内的决策单元的数量也会急剧减少，当窗口宽度为 1 时，则与普通的静态 DEA 评价并无差异。因此，在进行 DEA 窗口分析时，窗口宽度不宜过大或过小，通常 2~4 年最为常见（Charnes et al.，1994；Halkos & Tzeremes，2009；Zhang et al.，2011；王锋和冯根福，2013；党廷慧和白永平，2014）。中国经济增长速度较快，技术更新与升级也较快，为了更好兼顾研究样本数据的充分性和效率评价结果的可靠性，本研究在对中国 30 个省份进行生态福利绩效测度时，将窗口宽度设定为 3，于是 1997—2015 年 19 年数据共可分为 17 个窗口。同时，将决策单元在不同窗口计算的同一年份效率值的均值作为该决策单元在该年份的相对效率值。

4.1.2　指标选取与数据来源

（1）指标选取

根据上文所述，本研究采用非角度的 Super-SBM 模型进行生态福利绩效测算，并采用 DEA 窗口分析方法进行跨期评价。通过借鉴上述国内外研究成果，充分考虑生态福利绩效的定义及内涵，参考第 3 章生态环境投入指数（REEI）、居民福利产出指数（RHDI）所选取指标，并根据评价指标体系构建的科学性、系统性及可操作性，从“经济—资源—环境”复合系统的投入、产出两方面构建生态福利绩效评价指标体系，见表 4-2。

表 4-2　生态福利绩效评价指标体系

目标层	一级指标	二级指标	指标单位
投入指标	资源消耗	人均消费标准煤	tce/人
		人均建成区面积	m^2/人
		人均供水量	t/人
	环境污染	废水人均排放量	t/人
		废水中化学需氧量人均排放量	kg/人
		二氧化硫人均排放量	kg/人
		烟（粉）尘人均排放量	kg/人
		工业固体废弃物人均产生量	t/人
		生活垃圾人均清运量	t/人
产出指标	经济发展	人均实际 GDP	元
	健康医疗	出生时预期寿命	年
	教育发展	成人识字率	%
		初级、中级、高级教育综合入学率	%

资料来源：本研究整理编制。

（2）数据来源

本研究主要测算 1997—2015 年中国 30 个省份生态福利绩效水平。生态福利绩效测算所需数据，其来源与第 3 章生态环境投入 REEI 指数、居民福利产出 RHDI 指数计算时所采用的数据来源一致。

4.1.3 测算结果分析

运用上文构建的综合评价模型，对 1997—2015 年期间中国 30 个省份生态福利绩效进行测算，具体测算结果见附录附表 3。从测算结果可以观察出中国 30 个省份生态福利绩效逐年变化趋势，如图 4-2 所示。

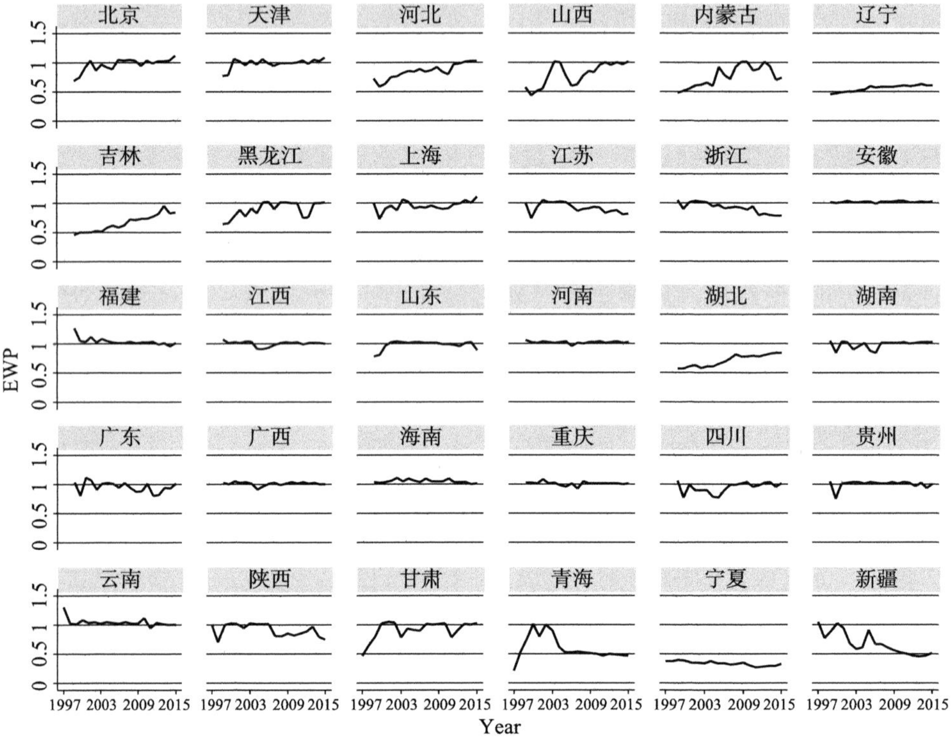

图 4-2 中国 30 个省份生态福利绩效变化趋势（1997—2015 年）

资料来源：本研究计算绘制。

（1）全国层面数据分析

从图 4-3 可以看出，1997—2015 年，中国生态福利绩效年均值呈现逐年缓慢上升，不断波动的状态，生态福利水平还存在较大的提升空间。同时，从图 4-4 可以看出，中国不同省份的生态福利绩效水平存在较为明显的地区差异。

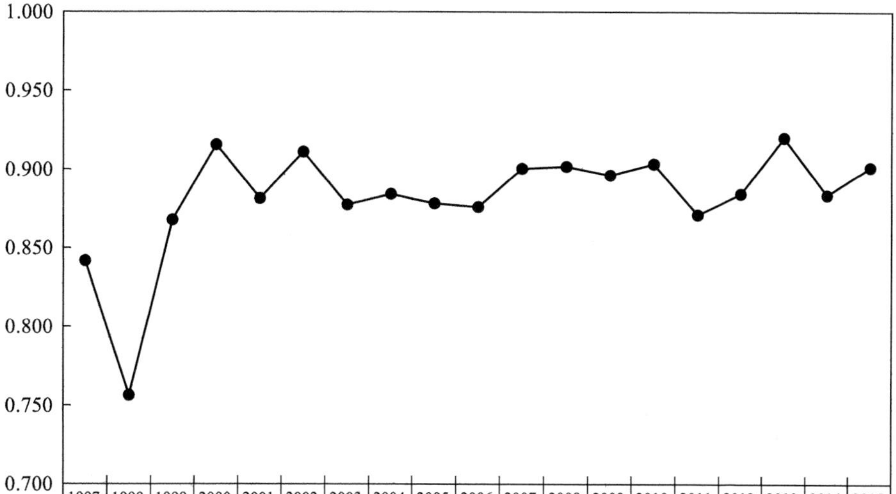

	1997	1998	1999	2000	2001	2002	2003	2004	2005	2006	2007	2008	2009	2010	2011	2012	2013	2014	2015
全国均值	0.842	0.756	0.868	0.916	0.881	0.911	0.877	0.884	0.878	0.876	0.900	0.902	0.896	0.903	0.871	0.884	0.920	0.884	0.901

图 4-3　中国生态福利绩效年均值变化趋势（1997—2015 年）

资料来源：本研究计算绘制。

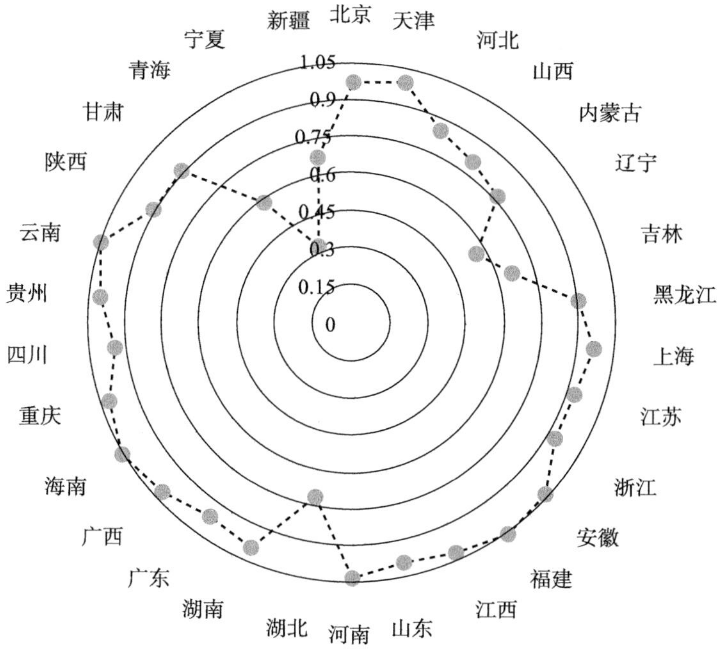

图 4-4　中国 30 个省份生态福利绩效平均水平分布（1997—2015 年）

资料来源：本研究计算绘制。

表4-3显示了1997—2015年中国30个省份生态福利绩效的年均值及排序情况。其中，生态福利绩效表现处于前3位的为海南省（1.0498），云南省（1.0458），福建省（1.0403），而北京、广东、上海仅分列第13、14、15位。可以看出，虽然近年来北京、上海、广东等地经济发展迅速，城镇化水平较高，但上述地区整体生态福利绩效并不高。这也在一定程度上说明，中国城镇化过程仍然是粗放型增长为主，经济社会快速发展，是以牺牲巨大的生态环境资源为代价的，且居民福利水平并未由于巨大的生态环境资源投入而得以显著提升。青海、辽宁、宁夏3省生态福利绩效表现较低，与东部地区各省份相比，仍存在较大差距。

表4-3 中国30个省份生态福利绩效均值排名（1997—2015年）

地区	均值	排序	地区	均值	排序
海南	1.0498	1	四川	0.9433	16
云南	1.0458	2	浙江	0.9167	17
福建	1.0403	3	江苏	0.9155	18
河南	1.0191	4	甘肃	0.9109	19
安徽	1.0185	5	陕西	0.9085	20
广西	1.0103	6	黑龙江	0.8909	21
重庆	1.0102	7	河北	0.8446	22
江西	1.0033	8	山西	0.8007	23
贵州	1.0021	9	内蒙古	0.7620	24
天津	0.9850	10	湖北	0.7109	25
湖南	0.9829	11	新疆	0.6780	26
山东	0.9777	12	吉林	0.6562	27
北京	0.9652	13	青海	0.5962	28
广东	0.9568	14	辽宁	0.5600	29
上海	0.9530	15	宁夏	0.3367	30
全国均值	0.8817				

资料来源：本研究计算编制。

可以看出，1997—2015年，中国30个省份生态福利绩效水平呈现出由东南向西北逐步降低梯队变化趋势，具有空间非均衡分布特征。具体来说，中部地区生态福利绩效水平整体提升趋势明显，东部沿海地区生态福利绩效水平出现不增反降的变化趋势，西部地区生态福利绩效水平仍比较低，提升水平不够明显。

（2）区域层面数据分析

①八大经济区域的划分。

中国地域辽阔，经济水平、社会发展、文化传统等方面呈现鲜明的区域性特征。传统的东中西三大区域划分方法，[①] 所划分出的区域数量较少。国务院研究中心提出的中国八大经济区域的划分方法（见表 4-4），尽量保证区域数量适中，地理区位相近，经济社会发展水平相似。因此，本研究进行生态福利绩效地区间差异分析时，采取八大经济区域划分方法作为补充。

表 4-4　中国八大经济区域划分方法

区域名称	所含省份
东北地区	辽宁、吉林、黑龙江
北部沿海地区	北京、天津、河北、山东
东部沿海地区	上海、江苏、浙江
南部沿海地区	福建、广东、海南
黄河中游地区	内蒙古、陕西、山西、河南
长江中游地区	湖北、湖南、江西、安徽
西南地区	四川、重庆、云南、贵州、广西
西北地区	甘肃、青海、宁夏、新疆

资料来源：根据国务院研究中心相关研究成果整理编制。

②三大区域数据分析。

如图 4-5 所示，1997—2015 年，中国东中西三大区域间生态福利绩效水平存在较大差异。整体来看，生态福利绩效水平呈现由东部向西部梯度递减的趋势，其中，东部地区生态福利绩效一直保持较高水平，但存在不断波动情况；中部地区生态福利绩效呈现先低后高，增速较快的趋势；西部地区则呈现先高后低，大幅下降的趋势。这说明，近年来中国生态福利绩效水平虽然有所提升，但仍存在较大提升空间。同时，全国范围内生态福利绩效东高西低的发展，虽然说明生态福利绩效与区域经济发展水平具有一定的相关性，经济增长可能会对生态福利绩效存在提升作用，但从北京、上海、广州等地

① 东中西三大区域划分方法为，东部地区（北京、天津、河北、辽宁、上海、江苏、浙江、福建、山东、广东和海南）、中部地区（山西、吉林、黑龙江、安徽、江西、河南、湖北、湖南）、西部地区（四川、重庆、贵州、云南、西藏、陕西、甘肃、青海、宁夏、新疆、广西、内蒙古）。

区多年生态福利绩效表现来看，经济发展并非生态福利绩效提升的唯一决定性因素。

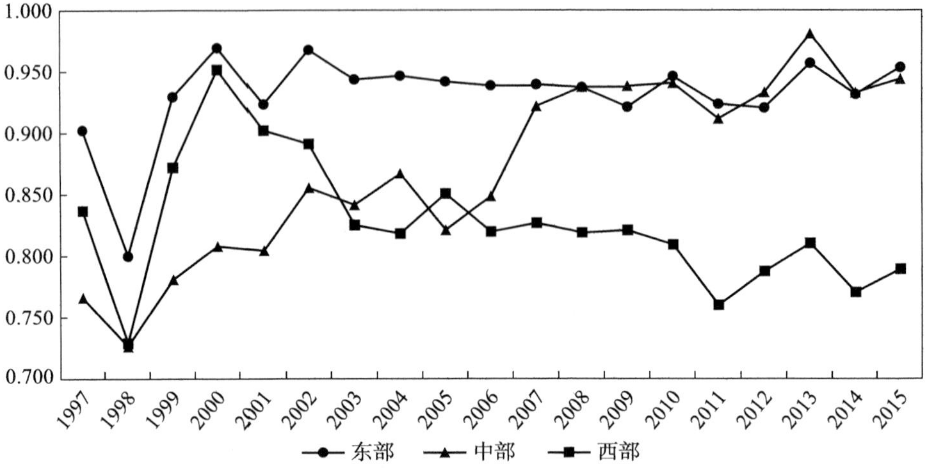

图 4-5　中国三大区域生态福利绩效变化趋势（1997—2015 年）

资料来源：本研究计算绘制。

③八大经济区域数据分析。

1997—2015 年，中国八大经济区域间生态福利绩效水平同样存在较大差异（如图 4-6 所示），整体发展趋势与三大区域大致相同，呈现区间内大幅波

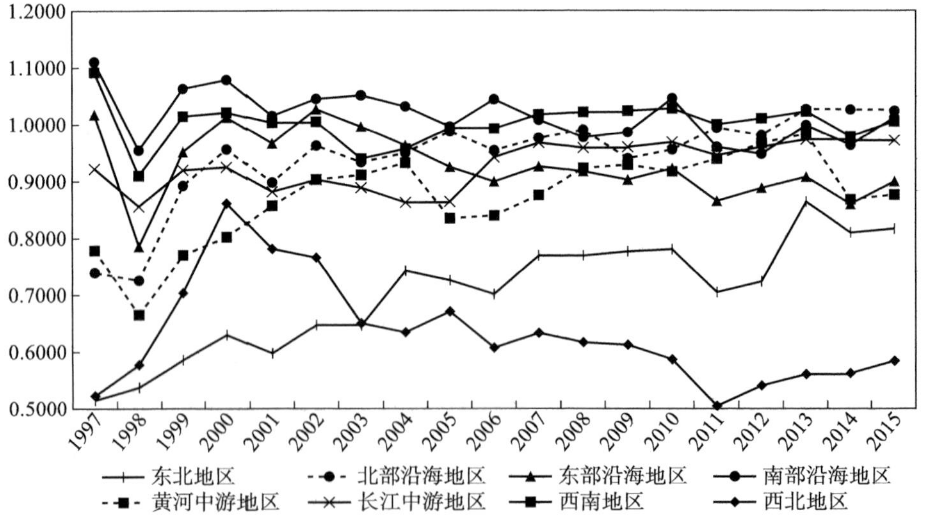

图 4-6　中国八大经济区域生态福利绩效变化趋势（1997—2015 年）

资料来源：本研究计算绘制。

动的特点。南部沿海地区、东部沿海地区、西南地区生态福利绩效水平较高，属于第一梯队；长江中游地区、黄河中游地区紧随其后，属于第二梯队；西北地区、东北地区生态福利绩效水平较低，属于第三梯队。其中，西南地区生态福利绩效高于东部沿海地区，同样验证了区域经济发展水平并不能决定其生态福利绩效水平的结论。

4.2 生态福利绩效地区间差异分析

根据 1997—2015 年中国 30 个省份生态福利绩效评价结果，可以发现不同省份生态福利绩效水平呈现明显的地区差异。因此，本研究选取用以客观描述地区间差异的多个统计指标，对中国不同省份生态福利绩效地区间差异进行测算评价。借鉴学者 Shorrocks（1980）、魏浩（2008）、魏浩（2010）等已有研究成果，选用变异系数、泰尔指数作为生态福利绩效地区间差异分析的评价指标。

4.2.1 生态福利绩效变异系数分析

（1）变异系数计算公式

统计学中，常用变异系数表征相对差异指数，用以衡量被观测值离散程度。变异系数的公式具体为式（4-5）至式（4-7）：

$$CV=\frac{\sigma}{\mu} \tag{4-5}$$

$$\sigma=\sqrt{\frac{\sum_{i=1}^{n}(I_i-\bar{I})^2}{n-1}} \tag{4-6}$$

$$\mu=\frac{1}{n}\sum_{i=1}^{n}I_i \tag{4-7}$$

其中，I_i 为第 i 个省份生态福利绩效评价值，n 为被评价省份的个数。

（2）结果分析

表 4-5 显示了全国整体及三大区域生态福利绩效的变异系数统计值。可以看出，西部地区生态福利绩效的变异系数最大，相对差异平均值为 0.3007。中部地区次之，东部地区相对差异最小。

表 4-5 全国整体及三大区域生态福利绩效变异系数统计值（1997—2015 年）

年份	全国	东部地区	中部地区	西部地区
1997	0.3348	0.2342	0.3338	0.4296
1998	0.2632	0.2081	0.3139	0.2711
1999	0.2404	0.1919	0.2936	0.2219
2000	0.2265	0.1712	0.2699	0.2163
2001	0.2177	0.1714	0.2346	0.2350
2002	0.2111	0.1520	0.2277	0.2478
2003	0.216	0.1469	0.2216	0.2696
2004	0.1986	0.1304	0.1727	0.2740
2005	0.2065	0.1313	0.1916	0.2760
2006	0.2107	0.1387	0.1930	0.2858
2007	0.1958	0.1305	0.1224	0.3034
2008	0.1983	0.1273	0.1256	0.3088
2009	0.1974	0.1280	0.1217	0.3094
2010	0.2124	0.1344	0.1177	0.3412
2011	0.2195	0.1435	0.1207	0.3447
2012	0.2116	0.1314	0.1105	0.3434
2013	0.2104	0.1288	0.0625	0.3561
2014	0.2172	0.1387	0.1194	0.3431
2015	0.2169	0.1525	0.1115	0.3357
均值	0.2213	0.1522	0.1823	0.3007

资料来源：本研究计算编制。

表 4-6 显示了全国整体及八大经济区域生态福利绩效的变异系数统计值。可以看出，八大经济区域中西北地区生态福利绩效的变异系数最大，相对差异平均值为 0.3850，高于全国平均水平，这说明西北地区生态福利绩效水平不高，且省份间差异显著。西南地区的生态福利绩效相对差异最小，平均变异系数为 0.0483。同时，八大经济区域中仅有西北地区变异系数大于全国整体变异系数。

表 4-6　全国整体及八大经济区域生态福利绩效变异系数统计值

年份	全国	东北	北部沿海	东部沿海	黄河中游	南部沿海	长江中游	西南	西北
1997	0. 3348	0. 1685	0. 0543	0. 0181	0. 3304	0. 0978	0. 2212	0. 0966	0. 6011
1998	0. 2632	0. 1476	0. 1196	0. 1030	0. 3386	0. 1158	0. 2059	0. 1420	0. 2528
1999	0. 2404	0. 2249	0. 1786	0. 0500	0. 3097	0. 0373	0. 2007	0. 0198	0. 2590
2000	0. 2265	0. 2848	0. 1310	0. 0441	0. 2823	0. 0217	0. 1829	0. 0662	0. 3180
2001	0. 2177	0. 1958	0. 1175	0. 0694	0. 1965	0. 0807	0. 2081	0. 0549	0. 3420
2002	0. 2111	0. 2796	0. 0907	0. 0255	0. 1648	0. 0263	0. 1929	0. 0548	0. 3622
2003	0. 2160	0. 1933	0. 0655	0. 0394	0. 2015	0. 0286	0. 1897	0. 0981	0. 3260
2004	0. 1986	0. 2620	0. 0960	0. 0401	0. 1097	0. 0154	0. 1584	0. 1033	0. 3135
2005	0. 2065	0. 2862	0. 0658	0. 0153	0. 1963	0. 0391	0. 1305	0. 0521	0. 3728
2006	0. 2107	0. 2024	0. 0799	0. 0278	0. 2119	0. 0372	0. 1201	0. 0422	0. 3307
2007	0. 1958	0. 2335	0. 0721	0. 0213	0. 1025	0. 0418	0. 0905	0. 0259	0. 4001
2008	0. 1983	0. 2301	0. 0449	0. 0093	0. 1040	0. 0747	0. 1112	0. 0111	0. 4000
2009	0. 1974	0. 2215	0. 0667	0. 0189	0. 0972	0. 0689	0. 1080	0. 0069	0. 4030
2010	0. 2124	0. 2139	0. 1004	0. 0181	0. 0934	0. 0362	0. 1065	0. 0484	0. 4503
2011	0. 2195	0. 1086	0. 0251	0. 0962	0. 0748	0. 1120	0. 1027	0. 0307	0. 3567
2012	0. 2116	0. 1238	0. 0281	0. 0827	0. 0564	0. 0980	0. 0947	0. 0232	0. 4170
2013	0. 2104	0. 1934	0. 0133	0. 1152	0. 0374	0. 0398	0. 0849	0. 0092	0. 4862
2014	0. 2172	0. 2039	0. 0028	0. 1144	0. 1479	0. 0330	0. 0822	0. 0299	0. 4759
2015	0. 2169	0. 2023	0. 0868	0. 1577	0. 1605	0. 0027	0. 0784	0. 0031	0. 4470
均值	0. 2213	0. 2093	0. 0757	0. 0561	0. 1693	0. 0530	0. 1405	0. 0483	0. 3850

资料来源：本研究计算编制。

从三大区域层面来看，图 4-7 显示东部地区、中部地区的生态福利绩效变异系数呈现不断降低的变化趋势，其中中部地区变异系数的下降趋势更为明显，东部地区变异系数自 2013 年起开始出现上扬趋势，而西部地区变异系数呈现波动上升的变化趋势。从八大经济区域层面来看，图 4-8 显示，一直以来，北部沿海地区、东部沿海地区、南部沿海地区、西南地区等生态福利绩效的相对差异比较小，且呈现下降趋势。黄河中游地区、长江中游地区在 20 世纪 90 年代末期生态福利绩效的地区间差异较为明显，而后呈现相对差异不断缩小的趋势，且长江中游地区的各省份间差距减幅速度更快。东北地区、西北地区生态福利绩效地区间差异始终较大，且西北地区相对差异程度不断扩大，东北地区相对差异水平保持在 0. 22～0. 33 之间不断波动。

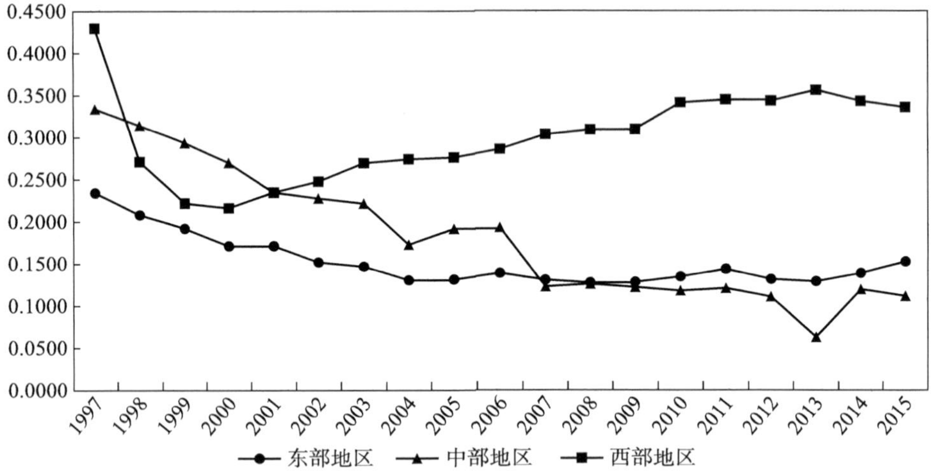

图 4-7　中国三大区域间生态福利绩效变异系数变化趋势（1997—2015 年）

资料来源：本研究计算绘制。

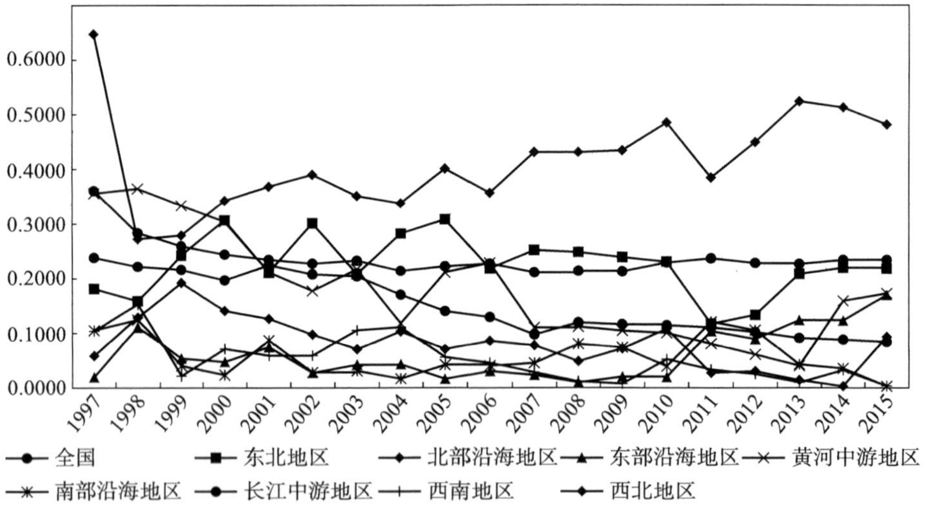

图 4-8　中国八大经济区域间生态福利绩效变异系数变化趋势（1997—2015 年）

资料来源：本研究计算绘制。

4.2.2　生态福利绩效泰尔指数分析

（1）泰尔指数计算公式

泰尔指数（Theil Index），主要是利用信息理论中熵指数方法考察被观测对象的不平等性和差异性，便于将被观测对象的总体差异程度按照其子群进行分解，并可以分析子群内部和不同子群之间的差异程度对总体差异的贡献度，近年来被广泛运用于各类有关群组差距问题的研究中。

设研究总样本所含地区数为 n，总样本 n 被分为 k 个组，第 i 组含有 n_i 个地区，泰尔指数具体计算公式如式（4-8）至式（4-11）：

$$Theil_B = \sum_{i=1}^{k} \frac{n_i}{n} \ln(\frac{\overline{U}}{\overline{U_i}}) \tag{4-8}$$

$$Theil_{W(k)} = \frac{1}{n} \sum_{j=1}^{n_i} \ln(\frac{\overline{U_i}}{U_{ij}}) \tag{4-9}$$

$$Theil_W = \sum_{i=1}^{k} \frac{n_i}{n} * Theil_{W(k)} \tag{4-10}$$

$$Theil = Theil_B + Theil_W \tag{4-11}$$

其中，$\overline{U}$为总样本指标 U 的平均值；$\overline{U_i}$为第 i 个组指标 U 的平均值；U_{ij}为第 i 个组中第 j 个地区的指标 U 的具体值。

$Theil$、$Theil_B$、$Theil_{W(k)}$、$Theil_W$ 4 个泰尔指数分别表示样本总体差异、组间差异、第 k 组内差异及组内差异，泰尔指数数值越大，说明地区差异越大，反之亦然。组间差异、组内差距对总体差距的贡献率计算公式，见式（4-12）及式（4-13）：

$$Cr_B = \frac{Theil_B}{Theil} \tag{4-12}$$

$$Cr_W = \frac{Theil_W}{Theil} \tag{4-13}$$

（2）生态福利绩效泰尔指数分解

根据上节泰尔指数计算公式，本研究分别测算了 1997—2015 年三大区域及八大经济区域不同划分视角下中国生态福利绩效总体差距、区域内差距及区域间差距，具体测算结果如表 4-7 及表 4-8 所示。总体而言，生态福利绩效总体差距从 1997—2009 年呈现缩小趋势，从 0.0749 减少至 0.0266，2010 年以来差距逐渐拉大，从 0.0323 增加至 0.0344，2015 年绩效差距开始有回落的趋势，减少至0.0325。

表4-7　三大区域划分下生态福利绩效差距及其泰尔指数分解（1997—2015年）

年份	总体差距	区域内差距		区域间差距	
	总体泰尔指数	区域内泰尔指数	贡献度（%）	区域间泰尔指数	贡献度（%）
1997	0.0749	0.0739	98.64%	0.0010	1.36%
1998	0.0380	0.0377	99.04%	0.0004	0.96%
1999	0.0361	0.0349	96.54%	0.0013	3.46%
2000	0.0342	0.0325	95.11%	0.0017	4.89%
2001	0.0311	0.0303	97.55%	0.0008	2.45%
2002	0.0306	0.0297	96.91%	0.0009	3.09%
2003	0.0307	0.0285	92.81%	0.0022	7.19%
2004	0.0251	0.0237	94.61%	0.0014	5.39%
2005	0.0288	0.0275	95.44%	0.0013	4.56%
2006	0.0289	0.0276	95.69%	0.0012	4.31%
2007	0.0271	0.0261	96.57%	0.0009	3.43%
2008	0.0276	0.0268	97.00%	0.0008	3.00%
2009	0.0266	0.0260	97.87%	0.0006	2.13%
2010	0.0323	0.0305	94.41%	0.0018	5.59%
2011	0.0349	0.0327	93.75%	0.0022	6.25%
2012	0.0331	0.0319	96.34%	0.0012	3.66%
2013	0.0345	0.0322	93.38%	0.0023	6.62%
2014	0.0344	0.0305	88.75%	0.0039	11.25%
2015	0.0325	0.0289	88.96%	0.0036	11.04%

资料来源：本研究计算编制。

表4-8　八大经济区域划分下生态福利绩效差距及其泰尔指数分解（1997—2015年）

年份	总体差距	区域内差距		区域间差距	
	总体泰尔指数	区域内泰尔指数	贡献度（%）	区域间泰尔指数	贡献度（%）
1997	0.0749	0.0372	49.75	0.0376	50.25
1998	0.0380	0.0201	52.88	0.0179	47.12
1999	0.0361	0.0206	57.07	0.0155	42.93
2000	0.0342	0.0235	68.81	0.0107	31.19

续表

年份	总体差距	区域内差距		区域间差距	
	总体泰尔指数	区域内泰尔指数	贡献度（%）	区域间泰尔指数	贡献度（%）
2001	0. 0311	0. 0205	65. 90	0. 0106	34. 10
2002	0. 0306	0. 0207	67. 63	0. 0099	32. 37
2003	0. 0307	0. 0177	57. 58	0. 0130	42. 42
2004	0. 0251	0. 0143	56. 92	0. 0108	43. 08
2005	0. 0288	0. 0192	66. 73	0. 0096	33. 27
2006	0. 0289	0. 0146	50. 57	0. 0143	49. 43
2007	0. 0271	0. 0157	57. 86	0. 0114	42. 14
2008	0. 0276	0. 0153	55. 29	0. 0124	44. 71
2009	0. 0266	0. 0144	54. 31	0. 0121	45. 69
2010	0. 0323	0. 0173	53. 53	0. 0150	46. 47
2011	0. 0349	0. 0119	34. 06	0. 0230	65. 94
2012	0. 0331	0. 0138	41. 75	0. 0193	58. 25
2013	0. 0345	0. 0177	51. 21	0. 0168	48. 79
2014	0. 0344	0. 0187	54. 29	0. 0157	45. 71
2015	0. 0325	0. 0178	54. 80	0. 0147	45. 20

资料来源：本研究计算编制。

按照三大区域划分进行生态福利绩效差距测算，结果显示（如图 4-9 所示），区域内差距始终大于区域间差距，其对总体差距的贡献度始终保持在 88%以上，说明区域内差距成为总体差距的主导性力量。区域内差距、区域间差距在 1997—2009 年不断波动下降，2010 年出现上扬趋势，呈现先缩小后加大的变化趋势。按照八大经济区域划分，再次进行生态福利绩效差距测算，结果显示（如图 4-10 所示），区域内差距与区域间差距大致维持在相近水平，区域内差距对总体差距的贡献度基本保持在 50%左右的水平，说明区域内差距仍然是总体差距的主导性力量。区域内差距、区域间差距在 1997—2010 年不断波动下降，2011 年以来出现上扬趋势，同样呈现先缩小后加大的变化趋势。

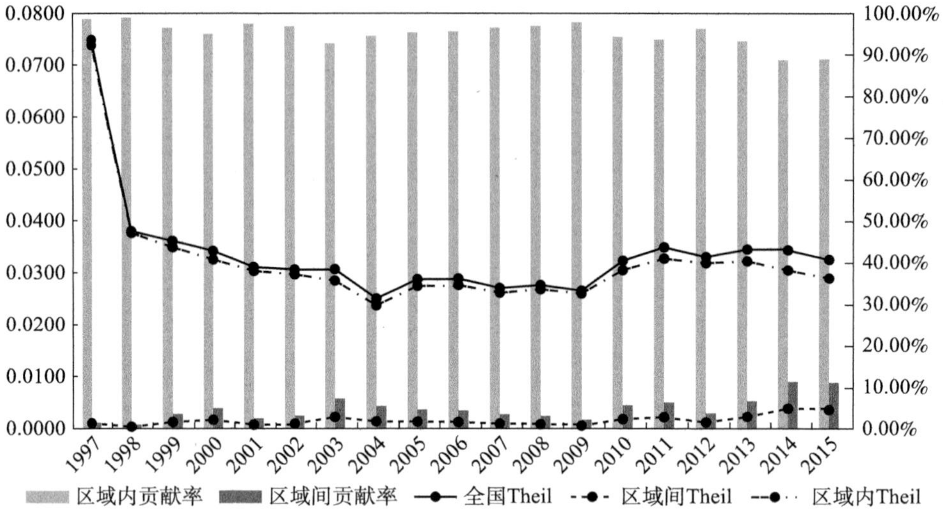

图 4-9　三大区域划分下生态福利绩效差距变化趋势

资料来源：本研究计算绘制。

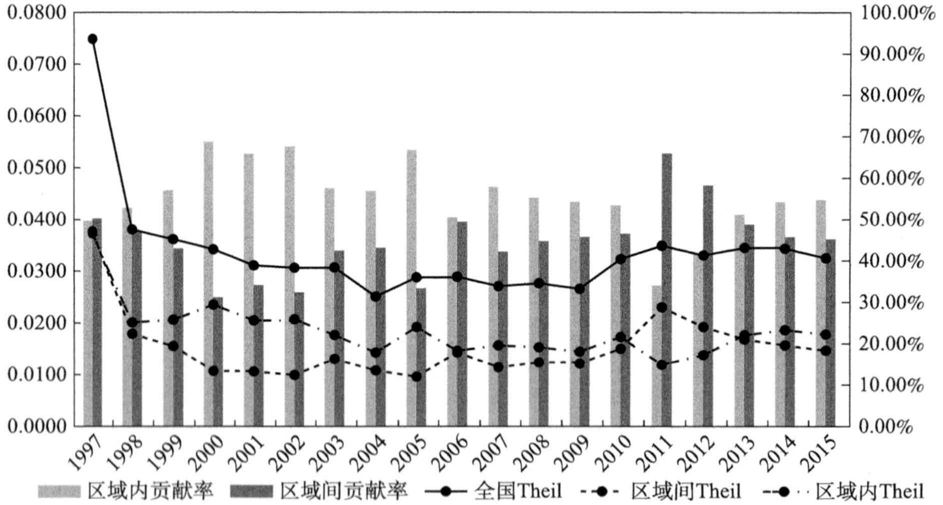

图 4-10　八大区域划分下生态福利绩效差距变化趋势

资料来源：本研究计算绘制。

（3）生态福利绩效区域内部差异分析

表 4-9 及表 4-10 为 1997—2015 年基于三大区域及八大经济区域不同划分视角，区域内部生态福利绩效的泰尔指数计算结果。从表 4-9 可以看出，西部地区的生态福利绩效泰尔指数平均值最大，为 0.0576，区域内部差距明

显，中部地区次之，东部地区差距最小。从表 4-10 可以看出，西北地区的生态福利绩效泰尔指数平均值最大，为 0.0801，区域内部差距非常大；东北地区、黄河中游地区及长江中游地区泰尔指数平均值次之，区域内部差距较大；北部沿海地区、东部沿海地区、南部沿海地区及西南地区区域内部差距较小。

表 4-9　三大区域内部生态福利绩效泰尔指数（1997—2015 年）

年份	东部地区	中部地区	西部地区
1997	0. 0341	0. 0521	0. 1294
1998	0. 0232	0. 0495	0. 0436
1999	0. 0253	0. 0437	0. 0381
2000	0. 0214	0. 0392	0. 0388
2001	0. 0196	0. 0285	0. 0425
2002	0. 0169	0. 0293	0. 0427
2003	0. 0150	0. 0231	0. 0459
2004	0. 0113	0. 0181	0. 0402
2005	0. 0117	0. 0219	0. 0473
2006	0. 0122	0. 0203	0. 0484
2007	0. 0115	0. 0090	0. 0532
2008	0. 0107	0. 0094	0. 0557
2009	0. 0100	0. 0086	0. 0547
2010	0. 0115	0. 0079	0. 0659
2011	0. 0124	0. 0085	0. 0706
2012	0. 0106	0. 0068	0. 0713
2013	0. 0105	0. 0022	0. 0758
2014	0. 0122	0. 0036	0. 0684
2015	0. 0146	0. 0034	0. 0619
均值	0. 0155	0. 0203	0. 0576

资料来源：本研究计算编制。

表 4-10　八大经济区域内部生态福利绩效泰尔指数（1997—2015 年）

年份	东北	北部沿海	东部沿海	黄河中游	南部沿海	长江中游	西南	西北
1997	0. 0133	0. 0015	0. 0002	0. 0587	0. 0046	0. 0305	0. 0043	0. 1698
1998	0. 0104	0. 0078	0. 0051	0. 0544	0. 0071	0. 0243	0. 0106	0. 0341
1999	0. 0234	0. 0181	0. 0012	0. 0505	0. 0007	0. 0245	0. 0002	0. 0423
2000	0. 0371	0. 0096	0. 0010	0. 0417	0. 0002	0. 0199	0. 0023	0. 0736
2001	0. 0179	0. 0071	0. 0025	0. 0208	0. 0033	0. 0256	0. 0016	0. 0805
2002	0. 0358	0. 0044	0. 0003	0. 0156	0. 0003	0. 0222	0. 0016	0. 0839
2003	0. 0175	0. 0022	0. 0008	0. 0247	0. 0004	0. 0210	0. 0051	0. 0642
2004	0. 0315	0. 0047	0. 0008	0. 0064	0. 0001	0. 0137	0. 0058	0. 0507
2005	0. 0375	0. 0022	0. 0001	0. 0209	0. 0008	0. 0090	0. 0014	0. 0813
2006	0. 0192	0. 0033	0. 0004	0. 0234	0. 0007	0. 0080	0. 0009	0. 0586
2007	0. 0267	0. 0027	0. 0002	0. 0052	0. 0009	0. 0044	0. 0003	0. 0838
2008	0. 0256	0. 0010	0. 0000	0. 0055	0. 0029	0. 0068	0. 0001	0. 0798
2009	0. 0240	0. 0023	0. 0002	0. 0048	0. 0025	0. 0064	0. 0000	0. 0747
2010	0. 0222	0. 0055	0. 0002	0. 0043	0. 0006	0. 0062	0. 0012	0. 0950
2011	0. 0062	0. 0003	0. 0045	0. 0028	0. 0067	0. 0058	0. 0005	0. 0667
2012	0. 0081	0. 0004	0. 0033	0. 0016	0. 0050	0. 0049	0. 0003	0. 0840
2013	0. 0209	0. 0001	0. 0065	0. 0007	0. 0008	0. 0039	0. 0000	0. 1067
2014	0. 0218	0. 0000	0. 0063	0. 0113	0. 0005	0. 0036	0. 0005	0. 1030
2015	0. 0215	0. 0040	0. 0118	0. 0131	0. 0000	0. 0033	0. 0000	0. 0884
均值	0. 0222	0. 0041	0. 0024	0. 0193	0. 0020	0. 0128	0. 0019	0. 0801

资料来源：本研究计算编制。

图 4-11 显示 1997—2015 年中国三大区域内部生态福利绩效差异变化趋势。可以看出，东部地区内部生态福利绩效差异程度，一直保持较低水平，并呈现波动下降趋势，但从 2012 年起，该地区差异程度开始逐渐加大。中部地区生态福利绩效在初始阶段内部差异明显，但差异程度逐年缩小，且缩小幅度较大，2007 年以后中部地区内部差距已小于东部地区。西部地区生态福利绩效内部差异一直比较显著，且差异程度逐渐加大，2013 年起其内部差异程度出现下降趋势，但与东部地区、中部地区相比，内部差异程度仍比较大。

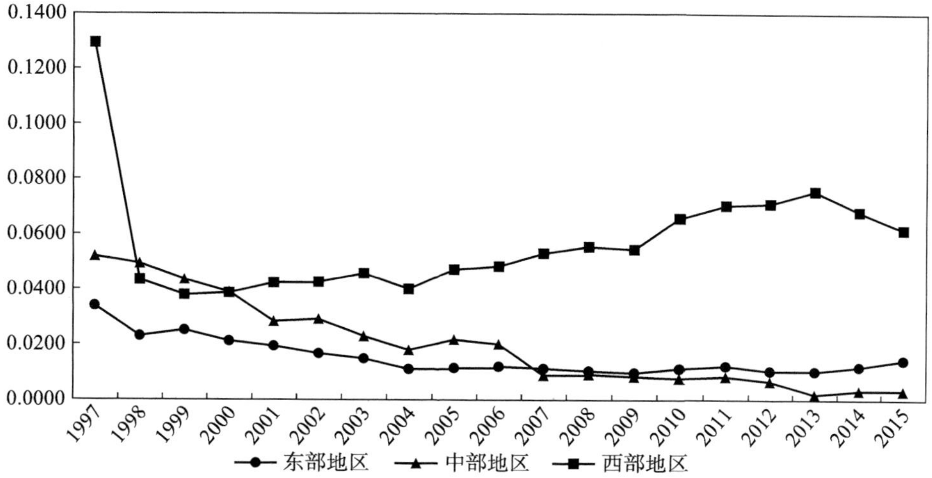

图 4-11　三大区域内部生态福利绩效差异变化趋势（1997—2015 年）

资料来源：本研究计算绘制。

图 4-12 显示 1997—2015 年中国八大经济区域内部生态福利绩效差异变化趋势。可以看出，一直以来南部沿海地区生态福利绩效内部差异较小，且呈现持续下降态势。这说明该区域所包含的广东、福建等省份经济较为发达，产业结构合理，生态环境资源使用效率比较高，医疗、健康等社会公共服务质量较高，居民福利水平也比较高，区域内增长极辐射作用大，导致区域内部差异程度较小。西南地区生态福利绩效内部差异也比较小，同样呈现持续下降态势。这说明四川、重庆、云南、贵州、广西等地区，自然禀赋较为相近，生态自然环境保护较好，生态环境资源投入比较均衡，并且经过十几年来的发展，整个西南地区居民健康、医疗、教育等公共服务水平有了很大改善，导致区域内部差异程度较小。东部沿海地区在 1997—2010 年生态福利绩效内部差异不大，且稳步下降，这说明在该期间，上海、江苏、浙江等省市生态福利发展较为平均，经济社会发展比较均衡，生态资源消耗水平较为一致，当地居民福利水平差异较小。但 2011 年以来，东部沿海地区生态福利绩效差距急速增大。这说明，随着城镇化进程的不断加快，该区域内生态福利发展开始出现不均衡现象，经济社会发展速度不一，生态环境消耗水平不同，“大城市病”现象普遍出现，居民福利水平存在明显差异，导致部分省份生态福利绩效不升反降，区域内部差异性显现。北部沿海地区在初期内部生态福利绩效差距较为明显，但呈现逐年下降趋势，且降幅较大。这说明，京津冀

等地区生态环境协同治理效果开始出现，受到产业结构调整、技术革新、政策驱动等诸多因素影响，溢出效应明显。黄河中游地区与长江中游地区初期内部生态福利绩效差距较大，但呈现逐年递减趋势，其中长江中游地区，相较于黄河中游地区，差距减幅更大。这说明上述两个区域内部受到经济发展结构类似、生态环境投入水平相近、社会公共服务水平发展平均等因素影响，趋同效应明显。东北地区在初期内部生态福利绩效差距较大，虽然逐年递减，但差距减幅较小。西北地区生态福利绩效内部差距一直较为显著，递减趋势不明显，且呈现波动状态，与其他区域相比区域内差距始终较大。

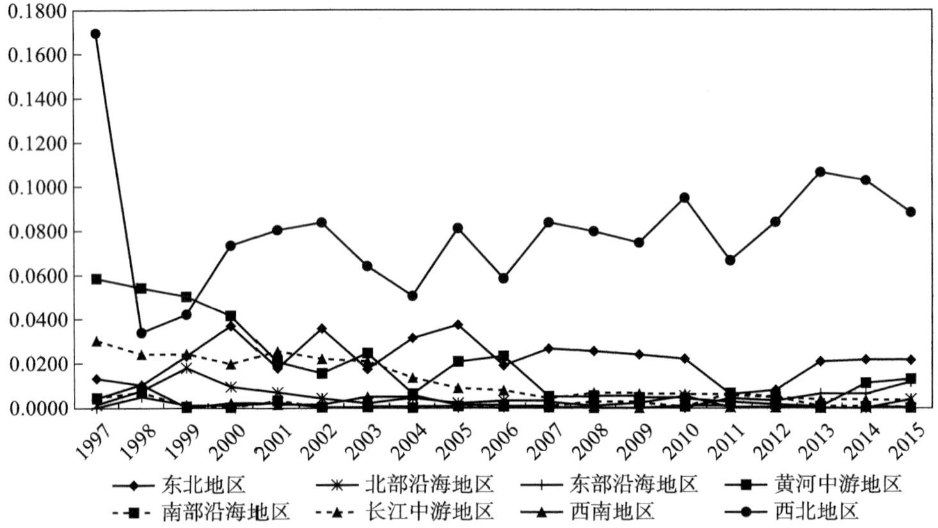

图 4-12　八大经济区域内部生态福利绩效差异变化趋势（1997—2015 年）

资料来源：本研究计算绘制。

4.3　生态福利绩效收敛性分析

上文中通过对 1997—2015 年中国 30 个省份生态福利绩效进行测算及分析，可以发现中国不同地区之间生态福利绩效水平差异较大。地区间生态福利绩效差异收敛与否，将会对中国生态环境的变化发展产生较大影响。关于收敛性这一问题研究，最早是由巴罗基在新古典经济学研究框架下分析经济增长的稳态水平及不同发展阶段的国家如何向稳态水平演进的问题时提出来的（魏后凯，1997；林毅夫和刘明兴，2003；刘强，2001）。大量实证研究验证了不同经济指标的收敛性（陆文喜和李国平，2004；王恩旭和武春友，

2011；成金华等，2014；魏梅等，2010），分析方法有σ收敛、绝对β收敛、条件β收敛及俱乐部收敛等（彭国华，2005；林广平等，2006），经验数据使用分为截面数据、时序数据、面板数据等（许广月，2010；白俊红等，2008；李谷成，2009）。本节根据收敛假说思想和方法，利用1997—2015年中国30个省份生态福利绩效面板数据进行收敛性分析，判定中国不同省份生态福利绩效是否存在收敛趋势，以期采用更为深入广泛的视阈对中国地区间生态福利绩效的动态演进过程进行剖析。

4.3.1 σ收敛

（1）测算模型

σ收敛主要计算方法有标准差、基尼系数、变异系数等。本研究选用标准差衡量σ收敛情况，用以反映研究期间生态福利绩效σ收敛变化趋势。生态福利绩效的标准差，可以反映某一地区生态福利绩效随时间而变化发展情况。通常来讲，标准差越大，说明该地区生态福利绩效的变异程度越大，生态福利绩效平均值的代表程度越低；反之，标准差越小，说明该地区生态福利绩效的变异程度越小，生态福利绩效平均值的代表程度越高。生态福利绩效的标准差计算公式，如式（4-14）所示：

$$\sigma = \sqrt{\frac{\sum_{i=1}^{n}(I_i - \bar{I})^2}{n-1}} \tag{4-14}$$

其中，I_i为第i个省份生态福利绩效评价值，n为被评价省份的个数。

（2）结果分析

如图4-13所示，从1997—2015年全国及三大区域生态福利绩效标准差平均值来看，全国整体生态福利绩效标准差的平均值为0.195，其中西部地区生态福利绩效标准差的平均值最大，为0.247；中部地区次之，为0.154；东部地区最小，为0.141。可以看出，生态福利绩效标准差在时间序列上表现为微弱上升趋势。对研究期间进行细分后，可以发现，1997—2007年生态福利绩效标准差存在较小下降趋势，从0.282下降至0.176；2008—2015年生态福利绩效标准差呈现波动上升趋势，从0.179上升至0.196。这一现象表明，在研究期间内中国生态福利绩效表现为总体发散、局部收敛，因此不存在σ收敛。

三大区域生态福利绩效标准差均呈现出波动上升的发展趋势。其中，东部地区 1997—2009 年呈现收敛趋势，2010—2015 年表现为发散趋势；中部地区 1997—2013 年呈现收敛趋势，2014—2015 年略微表现出发散状态；西部地区虽然 2014 年出现一个下降拐点，但是之后又快速上升，1997—2015 年一直呈现发散状态。

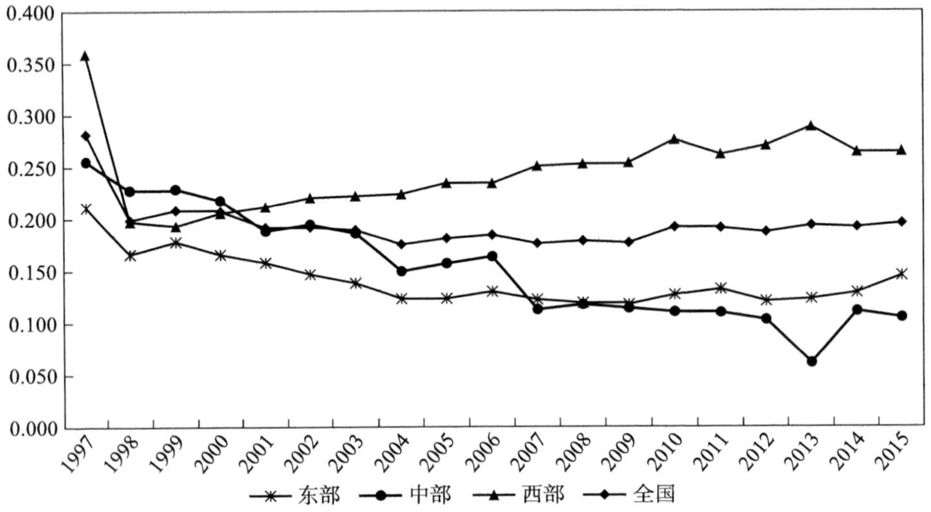

图 4-13　全国及三大区域生态福利绩效 σ 收敛变化趋势（1997—2015 年）

资料来源：本研究计算绘制。

4.3.2　绝对 β 收敛

（1）测算模型

Barro 等（1991）根据新古典经济学理论构建了基本的收敛方程，用于分析经济增长是否会趋于稳态水平。根据这一基本方程的思想，本研究构建了生态福利绩效绝对收敛性检验模型，如式（4-15）所示：

$$\frac{1}{T-t}\ln\left(\frac{EWP_{iT}}{EWP_{it}}\right)=\alpha-(1-e^{-\gamma(T-t)})\frac{\ln(EWP_{it})}{T-t}+\mu_{it} \tag{4-15}$$

进一步整理得到更为直观的 β 绝对收敛模型，如式（4-16）所示：

$$\frac{1}{t}\ln\left(\frac{EWP_{it}}{EWP_{i0}}\right)=\alpha+\beta\frac{\ln(EWP_{i0})}{t}+\mu_{it} \tag{4-16}$$

其中，EWP_{it}表示 i 地区 t 时期的生态福利绩效，t 同时描述了考察时期的长度，$t=0$ 表示基期。根据上述模型，如果 β 小于 0 时，则意味着落后地区生态福利绩效会逐步追赶上领先地区，最终使得各地区生态福利绩效向共同的稳态水平收敛，反之，则各地区生态福利绩效将呈现发散状态。

（2）结果分析

表 4-11 给出了绝对 β 收敛模型的回归结果。在第（1）列方程回归结果中 β 估计值为-0. 366，并在 1%的统计水平上显著，说明从全国层面上来看，各省份生态福利绩效存在绝对 β 收敛性，并以 2. 5%的平均收敛速度①趋近于共同的稳态水平，表明研究期间内初始生态福利绩效水平低的地区，其绩效值增长速度将快于初始生态福利绩效水平高的地区，导致各个省份生态福利绩效水平趋于稳定。而分区域来看，东部地区、西部地区的 β 值均在 1%的显著性水平上小于 0，这说明上述两个区域的生态福利绩效存在收敛特征，且西部地区的收敛速度明显快于东部地区；而中部地区的 β 值并不显著，因此就中部地区内部而言，各省份生态福利绩效是发散的。

表 4-11 生态福利绩效绝对 β 收敛性检验

主要参数	(1) 全国	(2) 东部地区	(3) 中部地区	(4) 西部地区
β	-0. 366 * * * (0. 0208)	-0. 186 * * * (0. 0429)	-0. 0409 (0. 0306)	-0. 502 * * * (0. 0303)
α	-0. 00796 * * * (0. 00302)	-0. 00300 (0. 00396)	0. 00837 * * (0. 00389)	-0. 0157 * * * (0. 00584)
λ	0. 025	0. 011	0	0. 039
N	540	198	144	198
R^2	0. 366	0. 087	0. 012	0. 584
收敛性判定	收敛	收敛	发散	收敛

注：括号内为标准差，* 表示 $p<0.1$，** 表示 $p<0.05$，*** 表示 $p<0.01$。

资料来源：本研究计算编制。

4. 3. 3 条件 β 收敛

（1）测算模型

Barro 等（1991）的绝对收敛模型并不意味着不同个体都趋近于同一水平（王洪亮和孙国锋，2007）。而条件 β 收敛较之于绝对 β 收敛，放宽了有关收敛性的条件，允许个体收敛于不同的稳态水平。本研究参照

① 在 Barro 等（1991）的模型中，γ 为收敛速度，其值大于 0 则收敛，并且收敛值越大，收敛越快。式（4-16）所示模型中 $\beta=e^{-\gamma t}-1$，由此可以推算出各地区生态福利绩效的收敛速度。

Mankiw 等（1992）和 Islam 等（1992）的经典模型，在生态福利绩效绝对 β 收敛模型中进一步加入各地区的宏观控制变量，且宏观控制变量添加处理方法借鉴许广月（2010）、王维国和范丹（2012）、张成等（2013）、陈志国等（2008）研究成果，以体现各地区经济社会等因素对该地区生态福利绩效稳态水平的影响，得到生态福利绩效的条件 β 收敛模型（见式 4-17）。之后，利用多种面板模型检验研究期间内生态福利绩效的条件 β 收敛性。

$$\frac{1}{t}\ln\left(\frac{EWP_{it}}{EWP_{i0}}\right)=\alpha+\beta\frac{\ln(EWP_{i0})}{t}+\gamma Control_{it}+\mu_{it} \tag{4-17}$$

模型中，$Control_{it}$ 为宏观控制变量，主要包括经济增长、经济开放度、城镇化水平、产业结构、资源禀赋、能源结构、政府规模等。其中，经济增长（*GdpR*）采用实际 GDP 增长率来衡量；经济开放度（*Rfdi*）由各地区人均实际使用外商直接投资额（美元每人）衡量；城镇化水平（*Urban_resi*）采用常住人口城镇化率进行衡量；产业结构（*Indus_stru*）采取第二、第三产业综合占比进行衡量；资源禀赋（*Natur_endo*）由各地区人均耕地面积（公顷每人）表示；能源结构（*Ener_stru*）由各地区煤炭消费占能源消费总量的比重表示；政府规模（*Gsc*）由各地区地方财政支出占 GDP 比重衡量。

（2）结果分析

表 4-12 的第（1）列为混合回归的估计结果，第（2）、第（3）列则分别使用个体固定效应模型和随机效应模型进行估计。F 检验和 Hausman 检验均在 1%的显著性水平上拒绝原假设，从而确定固定效应模型更适合生态福利绩效条件 β 收敛的估计，尽管三者的估计结果差别并不大。为避免面板模型中可能存在的同期自相关、组内自相关即组间异方差问题，这里还采用全面 FGLS 方法估计模型结果，见表 4-12 第（4）列。从各列估计结果来看，β 均显著小于 0，说明中国各省份的生态福利绩效还存在条件 β 收敛，各地区最终达到自身稳态水平，但不同地区生态福利绩效存在一定差异。此外，各个模型的结果显示各地区向各自生态福利绩效稳态水平的收敛速度大致为 2%。

表 4-12　生态福利绩效条件 β 收敛性检验

主要参数	(1) 混合 OLS	(2) FE	(3) RE	(4) 全面 FGLS
β	-0.374*** (0.0209)	-0.302*** (0.0244)	-0.329*** (0.0227)	-0.321*** (0.00243)
α	-0.145*** (0.0453)	-0.497*** (0.0965)	-0.283*** (0.0704)	-0.205*** (0.00570)
GdpR	0.175** (0.0842)	0.0292 (0.0825)	0.0849 (0.0803)	0.0383*** (0.0115)
Rfdi	-0.0189 (0.253)	0.00720 (0.279)	-0.0480 (0.271)	-0.130*** (0.0242)
Indus_stru	0.195*** (0.0694)	0.591*** (0.133)	0.357*** (0.102)	0.304*** (0.0105)
Urban_resi	-0.0560 (0.0408)	0.0672 (0.0823)	-0.0504 (0.0558)	-0.0846*** (0.00673)
Ener_stru	-0.0705** (0.0296)	0.00613 (0.0498)	-0.0196 (0.0401)	-0.0971*** (0.00395)
Natur_endo	-0.0122 (0.0226)	-0.0267 (0.0277)	-0.0255 (0.0260)	0.00963*** (0.00326)
Gsc	0.120*** (0.0319)	-0.285*** (0.0731)	0.00717 (0.0460)	0.146*** (0.00766)
λ	0.026	0.020	0.022	0.022
N	540	540	540	540
R^2	0.413	0.299		
F		7.13***		
Hausman		35.61***		
收敛性判定	收敛	收敛	收敛	收敛

注：括号内为标准差，* 表示 $p<0.1$，** 表示 $p<0.05$，*** 表示 $p<0.01$。
资料来源：本研究计算编制。

4.3.4　俱乐部收敛

（1）测算模型

在前文绝对 β 收敛分地区的检验已经发现，东部、中部、西部 3 个区域内部生态福利绩效存在多种收敛性特征。这一部分参照 Baumol（1986）、彭国华（2005）、胡晓珍（2011）、张子龙等（2015）针对俱乐部收敛模型的构建方法，借鉴孙建和齐建国（2009）对虚拟变量处理方法，在模型中进一步加入中西部虚拟变量 D_j，以进一步挖掘各区域生态福利绩效在条件 β 收敛下的俱乐部特征。本研究所构建的生态福利绩效俱乐部收敛模型如式（4-18）：

$$\frac{1}{t}\ln\left(\frac{EWP_{it}}{EWP_{i0}}\right)=\alpha+\beta\frac{\ln\ (EWP_{i0})}{t}+\gamma Control_{it}+\varphi D_j+\mu_{it} \tag{4-18}$$

其中，模型中的宏观控制变量 $Control_{it}$ 不变，与上一节相同，D_j 包括中部虚拟变量和西部虚拟变量。

（2）结果分析

表 4-13 的第（1）列是以 OLS 方法估计含有区域虚拟变量的俱乐部收敛模型，第（2）列则为俱乐部收敛的随机效应 RE 模型估计结果，第（3）列是全面 FGLS 方法估计结果。由于固定效应模型使用组内估计量估计，而且各省所属区域并不随时间变化，因而计算 β 组内估计量时会通过离差变化而消除区域虚拟变量，进而无法得到估计结果，因此这里不再使用 FE 模型估计。

结果显示，中部地区的生态福利绩效稳态水平，与东部地区和西部地区相比，存在明显差异；第（2）、第（3）列估计结果显示，西部地区生态福利绩效水平，也与东部地区和中部地区存在较大差异，而 LSDV 却没有支持。综合本节实证结果和前文分析，基本可以得出中国三大区域生态福利绩效存在俱乐部收敛特征，说明三大区域各省份之间由于资源禀赋、经济发展水平、城镇化水平、社会公共服务水平等具有相似性及外溢性，导致三大区域内各省份生态福利绩效具有相似的收敛特征，生态福利绩效分布呈现明显的“俱乐部现象”。

表 4-13　生态福利绩效俱乐部收敛性检验

主要参数	（1） LSDV	（2） RE	（3） 全面 FGLS
β	-0.376*** (0.0209)	-0.323*** (0.0229)	-0.321*** (0.00231)
α	-0.145*** (0.0451)	-0.291*** (0.0702)	-0.200*** (0.00713)
中部虚拟变量	0.0173* (0.00987)	0.0318* (0.0183)	0.0229*** (0.00170)
西部虚拟变量	0.00349 (0.0115)	0.0394* (0.0203)	0.0104*** (0.00228)
GdpR	0.201** (0.0849)	0.104 (0.0808)	0.0514*** (0.0120)
Rfdi	0.0198 (0.253)	-0.0497 (0.270)	-0.0706*** (0.0182)

续表

主要参数	(1) LSDV	(2) RE	(3) 全面 FGLS
Indus_stru	0. 200 * * * (0. 0693)	0. 346 * * * (0. 101)	0. 307 * * * (0. 0114)
Urban_resi	−0. 0576 (0. 0426)	−0. 00336 (0. 0605)	−0. 0805 * * * (0. 00794)
Ener_stru	−0. 0902 * * * (0. 0321)	−0. 0476 (0. 0423)	−0. 121 * * * (0. 00413)
Natur_endo	−0. 0195 (0. 0231)	−0. 0312 (0. 0261)	0. 00184 (0. 00269)
Gsc	0. 124 * * * (0. 0426)	−0. 0573 (0. 0577)	0. 134 * * * (0. 00989)
λ	0. 026	0. 022	0. 022
N	540	540	540
R^2	0. 418	—	—

注：括号内为标准差，* 表示 $p<0.1$，** 表示 $p<0.05$，*** 表示 $p<0.01$。

资料来源：本研究计算编制。

第 5 章

城镇化对生态福利绩效影响的实证分析

城镇化是经济社会发展的必然趋势，也是世界各国走向现代化的一般规律，是发展中国特色社会主义事业的基本途径和主要战略之一。中国正处于城镇化的快速发展时期，城市发展成就举世瞩目。但现阶段中国也正处于各种城市问题集中爆发时期，环境污染、交通拥堵、房价虚高、管理粗放、应急迟缓等问题日益突出。因此，城镇化及其进程势必对生态福利绩效水平产生影响作用，本章将从多个维度实证分析中国城镇化进程与生态福利绩效之间的相关关系，探究城镇化进程中多种因素对生态福利绩效水平的影响，从而发现以城镇化进程推动地区绿色低碳发展及生态福利绩效提升的主要途径。

5.1 城镇化与生态福利绩效关系

5.1.1 城镇化发展现状

根据城镇化发展阶段理论，中国当前城镇化水平已处于城镇化快速发展的中后期（城镇化率介于50%~70%）。城镇化，已经成为中国经济持续高速发展的主要动力，也是推动区域协调发展的有力支撑。但是伴随着经济高速发展，中国也正处于“城市病”集中爆发期。城市无序扩张导致农地被大量占用，失地农民权益受损；外来务工人员、农民工无法享受应有的教育、医疗、社会保障等城市基本公共服务，农业转移人口市民化进程推进缓慢；城市工业园区建设、商业房地产开发过度、无序化；资源枯竭、环境恶化、生态危机频发……这种不协调、不可持续的状况长期存在，导致经济发展受阻，社会矛盾加剧，社会福利水平下降，居民主观幸福感不强，已经严重阻碍中国城镇化进程的进一步推进，是现阶段中国亟待解决的主要矛盾（方创琳，2009）。

现阶段中国城镇化进程早已突破了“工业化导致的人口空间转移”的内涵限定，已发展成为“人口—经济—空间—环境”四维一体的复合过程。《国家新型城镇化规划（2014—2020 年）》中指出，城镇化发展的重心应当摒弃外延扩张，转变为内涵发展，强调“城市格局科学合理，与经济发展和产业布局紧密衔接，与资源环境承载能力相适应”（孙平军和丁四保，2011）。党的十八大提出走新型城镇化道路，其核心目标就在于实现公平、绿色、集约、转型、共享，而“新”主要体现在：以人为本，公平共享；四化同步，实现产业转型与结构优化；优化城市布局，集约高效；绿色低碳，促进生态文明。

5.1.2　城镇化进程与生态福利绩效

如何以最小的生态环境损耗获取最优的居民福利，促进新型城镇化进程与生态文明建设协调发展，推动城镇化从“单一追求速度”到“速度与质量并举”的转变，是中国各地区实现以人为本、生态文明、环境友好、资源节约的新型城镇化所必须考虑的问题（王富喜和孙海燕，2009；方创琳和王德利，2011）。那么，城镇化发展对中国生态福利绩效有着怎样的影响？二者之间存在何种关系？随着中国城镇化进程的不断推进，促进生态福利绩效提升的主要因素和关键路径有哪些？上述问题均值得进行深入探讨及分析。

本研究采用 2003—2015 年中国 30 个省份城镇化水平分别与生态环境投入、居民福利产出之间的散点图，直观描述它们之间存在的关系，如图 5.1 及图 5.2 所示。其中横轴代表常住人口城镇化率，纵轴分别代表生态环境投入指数（REEI）、居民福利产出指数（RHDI）。可以看出，城镇化水平与生态环境投入、居民福利产出之间均呈现正相关关系。但显然并不能把上述关系简单描述为城镇化进程促进了生态福利绩效提升，二者的关系更为复杂。本章将通过详细的实证检验进一步分析中国城镇化过程与生态福利绩效之间的相关关系，探究城镇化进程中生态福利绩效的影响因素及其作用机制。

20 世纪 90 年代以来，国内外学者从人口、经济、空间、社会、景观等多个维度解构城镇化的内涵及主要特征。从可持续发展角度来讲，城镇化的核心要义是人口城镇化，主要动力是经济城镇化，必然要求是空间城镇化，三者紧密联系，共同构成了城镇化的基本框架（赵峥和倪鹏飞，2012）。针对中国城镇化进程中产生的诸多“城市病”及生态环境问题，多位学者也多从人口城镇化（林毅夫，2002；李子联，2013）、经济城镇化（陶然和曹光忠，2008）、空间城镇化（王可侠，2012；多淑杰，2014）等维度进行探讨。本研究借鉴已有研究成果，从人口城镇化、经济城镇化、空间城镇化多个维度探讨中国城镇化进程与生态福利绩效之间的相关关系，着重分析人口迁移、产业升级、空间布局优化等方面对生态福利绩效的影响作用，从而发现以城镇化推动地区绿色低碳发展及生态福利绩效提升的主要途径。

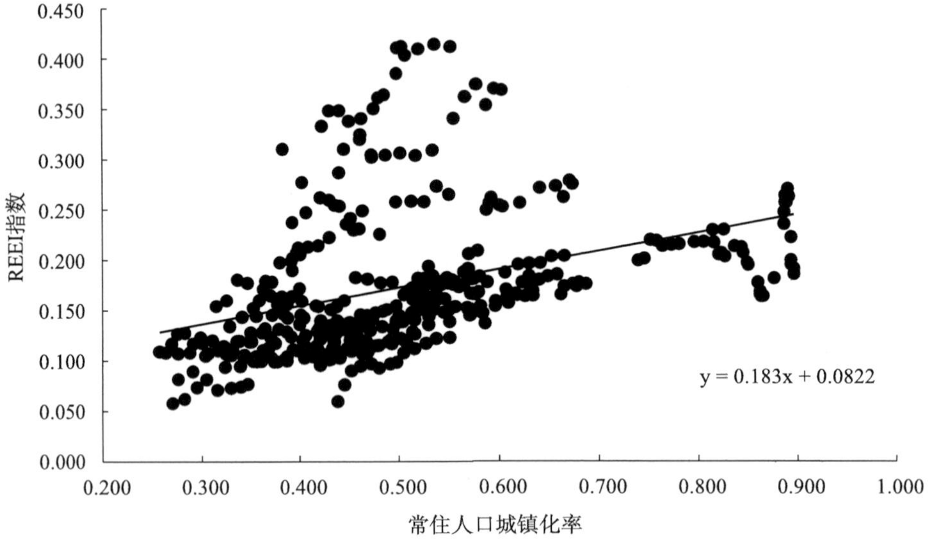

图 5-1　中国常住人口城镇化率与生态环境投入关系（2003—2015 年）

资料来源：根据《中国统计年鉴》（2004—2016 年）及第 3 章 REEI 指数测算数据绘制。

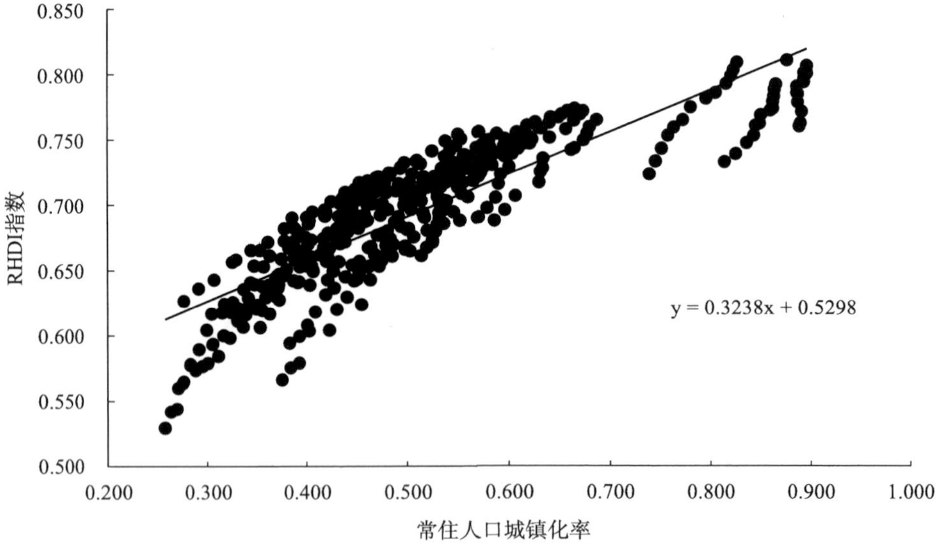

图 5-2　中国常住人口城镇化率与居民福利产出关系（2003—2015 年）

资料来源：根据《中国统计年鉴》（2004—2016 年）及第 3 章 RHDI 指数测算数据绘制。

5.2　人口城镇化与生态福利绩效关系

5.2.1　人口城镇化发展现状

人口是城镇化的核心（倪鹏飞，2013）。人口城镇化，强调农村人口向非农村人口转变这一过程，常用常住人口城镇化率、户籍人口城镇化率等指标进行衡量地区间城镇人口变化趋势。如图 5-3 所示，近年来中国人口总量、城镇人口及常住人口城镇化率均呈现上升趋势，年末人口总数从 2000 年 126228 万人，增长至 2015 年 137088 万人，年均增长 0.55%。常住人口城镇化率从 2000 年 36.22%，增长至 2015 年 56.1%，年均增长 2.96%。

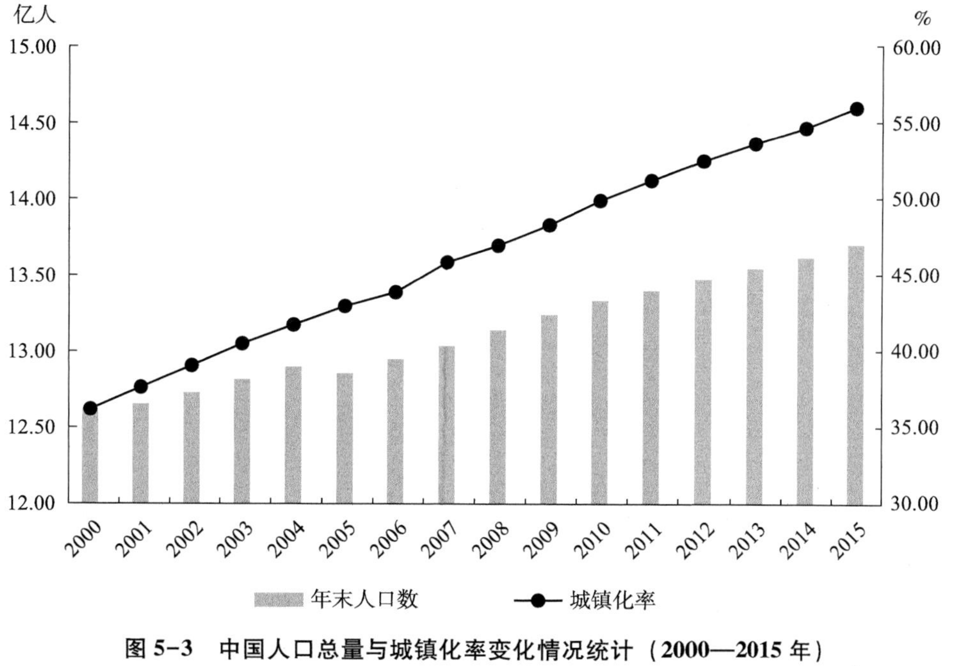

图 5-3　中国人口总量与城镇化率变化情况统计（2000—2015 年）

数据来源：根据《中国统计年鉴》（2001—2016 年）相关数据绘制。

但是，如图 5-4 所示，中国不同省份之间常住人口城镇化率，存在明显差异。2003 年和 2015 年，中国常住人口城镇化率排名前 10 名的省份，多位于东部沿海地区，这反映出东部经济发达地区，具有较强的人力资源吸引力，人口迁移净流入程度较高。例如，北京、上海 2 市 2015 年常住人口城镇化率分别为 86.50%、87.60%，城镇化已达到较高水平。相比之下，中西部各省份常住人口城镇化率还处于较低水平，例如，贵州省常住人口城镇化率从

2003 年 25.66%增长至 2015 年 42.01%，虽然年增长率达 4.19%，但与其他省份相比，城镇化水平仍不高。另外，一些人口大省，例如河南、四川、安徽等，一直以来常住人口城镇化率水平排名始终靠后，低于同期全国平均水平。

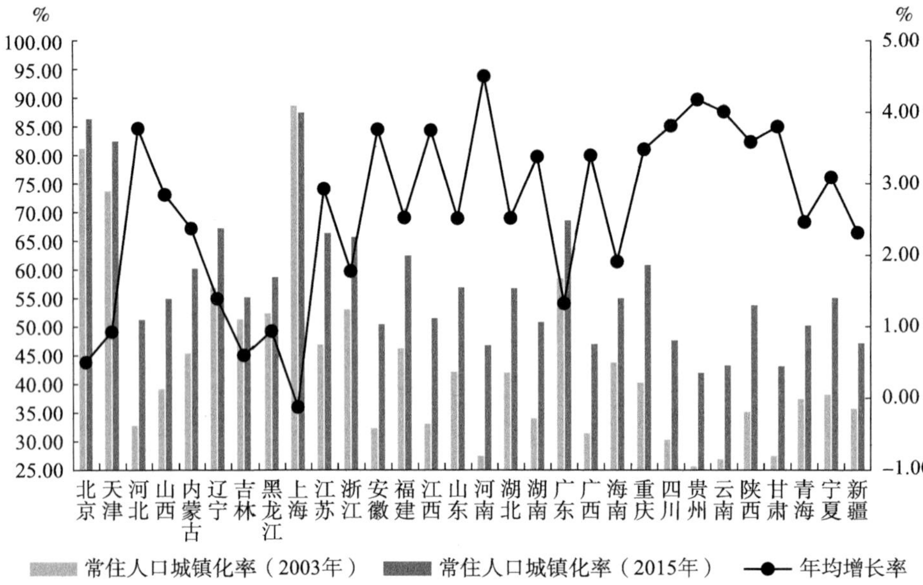

图 5-4　中国 30 个省份常住人口城镇化率变化对比（2003 年、2015 年）

资料来源：根据《中国统计年鉴》（2004 年、2016 年）相关数据绘制。

图 5-5 显示了中国 2003 年与 2015 年 30 个省份户籍人口城镇化率对比情况。由于中国现有户籍制度，户籍人口城镇化率增长较为缓慢，户籍人口流动趋势比较机械。上海、北京 2 地户籍城镇化率排名最为靠前，分别从 2003 年的 72.23%、77.61%上升至 2015 年的 82.61%、93.31%，远远高于同期全国平均水平及其他省份水平。贵州户籍城镇化水平排名处于最末端，从 2003 年 15.58%缓慢上升至 2015 年 16.69%，年平均增长率仅为 0.58%。同时，中西部地区，例如河南、安徽、广西、云南等省份，户籍城镇化水平也比较低，具有较大发展潜力。东北地区户籍城镇化率也处于较高水平，2003 年黑龙江、吉林、辽宁 3 省户籍城镇化率均已分别达到 47.04%、44.96%、46.20%，这说明东北地区工业化阶段发展较早。

近年来，中国城镇化水平显著提升，城市人口规模明显扩大。但是中国现行城镇化率计算中，城镇常住人口统计口径包含了半年以上城镇生活的流动人口，这部分常住人口具体是指具有农村户口的进城务工人员、失地农民

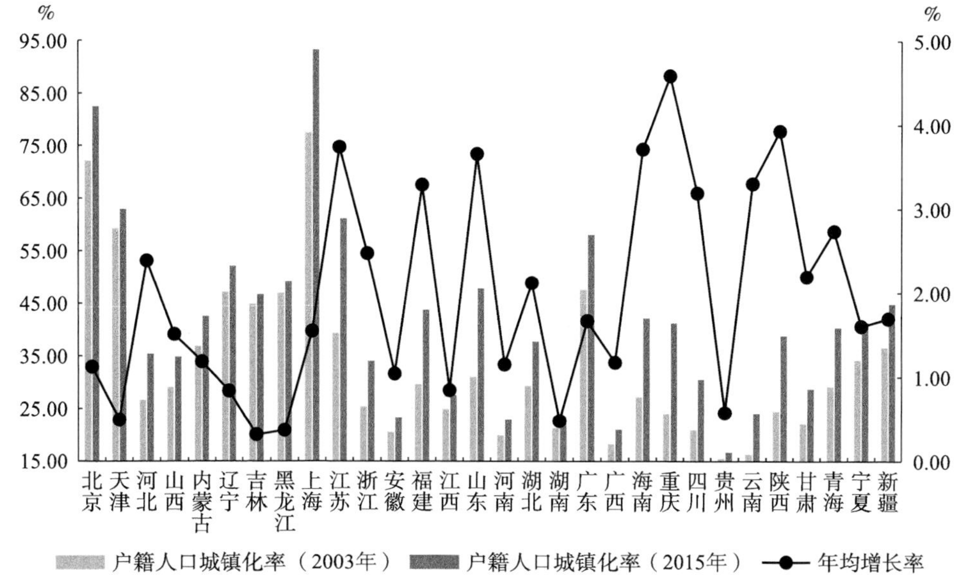

图 5-5　中国 30 个省份户籍人口城镇化率变化对比（2003 年、2015 年）

资料来源：根据《中国统计年鉴》（2004 年、2016 年）相关数据绘制。

等。由于这部分人口并未完全转入城市，该群体时常在住房、教育、医疗、就业、社会保障等城市基本公共服务上面临不公平待遇。这种“半城镇化”现象普遍存在，尤其是在东部发达地区，半城镇化特征最为显著。

以北京为例，如图 5-6 所示，2014 年北京市常住人口 2151. 6 万人，城镇常住人口 1859 万人，城镇户籍人口 1089. 8 万人，非户籍城镇常住人口高达 769. 2 万人，虽然常住人口城镇化率高达 86. 40%，但半城镇化率①比重同样高达 35. 75%。对比 1978 年统计数据，1978 年北京市常住人口 871. 5 万人，城镇常住人口 479 万人，城镇户籍人口 467 万人，非户籍城镇常住人口仅为 12 万人。1978—2014 年，北京市常住人口城镇化率从 1978 年 54. 96%，上升至 2014 年 86. 40%，年均增长 1. 26%，户籍人口城镇化率从 54. 96%上升至 81. 73%，年均增长 1. 096%。常住人口城镇化速度始终高于户籍人口城镇化速度，半城镇化率年均增长 7. 85%，半城镇化特征明显。上海、广州、深圳等城市同样存在类似趋势及状况，半城镇化特征明显。

① 此次借鉴学者张腾飞、杨俊等研究成果，计算公式为：半城镇化率（%）= 非户籍城镇常住人口/地区常住人口×100%。但由于城镇户籍人口同样具有流动性，因此该公式计算结果也存在一定误差。

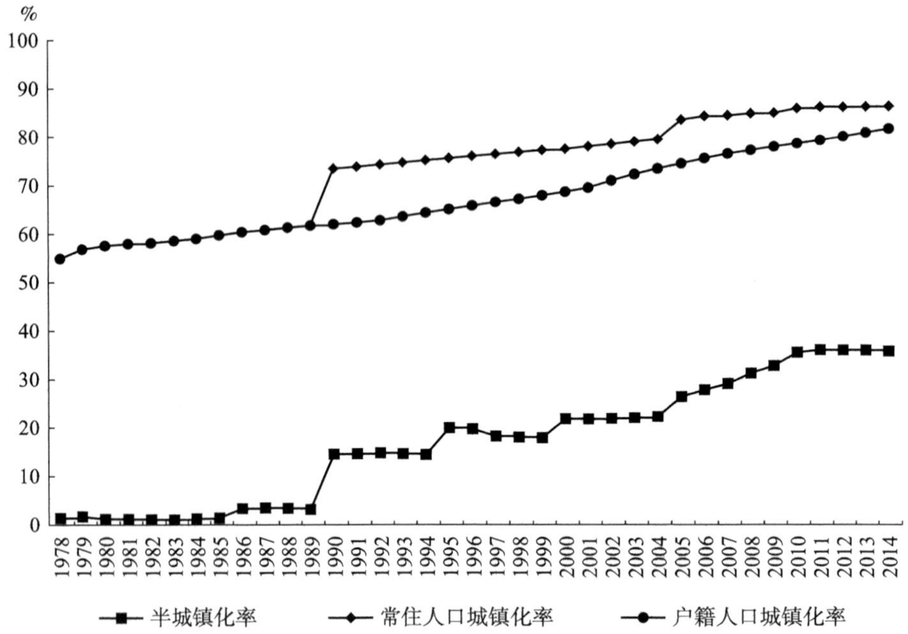

图 5-6　北京市城镇常住人口及城镇户籍人口变化情况统计（1978—2014 年）

资料来源：根据《北京市统计年鉴》（1979—2015 年）相关数据绘制。

5.2.2　模型设定

学者在研究人类活动对环境变化影响时，大多采用 20 世纪 70 年代美国经济学家 Ehrlich 和 Holdren（1974）提出的经典 IPAT 模型，如式（5-1）：

$$I=P\times A\times T \tag{5-1}$$

其中，I 通常表示环境压力、能源消耗或者环境影响状况等；P 表示人口规模；A 表示富裕程度；T 表示技术水平。

IPAT 模型可以直观简单地表述人类活动对环境压力产生作用，但该模型仅考虑自变量对因变量等比例的影响关系，其实质上仅是描述环境变量的主要影响因素的数学式，并不能真实反映各因素影响的边际效应，因而在实际应用中存在局限性。Rosa 等（2004）通过对 IPAT 模型进行扩展，提出一个随机版本的 IPAT 模型，即 STIRPAT 模型（见式 5-2）。

$$I=aP^bA^cT^de \tag{5-2}$$

在面板数据处理上，通常对 STIRPAT 模型进行对数处理，以便弱化指标数据波动及异方差现象。模型等式两边分别取对数后，方程如式（5-3）：

$$\ln I_{it}=a_i+b_i\ln P_{it}+c_i\ln A_{it}+d_i\ln T_{it}+e_{it} \tag{5-3}$$

其中，i 为省份标识，t 为时间标识，a 为模型的系数；b、c、d 分别为环境压力对人口规模、经济发展、技术水平的弹性，e 表示随机误差。

与初始的 IPAT 模型不同，变量 T 可以代表不同的宏观因素以解释其对环境产生的影响。在实际应用中，由于影响生态环境的因素不仅局限于上述 3 类自变量，还会包含城镇化率、能源结构、自然禀赋、环境管理等其他宏观变量，可以借鉴已有采用 STIRPAT 模型分析城镇化对资源消耗及污染物排放的影响机制的研究成果（Poumanyvong & Kaneko，2010；Martínez-Zarzoso & Maruotti，2011；Zhang & Lin，2012；罗能生等，2013；蔡洁等，2015），根据研究问题所涉及的实际情况适当增加变量。为分析人口城镇化对生态环境福利绩效的影响，本研究借鉴 STIRPAT 模型的基本思想，构建计量回归模型如式（5-4）：

$$\ln Ewp_{it}=\alpha_i+\beta_0\ln Urban_{it}+\beta_1\ln Gdp_{it}+\beta_2\ln RD_{it}+\gamma Control_{it}+u_{it} \tag{5-4}$$

为检验可能存在的非线性关系，本研究在上述线性模型中进一步引入人口城镇化率指标的平方项，即：$\ln^2(Urban_{it})$，从而得到非线性的计量回归模型，如式（5-5）：

$$\ln Ewp_{it}=\alpha_i+\beta_0\ln Urban_{it}+\beta_1\ln^2(Urban_{it})+\beta_2\ln Gdp_{it}+\beta_3\ln RD_{it}+\gamma Control_{it}+u_{it} \tag{5-5}$$

在上面的 2 个模型中，变量 *Ewp* 表示生态福利绩效变量，*Urban* 代表人口城镇化水平，*Gdp* 代表经济增长水平，*RD* 代表技术水平，*Control* 为其他宏观控制变量，i 代表中国不同的省份，t 代表不同年份。由于人口城镇化在一定程度上体现了人口因素对生态福利绩效的影响，且出于变量平稳性考虑，部分指标已经采用人均值进行衡量，因此模型中不再单独设置人口变量。

5. 2. 3　指标选取、数据来源与描述统计

由于本章涉及多个关于环境治理、环境政策类指标，这些所涉及指标来源于《中国环境统计年鉴》，且从 2003 年开始进行统计。因此，本章进行实证分析的研究期间界定为 2003—2015 年共 13 年。下面对模型中各变量所使用的具体衡量指标加以介绍：

（1）被解释变量

本章主要分析城镇化进程对生态福利绩效的影响作用，因此，生态福利绩效是本章模型的被解释变量。该变量由第 i 省在第 t 年份的生态福利绩效值的对数来衡量，其中，本书第 4 章已对 30 个省份的生态福利绩效进行测算，

这里不再赘述。需要说明的是，由于生态福利绩效的测算采取了超效率 *DEA* 分析，其取值不再受限（可以大于 1），因此可采用正常的面板数据模型进行计量回归。

（2）核心解释变量

人口城镇化是本节重点关注的核心解释变量，主要由 2 个指标进行衡量，即常住人口城镇化率（*Urban_resi*）和户籍人口城镇化率（*Urban_hous*）。具体来讲，常住人口城镇化率（*Urban_resi*）采取各地区城镇常住人口与全部常住人口之比表示。户籍人口城镇化率（*Urban_hous*）采取各地区本地城镇户籍人口与总户籍人口之比表示。常住人口城镇化率（*Urban_resi*）来自《中国统计年鉴》（2004—2016 年）统计数据。其中，2005—2015 年常住人口城镇化率可以直接从年鉴获取。由于 2003 年、2004 年人口统计数据中城镇人口并没有考虑到常住人口，因此，参考周一星和田帅（2006）研究，利用联合国提出的计算方法，对 2003—2004 年中国各省份的人口数据进行修正，从而通过计算可得 2003 年、2004 年常住人口城镇化率。户籍人口城镇化率（*Urban_hous*）可从 *Wind* 数据库中直接获取 2003—2015 年统计数据。为保持模型的实际意义，并消除可能存在的异方差和非平稳问题，这里取对数后加入模型。

（3）控制变量

根据已有研究中针对能源福利绩效（刘国平，2017）、生态福利绩效（诸大建和张帅，2014；龙亮军等，2017；徐昱东等，2017；冯吉芳和袁健红，2016）、环境福利绩效（刘国平和朱远，2014）、生态效率（罗能生等，2013；蔡洁等，2015；陈雯，2017）等宏观影响因素的探讨，本研究主要选取以下控制变量：经济增长水平（*Gdp*）由各地区经平减后实际 GDP 总额（亿元）衡量；研发投入强度的高低，是某一国家或地区自主创新能力的重要保障，是国际上通用的、用以衡量科技实力或技术水平的重要指标，因此科技实力（*RD*）用各地区人均 R&D 经费内部支出总额（万元每人）来衡量；经济开放度（*Rfdi*）由各地区人均实际使用外商直接投资额（美元每人）衡量；能源结构（*Ener_stru*）由各地区煤炭消费占能源消费总量的比重表示；资源禀赋（*Natur_endo*）由各地区人均耕地面积（公顷每人）表示；政府规模（*Gsc*）由各地区地方一般性财政支出占 GDP 比重衡量。各控制变量数据，是根据《中国统计年鉴》（2004—2016 年）、《中国环境统计年鉴》（2004—2016 年）、《中国能源统计年鉴》（2004—2016 年）、《中国人口和就业统计年鉴》

（2004—2016 年）中相关统计数据整理而得。各变量统计描述情况详见表 5-1。

表 5-1　城镇化主要变量描述统计特征

变量名称	变量符号	变量释义	样本量	均值	标准差	最小值	最大值
生态福利绩效	*Ewp*	生态福利绩效值	390	0.8907	0.1866	0.2733	1.1122
人口城镇化	*Urban_resi*	常住人口城镇化率	390	0.5065	0.1456	0.2566	0.8960
	Urban_hous	户籍人口城镇化率	390	0.3764	0.1650	0.1558	0.9331
经济增长	*Gdp*	实际 GDP	390	10267.19	9354.86	363.50	49653.06
科技实力	*RD*	人均 R&D 经费内部支出总额	390	0.0490	0.0788	0.0015	0.6375
经济开放度	*Rfdi*	人均实际使用外商直接投资额	390	0.0141	0.0192	0.0001	0.1380
能源结构	*Ener_stru*	煤炭消费占能源消费总量的比重	390	0.6241	0.1380	0.1557	0.8575
资源禀赋	*Natur_endo*	人均耕地面积	390	0.0021	0.0013	0.0001	0.0074
政府规模	*Gsc*	地方一般性财政支出占 GDP 比重	390	0.2006	0.0899	0.0792	0.6269

资料来源：本研究计算编制。

5.2.4　实证检验与结果分析

（1）变量平稳性检验

面板数据较之于截面数据和时间序列数据，在平稳性方面有一定优势。但为了更充分地避免变量非平稳引起的伪回归问题，这里对各变量进行单位根检验。在样本量不大的情况下，对单个变量的单位根检验可能功效较低，易犯第Ⅱ类错误。因此，有必要采用针对面板数据进行单位根检验。本章使用的面板数据为 30 个省份 13 年的短面板数据。而 Im-Pesaran-Shin（IPS）检验相对于其他常见面板单位根检验方法而言，尤其适合检验个体和年份数量固定的短面板数据。此外，与 LLC 检验、HT 检验和 Breitung 检验相比，IPS 检验放宽了自回归系数相等的假设，这与实际情况更为相符。

通过表 5-2 不难看出，本章所有变量都通过了 IPS 平稳性检验，且大都在 1%统计水平上拒绝原假设。需要说明的是 ln(*Gdp*)、*Rfdi*、*Natur_endo*、*Gsc* 四个变量可能存在扰动项自相关问题，因此在检验方程中引入适当的滞后项。

表 5-2　城镇化主要变量面板单位根检验结果

变量	统计量	P 值	判定
ln(*EWP*)	-5.0114	0.0000	平稳
ln(*Urban_resi*)	-2.1230	0.0169	平稳
ln(*Indus_stru*)	-2.8099	0.0025	平稳
ln(*Urban_hous*)	-4.332	0.0000	平稳
ln(*Rbuil*)	-3.2827	0.0005	平稳
ln(*Gdp*)	-3.4094	0.0003	平稳
ln(*RD*)	-2.5000	0.0062	平稳
Rfdi	-24.4306	0.0000	平稳
Ener_stru	-2.1851	0.0144	平稳
Natur_endo	-12.0631	0.0000	平稳
Gsc	-3.8207	0.0001	平稳

资料来源：本研究计算编制。

（2）基本模型估计结果

人口城镇化是否影响一个地区的生态福利绩效？如果存在影响作用，那么具体的形式又是怎样？本研究利用 2003—2015 年中国省级面板数据，构建面板固定效应模型和随机效应模型进行实证检验，相关估计结果见表 5-3。

表 5-3 前 4 列反映常住人口城镇化率对生态福利绩效的影响，其中第（1）、第（2）列为线性模型的估计结果，常住人口城镇化率没有通过显著性检验；第（3）、第（4）列为非线性模型的估计结果，结果显示，加入平方项后一次项和二次项都在 1%的显著性水平上显著为负，此时模型的拟合效果提升了大约 34%。Hausman 检验结果没有拒绝原假设，说明随机效应模型优于固定效应模型，而 LM 检验拒绝原假设，说明随机效应模型优于混合回归模型，因此应选择随机效应模型的估计结果。表 5-3 第（4）至第（8）列是户籍人口城镇化率对生态福利绩效的估计结果。其中，线性模型的估计结果较好，相应的 Hausman 检验结果显示应选择随机效应模型。非线性的固定效应模型和随机效应模型的二次项估计系数差别较大，Hausman 检验结果在 5%的显著性水平上不能通过检验，而随机

效应模型的二次项系数并不显著，可决系数 R^2 的改进十分有限。因此，选用线性模型估计结果较为可靠。综上，这里使用第（3）和第（6）列估计结果进行实证结果分析。

总体来看，$\ln^2(Urban\_resi)$ 的影响系数为-0.358，$\ln(Urban\_resi)$ 的影响系数为-0.755，二者均通过显著性检验，说明生态福利绩效与常住人口城镇化率之间呈现显著的“倒 U 形”关系，即：生态福利绩效随着常住人口城镇化水平的提高，呈现先上升后下降的趋势。$\ln^2(Urban\_hous)$ 的影响系数为-0.0699，但未通过显著性检验。随后，对 $\ln(Urban\_hous)$ 进行拟合，其影响系数为-0.339，且通过显著性检验，从而发现生态福利绩效和户籍人口城镇化水平之间呈现显著线性负相关关系。

这说明，人口城镇化过程导致了人口集聚，带来了常住人口城镇化率水平提升，可以促使土地、资源、能源等稀缺资本利用效率提升，实现绿地、公园等公共基础设施，以及医疗、教育、卫生等基本公共服务共享，从而提升了资源利用效率及居民福利水平；同时，人口集聚可以实现污染物集中治理，提高环境治理处理效率，从而节约了政府环境治理成本。因此，人口城镇化过程导致适度人口集聚，可以改善生态环境，提升居民福利，从而导致生态福利绩效的提升。但是，随着人口城镇化加剧，人口的过度集聚将导致生态能源消耗增加，环境污染排放加剧；同时，农村人口在城镇化迁移过程中，生活方式也由农村向城市转变，这必然会带来生态环境资源消耗的加剧；居民生活水平提升带来消费水平和消费习惯的改变，人们对私人交通工具及其他能源消费类产品的巨大需求，不仅加剧资源消耗，也会加剧城市管理成本，带来“拥挤成本”提升，从而导致生态福利绩效的下降。与常住人口增长不同，户籍人口城镇化率的提升对生态福利绩效产生负向影响。这是由于中国特色的户籍管理制度，与居民享受的教育、医疗、卫生资源及社会保障水平紧密相关。户籍人口数量的增加，导致该地区居民享受基本公共服务水平相对下降，进而致使居民福利水平的下降。近年来，中国大部分省份，尤其是北京、上海、深圳等一线城市，均严格限制户籍人口增长，但户籍人口总量不断上升的趋势，仍会致使地区内生态福利绩效的下降。

表 5-3　人口城镇化影响生态福利绩效的基本模型估计结果

被解释变量	常住人口城镇化率				户籍人口城镇化率			
	(1)	(2)	(3)	(4)	(5)	(6)	(7)	(8)
ln(*Urban*)	-0.006 (0.122)	-0.040 (0.107)	-1.171*** (0.356)	-0.755*** (0.286)	-0.180** (0.0709)	-0.179*** (0.0587)	-0.654*** (0.229)	-0.339* (0.194)
$\ln^2(Urban)$			-0.536*** (0.154)	-0.358*** (0.134)			-0.199** (0.0914)	-0.0699 (0.0812)
ln(*Gdp*)	0.141** (0.0549)	0.132*** (0.0369)	0.174*** (0.0549)	0.120*** (0.0354)	0.182*** (0.0545)	0.136*** (0.0350)	0.189*** (0.0543)	0.131*** (0.0342)
ln(*RD*)	-0.0511* (0.0308)	-0.0457* (0.0266)	-0.0254 (0.0312)	-0.0190 (0.0280)	-0.0611** (0.0297)	-0.0391* (0.0228)	-0.0642** (0.0295)	-0.0365 (0.0226)
Rfdi	-0.0491 (0.699)	0.00159 (0.622)	0.0826 (0.689)	0.405 (0.633)	-0.423 (0.664)	-0.0875 (0.599)	-0.187 (0.670)	0.0578 (0.616)
Ener_stru	-0.342*** (0.123)	-0.336*** (0.118)	-0.313** (0.121)	-0.333*** (0.117)	-0.385*** (0.123)	-0.402*** (0.118)	-0.377*** (0.122)	-0.403*** (0.118)
Natur_endo	14.47 (10.04)	12.00 (9.740)	7.765 (10.07)	8.445 (9.753)	14.72 (9.917)	14.56 (9.595)	12.06 (9.940)	13.83 (9.642)
Gsc	-0.786*** (0.181)	-0.720*** (0.157)	-0.928*** (0.183)	-0.819*** (0.159)	-0.766*** (0.178)	-0.706*** (0.153)	-0.786*** (0.178)	-0.714*** (0.152)
_cons	-1.245** (0.592)	-1.184*** (0.408)	-1.933*** (0.616)	-1.262*** (0.391)	-1.803*** (0.596)	-1.319*** (0.389)	-2.121*** (0.611)	-1.344*** (0.384)
N	390	390	390	390	390	390	390	390
R^2	0.088	—	0.118	—	0.104	—	0.116	—
F	69.64***	—	65.73***	—	60.69***	—	52.85***	—
Hausman	3.41	—	11.99	—	5.77	—	13.74*	—
LM	—	1559.75***	—	1361.88***	—	1440.96***	—	1303.95***

注：括号内为标准差，* 表示 $p<0.1$，** 表示 $p<0.05$，*** 表示 $p<0.01$。

资料来源：本研究计算编制。

从其他控制变量来看，经济增长水平（*Gdp*）的估计系数为 0.120，且通过显著性检验，表明经济增长与生态福利绩效水平之间存在正相关关系。政府规模（*Gsc*）的估计系数为-0.819，且通过显著性检验，表明政府规模与生态福利绩效水平之间存在负相关关系。事实上，由于存在“GDP 锦标赛”“晋升锦标赛”，地方政府通常会制定偏向性财政支出政策，干预市场行为带来资源错配（周黎安，2007；张军和周黎安，2008），同时一些高污染高能耗产业一度受到地方政府追捧，这将导致产能过剩、资源浪费及环境污染，从而降低地区生态福利绩效水平（宋马林和金培振，2016）。能源结构（*Ener_stru*）

的估计系数为-0.333，且通过显著性检验，表明能源结构与生态福利绩效水平之间存在负相关关系，这说明降低煤炭消费占能源消费总量的比重，提高能源使用效率，可以提升生态福利绩效水平。经济开放度（*Rfdi*）估计系数为正，但未通过显著性检验，说明经济开放度与生态福利绩效存在促进作用，但影响有限。大量外资涌入，提升中国经济开放程度，为中国城镇化进程及经济社会发展提供了不可或缺的资金和技术，在一定程度上有助于促进区域经济增长和资源环境协调发展，从而提升地区生态环境福利绩效水平（齐志新和陈文颖，2006；刘凤良和高东明，2006；魏楚和沈满洪，2008）。但是，现阶段中国外商直接投资存在“污染天堂假说”，外资企业通过转移高污染、高能耗产业使得中国沦为“污染避难所”，降低了经济开放度对生态福利绩效的正向效应（初善冰和黄安平，2012；余姗和张文彬，2016；吴义根等，2017）。科技实力（*RD*）与生态福利绩效负相关，但不显著。资源禀赋（*Natur_endo*）与生态福利绩效正相关，同样不显著。总体而言，宏观控制变量对生态福利绩效的影响作用，与多数文献研究结论保持一致。

（3）分样本估计结果

为进一步揭示人口城镇化对生态福利绩效影响的地区差异性，本研究对基本模型进行分样本回归分析，估计结果（见表 5-4）显示：东部地区 $\ln^2(Urban\_resi)$ 的影响系数为-0.919，$\ln(Urban\_resi)$ 的影响系数为-1.169，且通过显著性检验，说明东部地区生态福利绩效与常住人口城镇化率之间呈现显著“倒 U 形”关系，即东部地区生态福利绩效随着常住人口城镇化水平的提高，呈现先上升后下降的趋势。东部地区 $\ln^2(Urban\_hous)$ 影响系数未通过显著性检验，随后对 $\ln(Urban\_hous)$ 进行再次拟合，可以发现东部地区户籍人口城镇化水平与生态福利绩效呈现微弱负相关关系。这主要是由于东部地区大部分省份城镇化水平比较高，过度人口集聚对生态福利绩效产生了负面效应，这可从二者呈现的“倒 U 形”关系中得以体现。中部地区和西部地区 $\ln^2(Urban\_resi)$、$\ln(Urban\_hous)$ 的影响系数均未通过显著性检验。而对 $\ln(Urban\_resi)$、$\ln(Urban\_hous)$ 进行拟合可以发现，中部地区和西部地区常住人口城镇化水平、户籍人口城镇化水平与生态福利绩效水平均呈现正相关关系。现阶段中、西部地区城镇化水平还比较低，经济发展还比较落后，因此人口集聚对生态福利绩效仅产生了正向积极作用，即：人口规模的扩大，导致生态福利绩效的提升。上述 2 个地区仍处于“倒 U 形”曲线的爬坡阶段，还未表现出拐点效应。

表 5-4 中国分地区人口城镇化影响生态福利绩效的估计结果

被解释变量	东部地区		中部地区			西部地区		
	常住人口城镇化率	户籍人口城镇化率	常住人口城镇化率		户籍人口城镇化率	常住人口城镇化率		户籍人口城镇化率
ln(*Urban_resi*)	-1.169*** (0.336)		1.381 (1.271)	0.0503 (0.271)		-0.523 (0.937)	0.402 (0.304)	
$\ln^2$(*Urban_resi*)	-0.919*** (0.199)		0.627 (0.544)			-0.334 (0.320)		
ln(*Urban_hous*)		-0.0764 (0.0970)			0.370* (0.222)			0.0106 (0.114)
_cons	-0.750 (0.527)	-0.391 (0.479)	-2.732* (1.099)	-3.290*** (1.039)	-2.835***	0.677 (1.811)	1.791 (1.463)	0.419 (1.131)
控制变量	YES	YES	YES	YES	YES	YES	YES	YES
N	143	143	104	104	104	143	143	143
R^2	—	—	0.425	0.407	0.424	0.282	0.276	0.266
F	—	—	13.24***	12.60***	11.35***	51.91***	51.76***	40.14***
Hausman	6.19	1.31	101.98***	105.74***	98.52***	38.77***	142.32***	12.19*
LM	409.10***	430.15***	—	—	—	—	—	—

注：括号内为标准差，* 表示 $p<0.1$，** 表示 $p<0.05$，*** 表示 $p<0.01$。

资料来源：本研究计算编制。

就中国现有人口城镇化水平来讲，无论是户籍人口城镇化率还是常住人口城镇化率，东部地区均处于比较高位水平，中部地区次之，西部地区最低。例如，2015 年，北京、上海、天津等地区常住人口城镇化率已超过 80%，中部地区大部分省份常住人口城镇化率保持在 50%~60%，西部地区多数省份仍处于 40%左右。因此，在持续推进城镇化过程中，应强调“人的城镇化”，践行以人为本的核心目标，不仅要注重人口素质的提升及居民环保意识的提高，而且要着重推动农民市民化，增加农民工参与学习培训的机会，使其享受更加公平的城市基本公共服务，发挥人口集聚对生态福利绩效的提升作用。但要关注户籍人口增长本身对生态福利绩效的负面效应，一方面应注重人口规模与生态环境承载力相协调，防止人口过度集聚，城市人口密度过大；另一方面应重视城市基本公共服务水平的提升，持续推动教育、医疗、卫生、社会保障等方面的公平性和可及性。

（4）稳健性检验

为检验基本模型的稳健性，本节分别以变换估计方法、使用替代被解释变量等方式重新对模型进行估计。表 5-5 前 4 列估计仍然使用原被解释变量，其中第（1）列使用稳健标准误对常住人口城镇化水平影响生态福利绩效的固定效应模型进行估计，以消除可能存在的自相关与和异方差的影响；第（2）列以同时考虑组间异方差、同期自相关、组内自相关问题的广义差分最小二乘估计方法（全面 FGLS）对常住人口模型再估计；第（3）、第（4）列则分别以面板随机效应模型和广义差分最小二乘估计三种面板数据户籍人口城镇化水平对生态福利绩效的影响。① 前 4 列估计结果与表 5-3 相比，并没有明显差异，只是城镇化变量的显著性水平略有降低，因此可以初步认定模型设定是较为合理，估计结果较为稳健。

表 5-5　城镇化变量影响生态福利绩效的稳健性检验

生态福利绩效（*Ewp*）	(1) FE	(2) FGLS	(3) RE	(4) FGLS	(5) FE	(6) RE	(7) FE	(8) RE
ln(*Urban_resi*)	-1.171* (0.684)	-0.928*** (0.360)			-2.181*** (0.725)	-2.064*** (0.595)		
$\ln^2$(*Urban_resi*)	-0.536* (0.263)	-0.492*** (0.167)			-0.964** (0.365)	-0.886*** (0.336)		
ln(*Urban_hous*)			-0.179** (0.0698)	-0.117** (0.0523)			-0.507*** (0.141)	-0.519*** (0.117)
_cons	-1.933 (1.600)	-0.659 (0.647)	-1.319* (0.738)	-0.674*** (0.237)	0.350 (1.121)	0.610 (0.645)	0.127 (1.012)	0.504 (0.649)
控制变量	YES	YES	YES	YES	YES	YES	YES	YES
稳健标准差	YES	NO	YES	NO	YES	YES	YES	YES
N	390	390	390	390	390	390	390	390
R^2	0.118	—	—	—	0.291	—	0.311	—
Hausman	31.103***	—	9.611	—	14.26*	—	11.408	—
LM	—	—	1440.96***	—	—	1352.61***	—	1449.72***

注：括号内为标准差，* 表示 $p<0.1$，** 表示 $p<0.05$，*** 表示 $p<0.01$；FE 是指面板固定效应模型，RE 是指面板随机效应模型，全面 FGLS 是同时考虑组间异方差、同期自相关、组内自相关问题的广义差分最小二乘估计。

资料来源：本研究计算编制。

① 在对户籍城镇化率进行稳健性回归时，加入户籍城镇化率的平方项后户籍城镇化率及其平方项均不显著，因此表中只显示不加入平方项的线性模型。

此外，也有不少文献采用以居民福利产出与生态环境消耗的比值来衡量一个地区的生态福利绩效（臧漫丹等，2013；诸大建和张帅，2014）。由于第4章已测算过中国不同省份居民福利产出RHDI指数，且用以衡量不同省份居民福利水平；同时也测算不同省份生态环境投入REEI指数，且用以衡量不同省份产生一定福利所需要生态资源耗费和环境污染排放。因此表5-5的第（5）至第（8）列以RHDI指数与REEI指数之比作为被解释变量，重新对基本模型进行估计，进一步检验基本模型的稳健性。结果显示，常住人口城镇化水平对生态福利绩效仍存在显著的“倒U形”影响，而户籍人口城镇化水平的估计系数也在1%的统计水平上显著为负，这与表5-3的估计结果非常吻合。因此，基本可以认定基本模型的估计结果是可信的。

5.3 经济城镇化与生态福利绩效关系

5.3.1 经济城镇化发展现状

经济城镇化（Indus_stru）是本节重点关注的变量。它主要是指一个地区经济总量不断提升，经济结构向非农化转变。经济城镇化的核心是工业化，直接表现为三次产业结构的不断调整，即劳动力从传统农业部门转移到非农部门，第一产业在整个国民经济中更多发挥的是基础和保障作用，第二、第三产业占GDP的比重逐步提升，第二、第三产业吸纳的就业人口也越来越多。经济城镇化为人口和空间城镇化提供了内在动力，也是以人为核心的城镇化重要内涵。第二产业发展是经济城镇化的直接推动因素，而第三产业蓬勃兴起则是城镇化程度不断深化的具体表现，二者从长期决定了一个地区的经济产出水平。现阶段中国经济城镇化虽然取得了显著成就，但是土地集约利用程度较低，产业发展较为缓慢，科技创新能力有待加强。

（1）第二、第三产业规模不断扩大

现阶段，中国第二、第三产业规模不断扩大，2015年第二、第三产业增加值分别达到282040.3亿元、346149.7亿元，是2000年的6.2倍、8.7倍，年均增长12.91%、15.49%。同时，第二、第三次产业占GDP比重逐年上升。图5-7为2000—2015年中国三次产业构成变化情况。可以看出，2000年以来中国第二产业在三次产业占比保持在40%以上；第三产业发展迅速，服务业占GDP比重从2000年39.80%上升至2015年50.20%，且2013年的第三产业占比首次超过第二产业，成为国民经济中最主要的组成部分。从三次产业结构来看，随着经济城镇化及工业化程度不断提升，第一产业比重不断下降，第二、第三产业比值不断上升，产业结构升级优化效果明显，但仍有很大的提升空间。

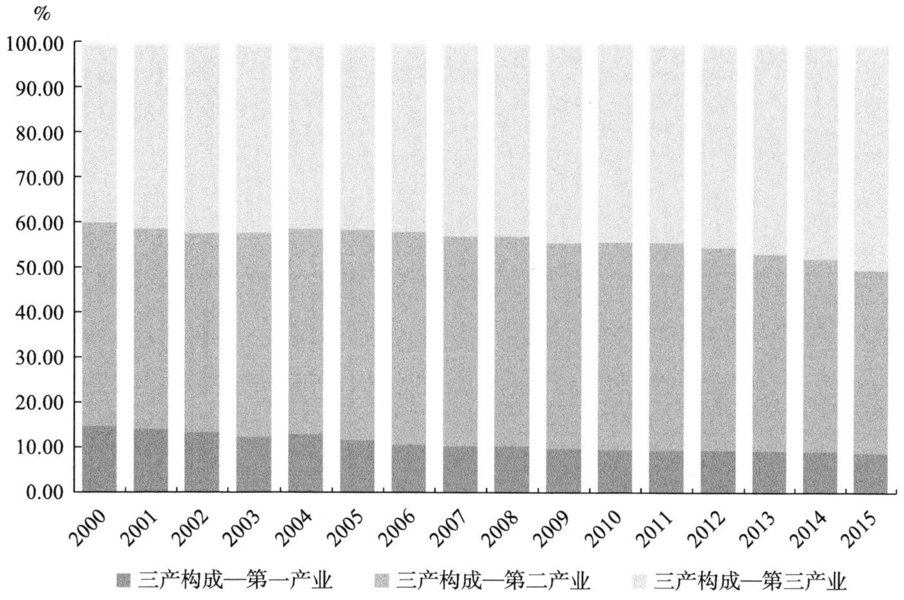

图 5-7　中国三次产业构成变化情况（2000—2015 年）

资料来源：根据《中国统计年鉴》（2001—2016 年）相关数据绘制。

（2）经济城镇化有力带动经济增长

图 5-8 显示了 2000—2014 年中国三次产业对 GDP 增长贡献率变化情况。可以看出，2000 年以来第二和第三产业对 GDP 增长的贡献率保持在 95%以上，对中国经济增长起到了决定性作用。其中，第二产业占比始终保持45%～60%之间波动，第三产业占比逐年上升，2014 年占比达到 48.93%，首次超过第二产业，成为对 GDP 增长贡献最大的产业。图 5-9 为 2000—2014 年中国三次产业对 GDP 增长拉动变化情况。可以看出，2000 年以来第二和第三产业对 GDP 增长拉动率保持在 7%以上，远远超过第一产业对 GDP 增长作用。其中，2014 年第三产业对 GDP 增长拉动率达到 3.60%，首次超过第二产业。

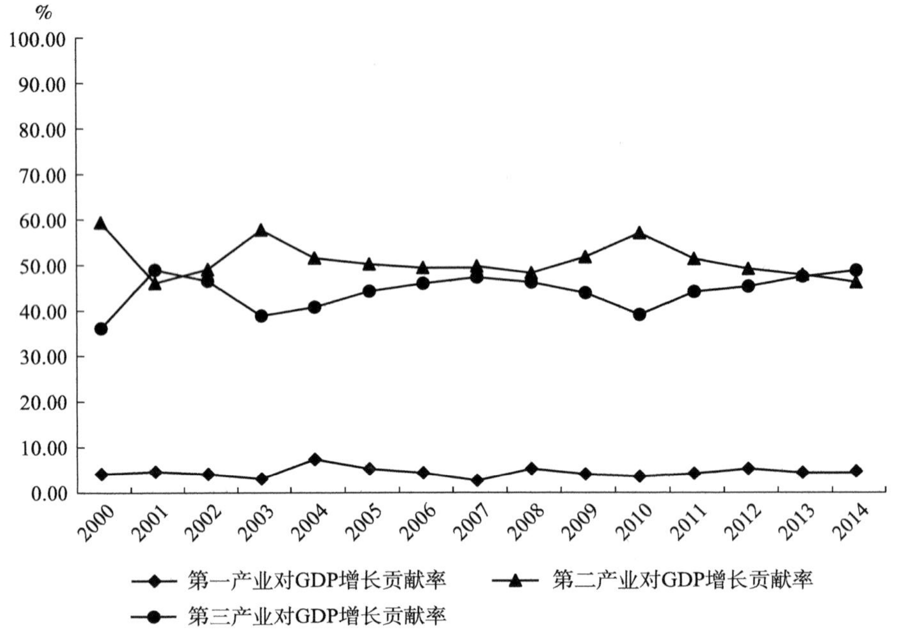

图 5-8　中国三次产业对 GDP 增长贡献率变化（2000—2014 年）

资料来源：根据《中国统计年鉴》（2001—2015 年）相关数据绘制。

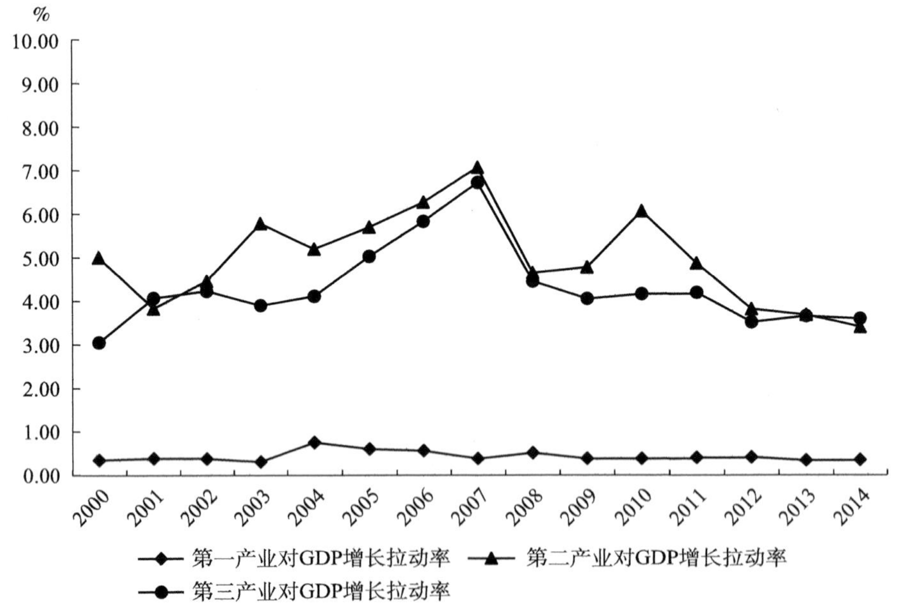

图 5-9　中国三次产业对 GDP 增长拉动率变化（2000—2014 年）

资料来源：根据《中国统计年鉴》（2001—2015 年）相关数据绘制。

（3）经济城镇化促进社会就业

经济城镇化程度加深及第二、第三产业发展，吸引大量农村剩余劳动力进入城市，促进人力资源在空间的重新分配，有利于人力资源聚集。从图 5-10 可以看出，2000—2015 年中国就业人员总量从 72085 万人上升至 77451 万人，其中，第二和第三产业就业人员占比从 2000 年 50%上升至 2015 年 72%，远远超过第一产业吸纳就业人数。其中，第三产业就业人数占比逐年上升，2015 年已达到 42.4%。

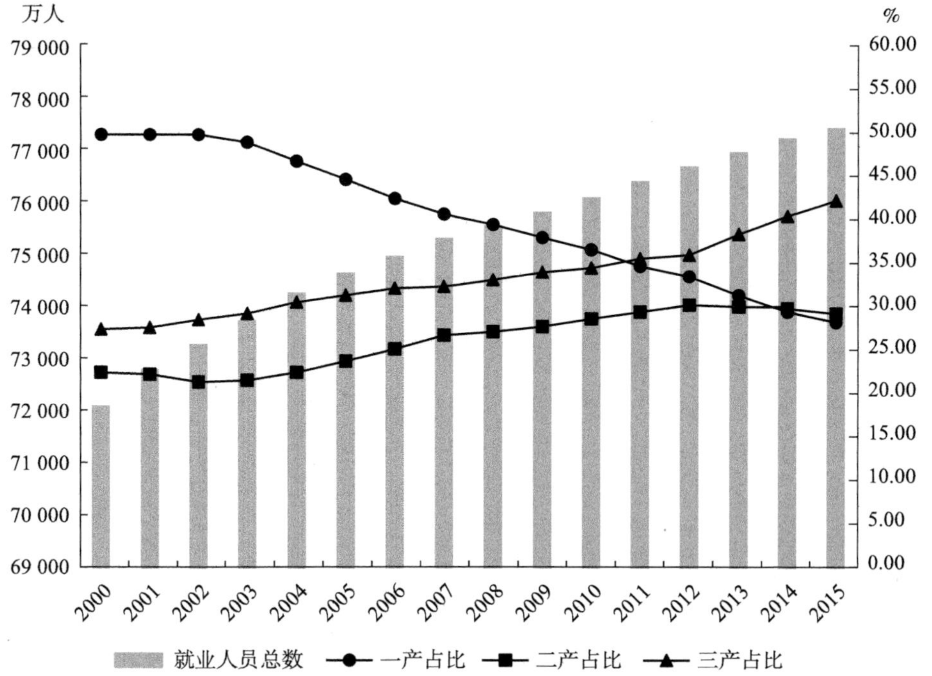

图 5-10 中国按三次产业划分就业人员数及占比（2000—2015 年）①

资料来源：根据《中国人口和就业统计年鉴》（2001—2016 年）相关数据绘制。

图 5-11 及图 5-12 分别显示 2000 年、2014 年中国 30 个省份按三次产业划分就业人员占比。可以看出，经济越发达、经济城镇化程度越高的地区，第二、第三产业吸纳就业人数占比越高，且呈现逐年大幅上升的发展趋势。例如，北京 2000 年第二和第三产业吸纳就业人数占比已达到 88.23%，2014 年上升至 95.47%。

① 全国按照产业划分就业人员 2000 年统计数据，根据劳动力调查、人口普查推算；2001 年至 2015 年统计数据，根据第六次人口普查数据进行推算，城镇单位数据不含私营单位。

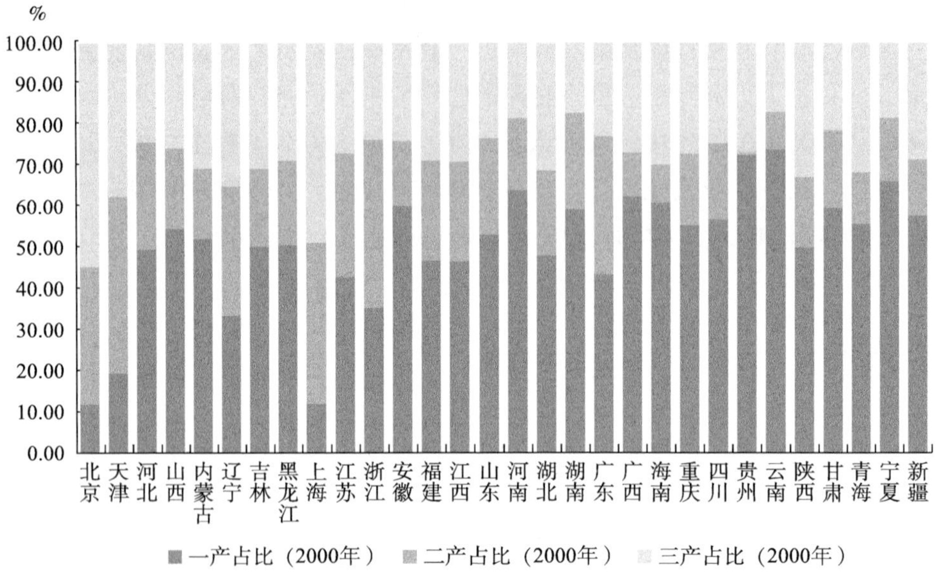

图 5-11　中国 30 个省份按三次产业划分就业人员占比（2000 年）

资料来源：根据 Wind 数据库相关数据计算绘制。

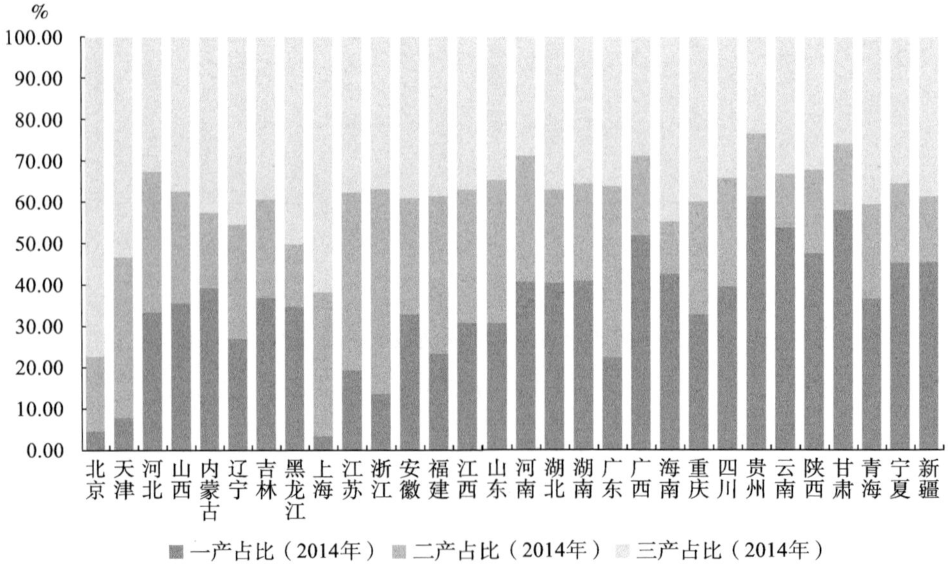

图 5-12　中国 30 个省份按三次产业划分就业人员占比（2014 年）

资料来源：根据 Wind 数据库相关数据计算绘制。

（4）经济城镇化促进清洁生产

经济城镇化促进资本、技术等生产要素在空间的重新分配，有利于产业集聚，技术溢出和知识扩散效应明显，促进了清洁生产技术及污染处理技术等水平提升。从图 5-13 可以看出，2000—2015 年中国石油、天然气、水电、核电、风电等占能源消费总量比重逐年升高，能源使用效率得以提升。

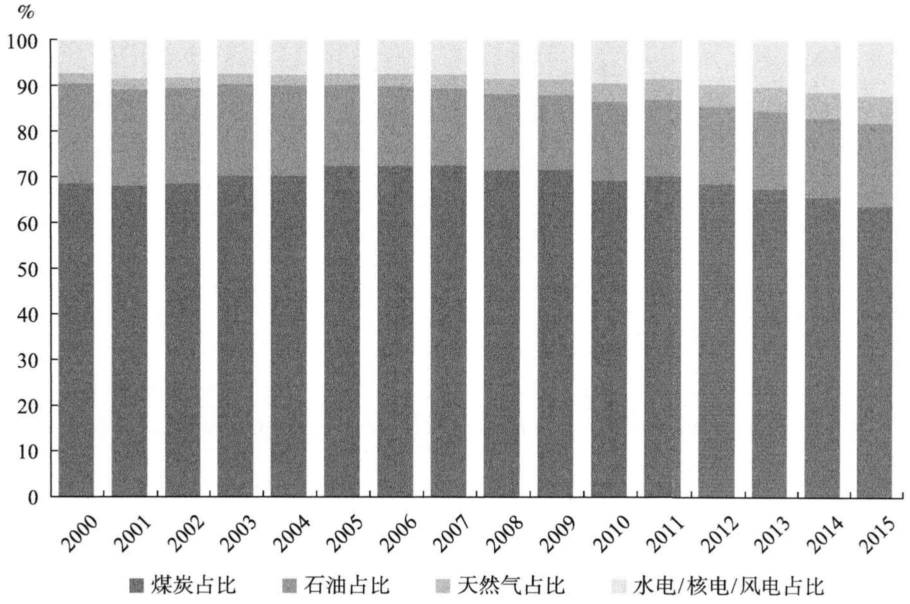

图 5-13　中国能源消费结构变化趋势（2000—2015 年）

资料来源：根据《中国统计年鉴》（2001—2016 年）相关数据绘制。

5.3.2　模型设定与指标选取

不少学者针对产业结构变动对生态环境产生的效应进行研究，但多数文章仅涉及生态环境的经济产出效应，例如丁焕峰等（2012）通过中国省级面板数据对产业结构与环境污染二者关系进行研究，翁智雄等（2017）基于中国 285 个地级市面板数据对产业结构变动产生的环境效应进行分析等。本节利用中国 30 个省份 2003—2015 年面板数据，以生态福利绩效（*Ewp*）为被解释变量，产业结构（*Indus_stru*）为解释变量进行实证分析。参照上一节人口城镇化与生态福利绩效关系的计量回归模型，建立经济城镇化影响生态福利绩效的实证模型，如式（5-6）及式（5-7）所示：

$$\ln Ewp_{it}=\alpha_i+\beta_0\ln Indus\_stru_{it}+\beta_1\ln Gdp_{it}+\beta_2\ln RD_{it}+\gamma Control_{it}+u_{it} \tag{5-6}$$

$$\ln Ewp_{it}=\alpha_i+\beta_0\ln Indus\_stru_{it}+\beta_1\ln^2(Indus\_stru_{it})+\beta_2\ln Gdp_{it}+\beta_3\ln RD_{it}+\gamma Control_{it}+u_{it} \quad (5-7)$$

在上述 2 个模型中，变量 Ewp_{it}表示生态福利绩效水平，由第 i 省在第 t 年份的生态福利绩效值来衡量，相关测算方法及计算结果已在第 4 章进行详细阐述。*Indus_stru* 代表产业结构，由第二、第三产业综合占比进行衡量。需要说明的是，不少文献采用第三产业占比来衡量产业结构变动（杨斌，2009；何宜庆等，2015；韩永辉等，2016）。但现有研究表明，经济水平提升会导致产业结构发生变动，且产业生产率按照一产、二产、三产划分呈现逐次增长的态势（刘伟和李绍荣，2002；江小涓，2005）。产业结构优化升级的特征表现为，第三产业比重增加，第一产业比重降低，但不应忽视第二产业作用（潘兴侠，2014）。因此，某一国家或者地区的产业结构水平，应采用第二、第三产业综合占比替代三产占比进行表征，这样使得衡量结果更为全面和科学。*Gdp* 代表经济增长水平，*RD* 代表科技实力，*Control* 为其他宏观控制变量。产业结构数据来自《中国统计年鉴》（2004—2016 年）统计数据。此外，本节仍选取与上节相同的控制变量，即：经济增长水平（*Gdp*）、经济开放度（*Rfdi*）、科技实力（*RD*）、能源结构（*Ener_stru*）、资源禀赋（*Natur_endo*）、政府规模（*Gsc*）。各控制变量数据来源与上节相同。

5.3.3 实证检验与结果分析

（1）基本模型估计结果

首先对变量 Indus_stru 进行单位根检验，结果显示 Z 统计量值为-2.8099，在 1%的显著性水平拒绝面板单位根假设，因此可以进一步进行面板数据回归。表 5-6 给出了经济城镇化影响生态福利绩效的估计结果，其中第（1）列模型仅加入产业结构因素；第（2）、第（3）列在加入控制变量的基础上，分别使用固定效应模型和随机效应模型进行回归；为检验经济城镇化是否对地区生态福利绩效产生非线性影响，模型进一步引入产业结构（*Indus_stru*）的平方项；最后使用全面 FGLS 再次对基本模型进行检验，以保证回归结果真实、可靠。

通过回归结果可以发现：产业结构与生态福利绩效呈现显著线性正向关系，而 $\ln^2$(*Indus_stru*) 的影响系数未通过显著性检验。这说明，现代工业部门，较之于传统农业部门而言，是新技术应用较为广泛的领域，通过广泛的专业分工和规模化生产，能够保持相对较高的资源利用效率。因此，现阶段加快工业化进程、推动城镇经济发展，仍然是提高地区生态福利绩效的重要手段。

表 5-6　经济城镇化对生态福利绩效的基本模型估计结果

被解释变量	(1) FE	(2) FE	(3) RE	(4) FE	(5) RE	(6) FGLS
ln(*Indus_stru*)	0.313* (0.177)	0.568* (0.301)	0.433 (0.281)	0.586 (0.644)	0.478 (0.579)	0.871*** (0.274)
$\ln^2$(*Indus_stru*)				0.0378 (1.148)	0.116 (1.058)	
ln(*Gdp*)		0.130** (0.0524)	0.129*** (0.0359)	0.130** (0.0548)	0.128*** (0.0353)	0.0509*** (0.0193)
ln(*RD*)		-0.0647** (0.0304)	-0.0646*** (0.0246)	-0.0647** (0.0304)	-0.0652*** (0.0251)	-0.00290 (0.0194)
Rfdi		0.200 (0.661)	0.197 (0.608)	0.202 (0.663)	0.191 (0.611)	-2.476 (2.476)
Ener_stru		-0.274** (0.127)	-0.288** (0.120)	-0.274** (0.130)	-0.291** (0.122)	-0.185 (0.122)
Natur_endo		7.386 (10.64)	6.165 (10.14)	7.389 (10.65)	6.044 (10.15)	-29.82*** (10.21)
Gsc		-0.776*** (0.179)	-0.712*** (0.155)	-0.774*** (0.186)	-0.704*** (0.158)	-1.129*** (0.143)
_cons	-0.106*** (0.0235)	-1.159** (0.556)	-1.160*** (0.395)	-1.153* (0.590)	-1.157*** (0.392)	-0.0505 (0.270)
N	390	390	390	390	390	390
R^2	0.009	0.097		0.097		
F		69.15***		66.75***		
Hausman		6.17		19.59**		
LM	1476.24***					

注：括号内为标准差，* 表示 $p<0.1$，** 表示 $p<0.05$，*** 表示 $p<0.01$。

资料来源：本研究计算编制。

经济城镇化提升生态福利绩效的内在逻辑可以从以下两方面进行分析：从福利产出角度看，非农部门以同样的生态投入水平可以获取更为丰富的产品和劳务，创造更多就业岗位，是保障居民福利的重要物质来源。从生态投入来看，产业结构优化调整，是改善能源消费强度的有力措施（史丹和张金隆，2003；江小涓和李辉，2004；齐绍洲和罗威，2007）。近些年中国经济结构优化和工业转型升级，不断降低了生产过程中的资源环境投入水平。国家统计局数据显示（如图 5-14 所示），2013—2015 年全国单位 GDP 能耗分别比上年降低了 3.7%、4.8%和 5.6%，“十二五”期间全国累计完成节能降耗

19.71%，各省单位GDP能耗也呈现不同程度的降低。一方面，低能耗高产值的服务业占GDP比重不断提升；另一方面，作为能耗大户的工业部门，其能源消费总量占全社会能源消费总量的比重，长期保持在60%以上，近年来第二产业中越来越多行业进行产品升级改造，实行清洁生产，由高耗能、高污染、低附加值、粗加工向低耗能、低污染、高附加值、精加工转变，产业结构调整与生态环境承载力之间的协调度进一步得以提升。因此，在推进城镇化过程中，需要进一步促进产业结构的优化升级，提升工业生产的质量与效益，以一个更大规模的现代绿色经济，带动地区生态福利绩效的整体提升。

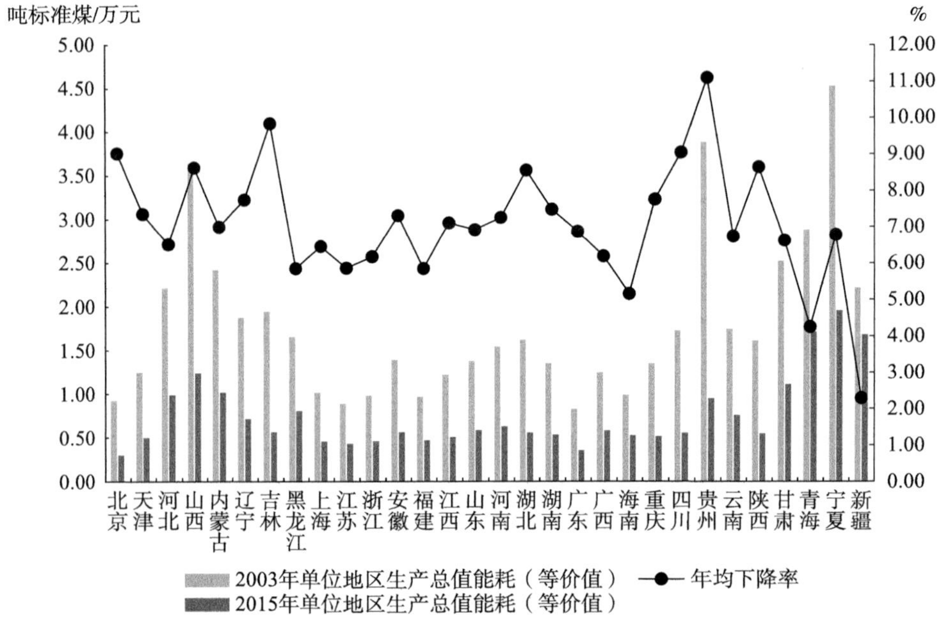

图5-14　中国30个省份单位地区生产总值能耗情况对比（2003年、2015年）

资料来源：根据《中国统计年鉴》（2004年、2016年）相关数据绘制。

（2）分样本估计结果

由于中国各地区所处经济发展阶段不同，产业结构差异明显，不同地区经济城镇化对于环境福利绩效的作用可能存在空间异质性。为此，对东部、中部、西部样本分别回归，结果（见表5-7）显示，经济城镇化对于生态福利绩效的促进作用自东向西依次提升。东部地区 ln(*Indus_stru*) 的估计系数为-0.308，没有通过显著性检验；中部地区的估计系数为0.172，也没有通过显著性检验；而在西部地区产业结构变量在5%的显著性水平上对生态福利绩效起到促进作用，且边际效应达到1.601，远高于东部地区和中部地区。

东部地区产业结构变化对生态福利绩效的影响并不显著，主要是由于东部地区经济发展水平高，县域经济较为发达，经济城镇化的完成度比较高，三次产业结构趋于稳定，城乡产业布局，劳动力分布都比较均衡。此时继续提升第二、第三产业的比重对生态福利绩效作用不大，甚至可能会带来一定的负效应。而近年来中部地区工业化进程加快，并承接了发达地区的部分产业转移，经济效率相较过去有了不小的提升，但产业质量与效益不高，高耗能、高污染产业大量存在，因此经济城镇化对于生态福利绩效的促进作用并不明显。而西部地区普遍存在工业化和城镇化发展滞后的现象，大量劳动力亟待从生产效率较低的传统部门转出，因而，经济城镇化进程可以提升地区经济效率，大幅改进当地居民的福利水平，进而显著提升地区生态福利绩效。综上，经济越是欠发达的地区，经济城镇化对于生态福利绩效的促进作用越明显。

表 5-7　中国分地区经济城镇化影响生态福利绩效的估计结果

被解释变量	东部地区		中部地区		西部地区	
	FE 模型	RE 模型	FE 模型	RE 模型	FE 模型	RE 模型
ln(*Indus_stru*)	-0.615 (0.395)	-0.308 (0.338)	0.172 (0.477)	0.303 (0.386)	1.601** (0.720)	1.423** (0.711)
ln(*Gdp*)	0.0535 (0.0620)	0.0200 (0.0458)	0.369*** (0.101)	0.292*** (0.0465)	-0.0687 (0.102)	0.266*** (0.0498)
ln(*RD*)	-0.0987** (0.0381)	-0.0768** (0.0300)	-0.0290 (0.0618)	-0.295*** (0.0420)	-0.0387 (0.0538)	-0.193*** (0.0491)
Rfdi	0.602 (0.528)	0.872* (0.467)	-19.25*** (5.954)	7.659 (6.103)	5.939 (4.273)	0.536 (4.427)
Ener_stru	-0.0243 (0.130)	-0.0387 (0.124)	-0.0126 (0.413)	-0.00899 (0.261)	-0.684*** (0.216)	-0.515** (0.218)
Natur_endo	-25.95* (14.30)	-25.58* (13.67)	-39.94* (20.71)	-4.973 (8.546)	40.97** (19.09)	17.80 (19.17)
Gsc	1.246*** (0.404)	0.917** (0.357)	-0.678 (0.769)	2.578*** (0.676)	-0.525* (0.293)	-0.931*** (0.232)
_cons	-1.082 (0.704)	-0.628 (0.531)	-3.148*** (1.057)	-4.378*** (0.535)	0.873 (1.007)	-2.478*** (0.570)
N	143	143	104	104	143	143
R^2	0.219		0.407		0.294	
F	85.00***		13.58***		50.69***	
Hausman	5.55		35.35***		105.10***	
LM		471.44***				

注：括号内为标准差，* 表示 $p<0.1$，** 表示 $p<0.05$，*** 表示 $p<0.01$。

资料来源：本研究计算编制。

5.3.4 经济城镇化影响生态福利绩效的空间计量分析

黄国庆（2013）、成金华等（2014）、沈能（2014）、李佳佳和罗能生（2016）的研究均发现，生态福利绩效存在正的空间依赖性。假如生态福利绩效确实存在空间关联，那么传统的面板回归结果将不能真实反映经济城镇化对生态福利绩效的影响，甚至带来模型估计的偏误。陈真玲（2016）研究成果显示，生态效率与城镇化之间存在空间依赖性，产业结构的生态溢出效应是城镇化影响其他地区生态福利绩效的重要方面。为此，本节进一步建立空间面板模型，检验经济城镇化对生态福利绩效的影响及其可能存在的空间效应。

（1）空间相关性检验

生态福利绩效空间相关性，反映了空间相邻或相近的地区具有相似或完全相反的生态福利绩效，如果是正向关联，则表示具有空间关联的地区生态福利绩效存在趋同，说明具有一定的集聚效应；反之，如果是负向关联，则表示具有空间关联的地区生态福利绩效存在相离，说明存在一定的虹吸效应。本研究分别使用莫兰指数（Moran's I）、吉尔里指数（Geary's C）对2003—2015年中国30个省份生态福利绩效进行全局空间相关性检验，具体检验结果见表5-8。其中，Moran's I最为常用（见式5-8），其值一般介于-1到1之间。Moran's I的检验结果表明，中国30个省份共有6年生态福利绩效存在正的空间依赖性。Geary's C（见式5-9）同样是检验空间相关性的一个重要指数，它比莫兰指数对空间相关性更为敏感，取值一般介于0~2之间，若值大于1，则表示负相关。Geary's C检验结果显示，中国几乎所有年份的各省生态福利绩效均存在正向空间关联。综上，有必要建立空间计量模型进行分析。

$$Moran's\ I = \frac{\sum_{i=1}^{n}\sum_{j=1}^{n} w_{ij}(x_i - \bar{x})(x_j - \bar{x})}{S^2 \sum_{i=1}^{n}\sum_{j=1}^{n} w_{ij}} \tag{5-8}$$

其中，w_{ij}是空间权重矩阵，本研究按照各省份空间是否相邻构建空间权重矩阵，如果相邻则相应元素为1，否则为0。S^2为各省份生态福利绩效的样本方差。i、j为省份标识。

$$Ceary's\ C = \frac{(n-1)\sum_{i=1}^{n}\sum_{j=1}^{n} w_{ij}(x_i - x_j)}{2\left(\sum_{i=1}^{n}\sum_{j=1}^{n} w_{ij}\right)\left[\sum_{i=1}^{n}(x_i - \bar{x})^2\right]} \tag{5-9}$$

其中，w_{ij}是空间权重矩阵，i、j 为省份标识。

表 5-8　生态福利绩效的空间相关性检验

年份	Moran's I			Geary's C		
	c	z	p-value	c	z	p-value
2003	0. 213	2. 367	0. 009	0. 617	−1. 854	0. 032
2004	0. 02	0. 521	0. 301	0. 73	−1. 319	0. 094
2005	0. 035	0. 671	0. 251	0. 707	−1. 349	0. 089
2006	0. 166	1. 925	0. 027	0. 603	−1. 899	0. 029
2007	0. 061	0. 973	0. 165	0. 656	−1. 378	0. 084
2008	0. 028	0. 632	0. 264	0. 695	−1. 264	0. 103
2009	0. 021	0. 545	0. 293	0. 703	−1. 324	0. 093
2010	0. 104	1. 383	0. 083	0. 596	−1. 706	0. 044
2011	0. 145	1. 809	0. 035	0. 562	−1. 809	0. 035
2012	0. 053	0. 89	0. 187	0. 645	−1. 454	0. 073
2013	0. 044	0. 8	0. 212	0. 632	−1. 486	0. 069
2014	0. 113	1. 468	0. 071	0. 604	−1. 693	0. 045
2015	0. 114	1. 438	0. 075	0. 607	−1. 821	0. 034

资料来源：本研究计算编制。

（2）空间面板模型估计

上一部分内容对生态福利绩效的空间效应进行了初步检验，这一小节将对经济城镇化影响生态福利绩效的空间效应展开更为深入分析。从模型设定来看，空间自相关模型（SAC）是对空间自回归模型（SAR）和空间误差模型（SEM）进行综合所得到的更一般形式的空间计量模型。这里主要基于空间自相关模型（SAC）进行实证检验。表 5-9 给出了考虑空间效应后各因素对生态福利绩效影响的极大似然估计结果。从可决系数 R^2 来看，SAC 模型优于普通面板模型，且剔除了空间自相关和空间误差影响后估计结果更为可靠。表第一列模型的估计结果中，产业结构的估计系数为 0. 519，并且在 5%的统计水平上显著，说明排除空间相关性造成的内生性问题后，经济城镇化仍对生态福利绩效产生显著的正向影响。空间自回归系数 ρ 在 1%的统计水平上显著大于 0，说明相邻地区的生态福利绩效改善对本地区的生态福利绩效产生显著的促进作用；λ 在 1%的统计水平上显著小于 0，说明扰动项即模型中没有考虑的影响因素存在负向的空间依赖性。

在空间计量模型中，由于不同地区生态福利绩效之间存在空间关联，一个地区生态福利绩效不仅受到本地区经济城镇化的影响作用，同时也受到相邻地区经济城镇化的影响作用。为进一步反映经济城镇化对生态福利绩效的影响，参照 Lesage 和 Pace（2009）的方法对各解释变量的空间效应进行分解，具体结果见表 5-9。不难看出，经济城镇化变动对生态福利绩效的平均总效应（对所有地区生态福利绩效的影响）为 0.921，具体来看，直接效应（对本地区生态福利绩效的影响）为 0.542，间接效应（对其他地区生态福利绩效的影响）为 0.379。Elhorst（2010）认为判定一个变量是否存在空间溢出效应主要是根据其产生的间接效应。间接效应为正，说明经济城镇化存在正向的空间溢出效应，不过这一溢出效应可能不具有统计显著性。

表 5-9　经济城镇化影响生态福利绩效的空间效应及其分解

被解释变量	基本模型 SAC	空间效应分解		
		总效应	直接效应	间接效应
ln(*Indus_stru*)	0.519** (0.273)	0.921* (0.513)	0.542** (0.282)	0.379 (0.274)
ln(*Gdp*)	0.0948** (0.0446)	0.167** (0.0812)	0.100** (0.0465)	0.0673 (0.0458)
ln(*RD*)	-0.0488* (0.0251)	-0.0851* (0.0452)	-0.0510** (0.0257)	-0.0341 (0.0245)
Rfdi	0.546 (0.598)	0.991 (1.176)	0.556 (0.632)	0.435 (0.601)
Ener_stru	-0.114 (0.115)	-0.186 (0.214)	-0.117 (0.123)	-0.0690 (0.101)
Natur_endo	-0.333 (7.770)	-1.384 (14.45)	-0.526 (8.048)	-0.858 (6.821)
Gsc	-0.647*** (0.146)	-1.161*** (0.309)	-0.683*** (0.144)	-0.477* (0.255)
ρ	0.429*** (0.123)			
λ	-0.540*** (0.165)			
sigma2_e	0.00713*** (0.000654)			
N	390			
R^2	0.264			

注：括号内为标准差，*表示 $p<0.1$，**表示 $p<0.05$，***表示 $p<0.01$。

资料来源：本研究计算编制。

5.4　空间城镇化与生态福利绩效关系

5.4.1　空间城镇化发展现状

本研究所研究的空间城镇化，主要是指为提升资源利用效率和改善人居环境，将国土空间在城乡之间进行重新布局和优化的过程。良好的城乡空间格局是提升生态福利绩效的重要抓手，而生态福利绩效也应成为一个城市优化空间布局的重要标尺。土地资源的稀缺性特征，为城镇化过程提供了“天然”的边界。现阶段中国土地城镇化过程快于人口城镇化过程。统计数据显示（如图 5-15 所示），中国城市建成区面积从 2000 年 28429.15 平方公里，上升至 2015 年 52102.31 平方公里，年均增长速度为 5.18%，远高于同期城镇人口年均增长速度（3.28%）和城镇化率年均增长速度（2.75%）。

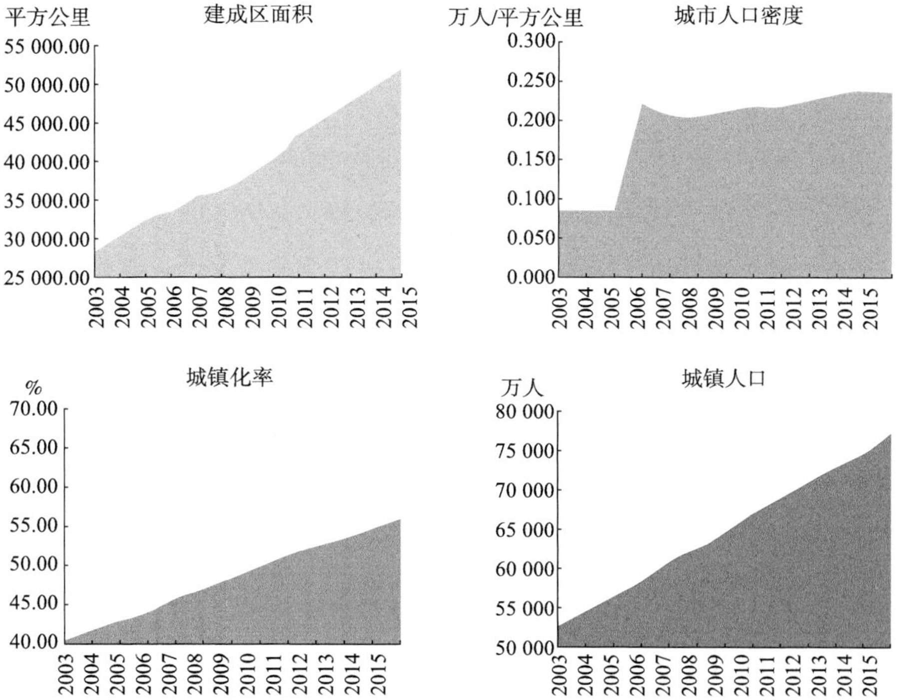

图 5-15　中国城市建成区面积与城镇人口变化趋势（2003—2015 年）

资料来源：根据《中国统计年鉴》（2004—2016 年）相关数据绘制。

在中国现有土地制度下城镇建设用地仍为国家所有，土地城镇化过程中易获取土地资源的要素投入。因此，虽然近年来中国城市建设水平显著提升，但仍存在诸多问题。中国部分省市在城镇化过程中存在盲目追求城市扩张，进行大规模土地资源投入的现象。城镇规划目标不明确、不清晰，发展框架不切实际，没有做到因地制宜，缺乏长远考虑。例如，部分省市没有从实际出发，一味照搬已有成功经验，大搞“国际大都市”“生态城”“低碳工业园区”“智慧工业园区”等，挤占大量耕地，却并未取得较好效果；大搞“面子工程”“政绩工程”，政府办公大楼、豪华会展中心、大场馆、大公园、大绿地等项目竞相上马，旧城改造、城市更新、城市基础设施升级改造等民心工程项目缺失；城市建设陷入反复拆建的恶性循环，建设效率、利用效率极其低下，浪费大量人力、物力、财力；城市仍存在大量闲置土地，低效用地的情况时有发生。然而这种以开发新城或城市重心转移为名义的城镇化模式，往往缺乏产业支撑，过于简单机械。同时，虽然空间城镇化快速发展能够促进地区城镇化进程，但是不应与经济发展、人口发展水平产生较大时空跨度，应避免“鬼城”现象出现，控制城市区域空置率阈值。这种过分依赖“土地红利”的方式，未能够妥善考虑到空间城镇化与人口城镇化之间速度的相适性，导致土地资源配置不够合理，土地资源利用效率低下，对城市布局、产业结构调整及居民生活方式等，均会造成不同程度的负面影响。

5.4.2 模型设定与指标选取

为进一步研究空间城镇化与生态福利绩效之间的关系，本节参照人口城镇化与生态福利绩效关系的计量回归模型，以生态福利绩效为被解释变量，城市规模和城市基础设施水平为解释变量，建立空间城镇化影响生态福利绩效的线性和非线性回归模型，如式（5-10）及式（5-11）所示：

$$\ln Ewp_{it}=\alpha_i+\beta_0\ln Rbuil_{it}+\beta_1\ln Gdp_{it}+\beta_2\ln RD_{it}+\gamma Control_{it}+u_{it} \tag{5-10}$$

$$\ln Ewp_{it}=\alpha_i+\beta_0\ln Rbuil_{it}+\beta_1\ln^2(Rbuil_{it})+\beta_2\ln Gdp_{it}+\beta_3\ln RD_{it}+\gamma Control_{it}+u_{it} \tag{5-11}$$

在上面的 2 个模型中，变量 *Ewp* 表示生态福利绩效水平，*Rbuil* 是城市规模变量，*Gdp* 代表经济增长水平，*RD* 代表科技实力，*Control* 为其他宏观控制变量，i 代表中国不同的省份，t 代表不同年份。

生态福利绩效 Ewp_{it} 由第 i 省在第 t 年份的生态福利绩效值来衡量，相关测算方法及计算结果已在第 4 章进行详细阐述。城市规模 *Rbuil* 是本节重点关注的变量。借鉴学者宋建波和武春友（2010）、崔木花（2015）、杨芳等（2015）、刘艳艳和王少剑（2015）等研究成果，本研究以各地区人均建成区面积（平方米每人）表示城市规模（*Rbuil*），数据来源于《中国统计年鉴》（2004—2016 年），共 390 个样本，样本均值为 32.0364，标准差为 14.1826，最小值为 8.5105，最大值为 81.0508。同时，选取与上节相同的控制变量，即：经济开放度（*Rfdi*）、科技实力（*RD*）、能源结构（*Ener_stru*）、资源禀赋(*Natur_endo*)、政府规模（*Gsc*）。

5.4.3　实证检验与结果分析

（1）基本模型估计结果

实证结果可以发现：表 5-10 的第（1）列单独检验了城市规模与生态福利绩效的关系，结果显示城市规模与生态福利绩效不存在显著的线性关系。第（2）列进一步加入城市规模二次项后，一次项和二次项变得显著，说明城市规模与生态福利绩效可能存在非线性关系。第（3）、第（4）列分别是非线性的固定效应模型、随机效应模型回归结果，Hausman 检验显示固定效应模型更优。

显然，$\ln^2(Rbuil)$ 的影响系数大多为负且通过显著性检验，说明生态福利绩效与城市规模之间呈现显著的“倒 U 形”关系，即：生态福利绩效随着城市规模逐渐扩大，呈现先上升后下降的趋势。这种“倒 U 形”关系主要表现在：当城市规模过小时，经济增长动力不足，城市配套设施不完善，甚至会出现过度拥挤的情况，此时扩大城市规模，完善城市基础设施建设，可以进一步地整合地区内生产要素，发挥各个产业的“集聚效应”，带动经济增长，同时城市扩张过程也带来了居住环境改善，居民拥挤成本下降，从而导致了生态福利绩效水平的提升。但是当城市突破最优规模后，继续增加城市空间，就会造成资源利用无度、环境污染加剧及居民社会福利水平下降。中国现有许多地区尤其是中小城市，由于没有产业支撑且一味求大求全，城市空间呈现“摊大饼”式的蔓延特征，甚至出现大小不等的“鬼城”。城市空间规模超出现有人口规模需求，使得经济社会活动的“鞋底成本”增加，出现城市交通压力时空不均等现象。城市道路扩建、轨道交通迅速发展、机动车数量增加，似乎并未缓解城市拥堵问题，却带来机动车污染物排放过量、城市道路布局不合理、基础设施利用效率不高等一系列额外问题。同时，这种只追求空间城镇化，忽略人的城镇化的造城运动，会带来通勤距离增加、配套基础设施滞后、公共资源分布不均，生活便捷度不断降低等恶果，从而严重制约该地区居民的生活质量及福利水平，降低当地居民的幸福感和生活满意度。部分学者对空间城镇化的能源福利效应、生态效率、环境效应等进行回归分析时，同样也得出类似结论（龙亮军等，2017；刘国平，2017）。

表 5-10　空间城镇化对生态福利绩效的基本模型估计结果

被解释变量	(1)	(2)	(3)	(4)	(5)	(6)	(7)
ln(*Rbuil*)	-0.0187 (0.0258)	0.379* (0.211)	0.295 (0.219)	0.259 (0.217)	0.201 (0.221)		
$\ln^2$(*Rbuil*)		-0.0631* (0.0325)	-0.0770** (0.0339)	-0.0742** (0.0333)	-0.0869** (0.0350)		
ln(*Rinfra*)						0.00385 (0.0300)	0.446** (0.189)
$\ln^2$(*Rinfra*)							-0.100** (0.0423)
ln(*Gdp*)			0.191*** (0.0554)	0.122*** (0.0319)	0.266*** (0.0623)	0.129*** (0.0359)	0.126*** (0.0361)
ln(*RD*)			-0.0200 (0.0305)	0.0146 (0.0256)	-0.0297 (0.0272)	-0.0515** (0.0236)	-0.0326 (0.0249)
Rfdi			-0.825 (0.714)	-0.382 (0.614)	-3.165 (2.395)	0.0742 (0.606)	0.195 (0.605)
Ener_stru			-0.222* (0.126)	-0.258** (0.117)	-0.0884 (0.102)	-0.333*** (0.120)	-0.283** (0.122)
Natur_endo			6.858 (10.18)	8.083 (9.648)	-16.46* (9.717)	11.05 (9.640)	5.828 (9.847)
Gsc			-0.870*** (0.178)	-0.730*** (0.148)	-0.664*** (0.194)	-0.720*** (0.155)	-0.768*** (0.156)
_cons	-0.0836 (0.0870)	-0.693** (0.344)	-1.698*** (0.620)	-0.882* (0.489)	-1.855*** (0.660)	-1.162*** (0.394)	-1.546*** (0.427)
N	390	390	390	390	390	390	390
R^2	0.0015		0.120				
F	88.00***		46.48***			65.71***	66.47***
Hausman	3.28**	2.52	33.57***			6.13	4.58
LM		1703.755***				1443.64***	1463.58***

注：括号内为标准差，*表示 $p<0.1$，**表示 $p<0.05$，***表示 $p<0.01$；为节省篇幅，表中省去大量没有被识别的固定效应和随机效应模型。

资料来源：本研究计算编制。

表 5-10 的第（5）列使用可行的广义最小二乘法对非线性模型进行估计，结果与第（2）至第（4）列非常相近，进一步验证了生态福利绩效与城市规模之间的“倒 U 形”关系。表 5-10 第（6）列则以人均道路面积（平方米每人）作为替代变量，对基本模型再次进行实证检验。研究结果显示，$\ln^2(Rinfra)$ 的影响系数为-0.100，且通过显著性检验，生态福利绩效与城市交通规模之间同样呈现显著的“倒 U 形”关系。因此，城镇化过程应当合理优化区域空间布局，打破传统的大城市圈层式发展模式，避免城市规模过大，应着力形成网络化、开放式、一体化的城市群发展新格局。城市群内部应推进基础设施互联互通，深化地区间产业体系分工合作，加强生态环境同治共保，促进公共服务共建共享，推动城乡统筹协调发展。在城市内部应加快发展组团式社区建设，提升城市紧凑度，注重公平，实现包容性发展。

（2）分样本估计结果

中国不同省份城市发展的实践模式差别甚大，空间城镇化与生态福利绩效的关系也有所不同。从表 5-11 来看，东部地区城市规模扩张与生态福利绩效存在明显的“倒 U 形”关系，且该地区空间城镇化的拐点已经出现，大致规模在 26.6m^2/人。西部地区通过了 10% 的显著性检验，而中部地区 $\ln^2(Rbuil)$ 并未通过显著性检验，城市规模对生态福利绩效仅保持非常微弱的正相关联。

直观的解释是，东部地区城镇化程度较高，城市平均规模比中部地区和西部地区要大，大城市和特大城市数量较多，单纯依赖城市规模扩张，已不能促进生态福利绩效的提升。中部地区尚处于城镇化加速推进阶段，农村转移人口众多，城市空间扩张能够带来一定的福利提升，但资源浪费和环境污染问题伴随城镇化进程同步出现。而西部地区尽管城镇化程度仍比较低，但该区域人口密度较小，扩大城市规模，能够产生“集聚效应”从而导致效率提升，但农村转移人口有限，城市规模不宜过大，发展特色小城镇则更为符合区域实际。

表 5-11　中国分地区空间城镇化影响生态福利绩效的估计结果

被解释变量	东部地区	中部地区		西部地区
ln(*Rbuil*)	1.483*** (0.464)	0.0718 (0.191)	-0.524 (0.775)	0.139 (0.302)
$\ln^2(Rbuil)$	-0.226*** (0.0636)		0.102 (0.129)	-0.0839* (0.0505)
控制变量	YES	YES	YES	YES
N	143	104	104	143
R^2	0.294	0.407	0.411	
F	69.32***	11.72***	11.13***	25.28
Hausman	4.31	44.75***	44.60***	7.14
LM	438.62***			274.91***

注：括号内为标准差，*表示 $p<0.1$，**表示 $p<0.05$，***表示 $p<0.01$；表中仅展示通过识别的固定效应和随机效应模型。

资料来源：本研究计算编制。

第 6 章

城镇化进程中政府治理的生态福利效应实证分析

作为可持续城镇化的重要推力和内在要求，政府治理能力的现代化直接关系到一个地区城镇化的发展水平和发展质量。在城镇化过程中需要兼顾人口、经济、社会、环境的协同发展，已经成为政府、学界和社会公众的共识。由于生态环境问题具有正外部性及公共产品属性，单纯依赖市场作用无法彻底有效解决，因而需要充分发挥政府作用。在研究城镇化进程中生态环境福利绩效问题，不仅需要统筹考虑人口、经济、空间等方面对生态福利绩效的影响作用，还应该考虑在城镇化进程影响下政府治理所产生的生态福利效应，分析政府治理对生态福利绩效的作用机制。实际上，前文针对中国不同省份生态福利绩效水平进行测算进而研究城镇化对其影响作用时，并未考虑政府治理带来的生态福利效应。那么，城镇化过程中政府治理究竟对生态环境质量改善具有多大作用，对居民福利水平提升又有多大意义？政府治理所产生的生态福利效应为多大？本章将通过建立计量回归模型实证分析城镇化进程中政府治理的生态福利效应，深入分析政府治理对生态福利绩效的作用机制，以期得到更为完整的分析框架和更为准确的研究结论，为下文有针对性地得出促进生态福利绩效提升的公共政策，提供必要的理论与实证支撑。

6.1 政府生态环境治理发展历程分析

中国生态环境治理起步于20世纪70年代，至今已有40多年的发展历程。在此期间，中国经济迅速发展，城镇化水平不断提升，从工业化初期阶段进入到工业化中后期阶段。中国生态环境治理政策也由“从无到有”发生了巨大变化，生态环境治理的战略地位、治理重点、环境保护方法、治理范围、政策工具类型、治理手段、参与主体等均有所改变。

（1）起步阶段（1972—1991 年）

新中国成立初期，中国仍然面临严峻经济建设任务，经济增长仍是发展的第一要务，但是长期忽视环境污染、资源过度消耗也带来了一系列严重后果。在环境治理起步阶段，政府主要借鉴国外发达国家已有环境治理经验，建立基本生态环境治理制度，形成生态环境治理基本组织架构，确立环境保护作为基本国策的战略地位，并颁布了一系列生态环境保护规章制度（张坤民，2010）。但该阶段生态环境治理活动具有明显的行政管理与计划经济色彩，经济手段、市场机制等措施使用较少，且忽视企业、社会组织及公众等其他环境行为主体的参与。表 6-1 梳理总结了该阶段环境治理主要标志性事件及主要政策节点。

表 6-1　政府环境治理标志性事件及主要政策（1972—1991 年）

时间	标志性事件/政策
1973 年	颁布《关于保护和改善环境的若干规定（实行草案）》，中国第一部关于环境保护与治理的综合性法规
1974 年	成立国务院环境保护领导小组，初步建立起环境保护与治理的管理机构
1979 年	颁布《中华人民共和国环境保护法（试行）》，是中国第一部环境保护基本法；确立“谁污染谁治理”原则，建立环境影响评价制度、基本建设项目“三同时”制度
1982 年	颁布《水土工作条例》《征收污染费暂行办法》，细化土地、水、大气等要素的环境治理要求及规定
	颁布《大气环境质量标准》《农药安全使用标准（试行）》，实行了一系列可操作的环境治理国家标准
1983 年	第二次全国环境保护会议召开，环境保护被确立为基本国策
1984 年	颁布《关于环境保护工作的决定》，环境保护纳入国民经济和社会发展计划
1988 年	国家环境保护局正式建立，建立自上而下的环境治理组织架构，是环境治理工作走向制度化的重要标志
1989 年	第三次全国环境保护会议，确立环境保护的“三大政策、八项制度”①
	通过颁布《环境保护法》《水污染防治法》等法律法规，初步形成了环境保护的法律体系框架

资料来源：本研究整理编制。

（2）快速发展阶段（1992—2004 年）

在环境治理快速发展阶段，政府环境保护职能得到进一步扩展。1992 年《中国环境与发展十大对策》的颁布，明确了中国可持续发展战略。2002 年第

① 环境保护的三大政策为：“预防为主、防治结合”“谁污染、谁治理”“强化环境管理”；八项制度为：“三同时”制度、排污收费制度、环境影响评价制度、环境目标责任制、城市环境综合整治定量考核制度、排污许可证制度、污染集中控制制度及限期治理制度。

五次全国环境保护会议中提出，保护和改善环境就是发展生产力，把环境保护与经济增长统一起来。在此阶段生态环境治理领域不断得以扩展，从单一的工业污染源治理逐步扩大到生活污染源治理，从仅关注城市环境治理到开始关注农村环境保护，同时也开始关注生态资源可持续开发、可再生能源利用及突发环境事件应急管理等领域。该阶段主要标志性事件及主要政策节点见表 6-2。

表 6-2　政府环境治理标志性事件及主要政策（1992—2004 年）

时间	标志性事件/政策
1992 年	颁布《中国环境与发展十大对策》，确立可持续发展战略
1994 年	颁布《中华人民共和国自然保护区条例》
	发布《中国 21 世纪议程》，全球首个国家级 21 世纪议程
1996 年	颁布《中华人民共和国环境噪声污染防治法》
1998 年	颁布《基本农田保护条例》
	颁布《土地管理法实施条例》
1999 年	颁布《国务院关于进一步加强环境保护工作的决定》
2002 年	颁布《国务院关于进一步完善退耕还林政策措施的若干意见》
	颁布《中华人民共和国草原法》
	颁布《中华人民共和国环境影响评价法》
2003 年	颁布《国务院关于加快林业发展的决定》
2004 年	颁布《中华人民共和国野生动物保护法》
	颁布《中华人民共和国固体废物污染环境防治法》

资料来源：本研究整理编制。

（3）全面深化阶段（2005 年至今）

从 2005 年起至今，是中国生态环境治理全面深化阶段，生态环境治理面临控污减排、优化结构、发展转型等多重任务。中国政府已经把生态环境治理提升到生态文明建设的战略高度，以资源节约、环境保护作为政府宏观调控的重要目标。“十三五”规划中明确要求提高资源利用效率和综合效益，加大环境综合治理力度，实行最严格的环境保护制度，从行动计划、污染物排放、环境风险、环境基础设施和制度等多角度着力改善生态环境质量。2017 年政府工作报告中强调，生态环境治理要求科学施策、标本兼治及铁腕治理，“抓紧划定并严守生态保护红线”“坚决打好蓝天保卫战”“强化水及土壤污染防治”“加强城乡环境综合整治”。2015 年中国环境污染治理投资总额为 8806. 3 亿元，占 GDP 的比重达到 1. 3%。其中，城市环境基础设施建设投资 4946. 8 亿元，仍为环境污染治理投资的最重要部分。国家环保部环境经济政策研究与试点项目技术组发布的《国家环境经济政策进展报告：2016》显示，2008年至2015年的8年期间中央财政累计安排生态功能转移支付资金2513亿元。2016年中央财政对环境保护的支持力度进一步加大，新设立了土壤污染防治专项资金，资金规模为68.75亿元；重点生态功能区转移支付约为570亿元，比2015年增长12%。[①] 该阶段主要标志性事件及主要政策节点见表6-3。

表6-3 政府环境治理标志性事件及主要政策（2005年至今）

时间	标志性事件/政策
2005年	颁布《中华人民共和国可再生能源法》
2006年	颁布《中国水生物资源养护行动纲要》
	颁布《取水许可和水资源费征收管理条例》
	颁布《环境影响评价公众参与暂行办法》
2007年	颁布《中华人民共和国节约能源法》
	颁布《电子废物污染环境防治管理办法》
2008年	国家环境保护部正式建立
	颁布《公共机构节能条例》
	颁布《中华人民共和国水污染防治法》
2009年	颁布《建设项目环境影响评价文件分级审批规定》
2010年	颁布《中华人民共和国水土保持法》
2012年	颁布《环境污染治理设施运营资质许可管理办法》
	颁布《国务院发布实行最严格水资源管理制度的意见》
	颁布《中华人民共和国清洁生产促进法》
2013年	颁布《关于开展环境污染强制责任保险试点工作的指导意见》
2014年	颁布《国务院办公厅关于推行环境污染第三方治理的意见》
	颁布《关于进一步推进排污权有偿使用和交易试点工作的指导意见》
	颁布《中华人民共和国环境保护法》
2015年	颁布《国务院关于印发水污染防治行动计划的通知》
	颁布《关于推进水污染防治领域政府和社会资本合作的实施意见》
	颁布《中华人民共和国大气污染防治法》
	颁布《国务院办公厅加强节能标准化工作的意见》
	颁布《国务院关于加快推进生态文明建设的意见》
	颁布《国务院办公厅关于印发生态环境监测网络建设方案的通知》
	颁布《生态文明体制改革总体方案》

① 相关统计数据来自《国家环境经济政策进展评估2016》。

续表

时间	标志性事件/政策
2016 年	颁布《生态环境损害赔偿制度改革试点方案》
	颁布《关于健全生态保护补偿机制的意见》
	颁布《中华人民共和国环境保护税法》

资料来源：本研究整理编制。

（4）政府生态环境治理的总体评价

回顾中国生态环境治理发展历程，可以发现中国在生态环境治理理念确立、环境保护相关法律法规制定、生态环境治理体制机制建立等方面取得了一定成绩，其发展进程基本与国际社会保持一致。例如，以《环境保护法》颁布时间进行国际间横向比较，可以发现日本是在 1967 年颁布的，随后是瑞典（1969 年）、美国（1970 年）、英国（1974 年）、法国（1976 年），而中国是 1979 年颁布实施的，基本上与欧美发达国家属于同一时期（曲格平，2013）。近年来，生态环境治理的战略地位不断得以提升，从“被确立为基本国策”扩展为“可持续发展战略”，再到内涵更为丰富、覆盖面积更为广阔的“生态文明建设”；政府治理重点也从“着眼于污染控制”转变为“污染控制和生态保护并重”；治理政策工具也由单一的行政—命令型工具逐渐发展为经济激励型、市场交易型、社会自愿型等多种政策工具组合；治理参与主体也由以政府为主导的行政控制，转变为强调政府、企业、社会组织、个人共同参与的多元化治理。一直以来，中国政府不断出台大量生态环境治理相关政策，持续加大环境治理投入，在生态改善与环境治理方面取得了一定的效果。从空气污染治理成果来看，2016 年，中国 338 个城市平均优良天数比例为 78.8%，比 2015 年上升 2.1 个百分点；从水污染治理来看，2016 年，中国Ⅰ类水质断面比例比上一年度上升 0.4%，Ⅱ类上升 4.1%，劣Ⅴ类下降 1.1%；从土地保护来看，2004 年以来，全国荒漠化和沙化状况连续三个监测期“双缩减”；① 从能源消耗看，2016 年，中国万元 GDP 能耗为 0.586 吨标准煤，按可比价格计算单位 GDP 能耗比 2015 年下降 5%，能源消费结构进一步优化，煤炭消费量下降 4.7%。

尽管如此，中国生态环境整体质量仍然没有得到良好改善，环境污染总体恶化趋势没有得到遏制，大规模环境污染事件时有发生，环境污染引发的

① 相关统计数据来自《2016 中国环境状况公报》。

公众健康和社会公共卫生事件频频发生。中国长期存在的粗放型增长模式，使得经济增长对生态环境的需求不断扩张，以至于大大超出了生态环境承受能力。而政府现有生态环境治理手段还不够完善，治理效果不够理想，还未能完全解决现阶段生态环境持续恶化的问题。因此，有必要对城镇化进程中政府治理产生的生态福利效应进行剖析，深入探讨政府治理对生态福利绩效的可能作用机制，并运用环保工作居民满意度评价调查数据，从居民满意度角度分析政府环境治理效果，对政府治理的生态福利效应做进一步补充分析。

6.2 政府治理的生态效应实证分析

6.2.1 理论分析

政府对现有生态环境问题采用了不同的治理手段，每种治理手段对于生态环境问题的影响作用可能会存在差异。本节分别从政府环境治理资金投入、人员投入及技术投入三个方面分别加以理论分析，以期为下文的实证检验提供必要的理论支撑。

（1）政府治理的资金投入效果分析

有关生态环境治理资金投入所产生的效果，学者们的研究结论并不一致。Xue 等（2014）指出，增加环境治理投资，能够在一定程度上解决环境问题。Zhang（2013）通过建立环境保护投资模型，对实际案例进行模拟测算，从而验证增加环境治理投资能够缓解环境问题的假设。董竹和张云（2011）认为中国现有环境治理投资水平有利于生态环境质量的改善，且存在长期改善效应。同时，由于环境治理资金来源主体存在差异，会导致最终环境治理效果存在偏差。张平淡等（2012）研究发现，由以政府为主导的环境治理投资所带来的污染物排放降低强度最大。但部分学者对此持反对意见，他们认为现阶段中国环境治理投资无法有效改善生态环境质量。刘妮和江蔚（2012）通过 1986—2009 年中国环境污染治理投资面板统计数据，合理预测中国环境污染治理投资水平，并指出现阶段中国环境治理投资水平偏低，从而导致环境治理投资效果不明显。杨竞萌和王立国（2009）通过实证分析发现中国现阶段环境治理投资增速几乎是 GDP 增速的 1.5 倍，却并未遏制住环境污染物排放量持续上涨的趋势，这并不符合“环境保护投资优先增长模型”的理论假设。Teng 和 Han（2014）研究发现，中国环境治理投资未能起到改善生态环境的作用，且环境治理投资总额不足。世界银行研究报告进一步指出，当治理环境污染投资占 GDP 比例达到 1%～1.5%时，环境污染恶化的趋势可以得到控制；当该比例达到 2%～3%时，环境质量将得以改善（王玉庆，2010）。发达国家的历史经验数据也可以表明，控制环境污染的必要条件为环境污染治理投资需占 GDP 比重的 1.5%～2%。2000—2015 年中国 30 个省份环境污染治理投资占 GDP 比重变化情况，如图 6-1 所示，在此期间中国大部分省份环境污染治理投资比重均比较低，没有达到满足世界银行与发达国家的经验阈值。生态环境治理是一项周期长、投资大、科技含量高、配套要求全的系统性工程。生态环境治理投资规模不足，可能确实是治理效果没有得到充分显现的重要原因。

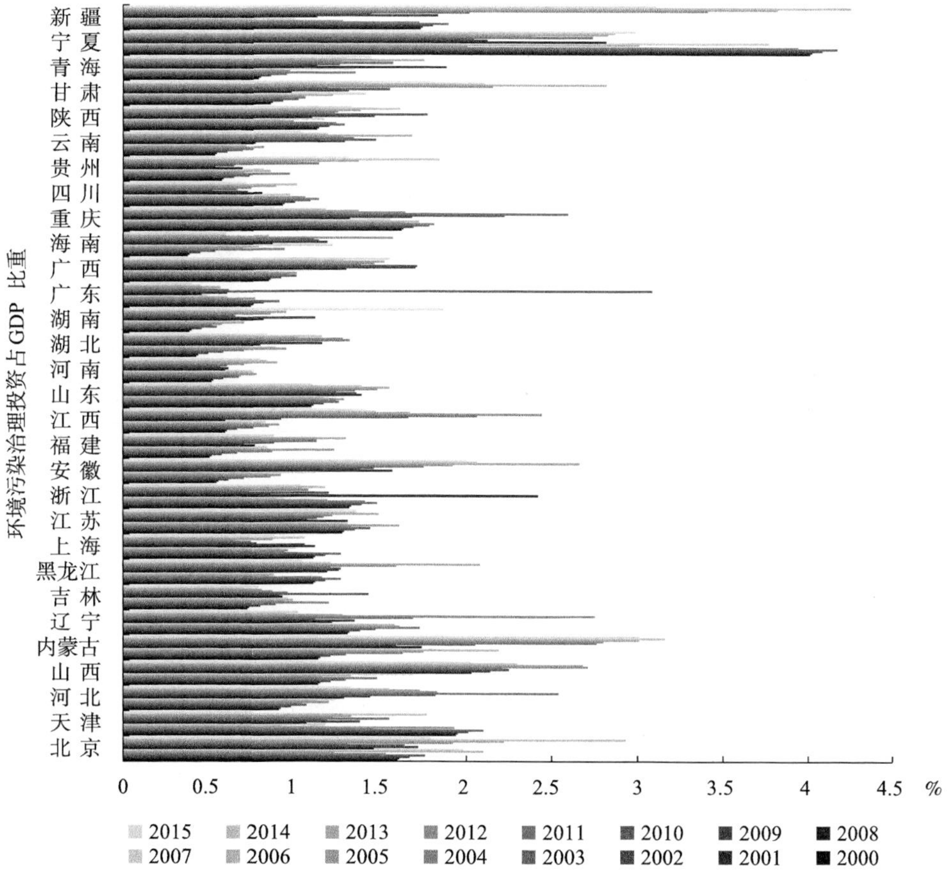

图 6-1　中国 30 个省份环境污染治理投资占 GDP 比重变化情况（2000—2015 年）

资料来源：根据《环境统计年鉴》（2001—2016 年）、《环境统计公报》（2001—2016 年）数据绘制。

环境治理资金使用效率不高，环境治理投资结构不合理等是导致中国现阶段治污减排效果不佳更为主要的原因（颉茂华等，2010；何平林等，2011；禄源堂等，2012）。中国城市环境基础设施投资占环境治理投资的比重较高，但这部分投资与环境治理的关系并不密切；工业污染源治理投资规模占比较小，难以发挥其规模效应；建设项目“三同时”环保投资效益显现，存在一定的滞后性（朱建华等，2012）。图6-2显示2001—2015年中国环境污染治理投资资金分配结构变化发展趋势，可以看出，城镇环境基础设施建设投资占比超过50%，而工业污染源治理投资占比份额较小。中国环境治理投资资金使用重心与环境污染重心存在偏差，也是导致环境治理投资不能充分发挥改善作用的原因（杨磊和高向东，2012）。

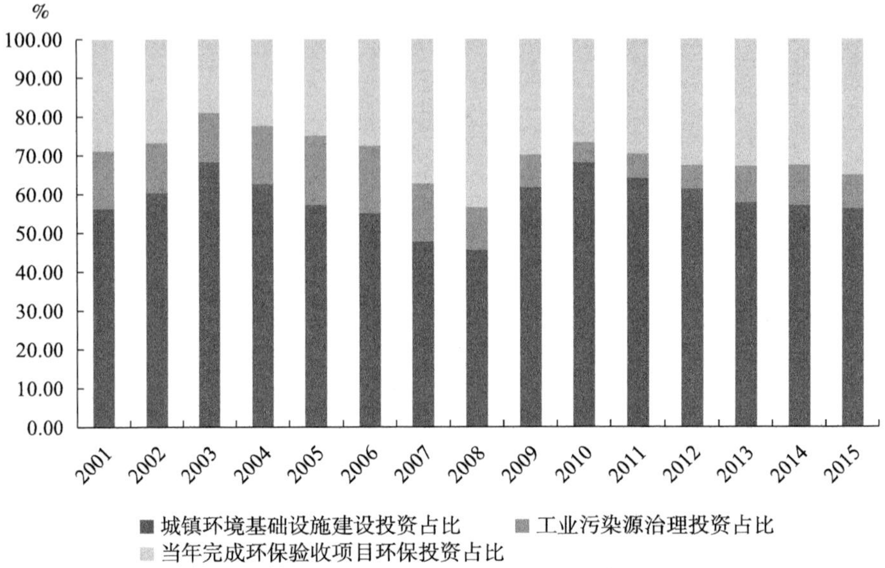

图6-2　中国环境污染治理投资资金分配结构变化（2001—2015年）

资料来源：根据《中国环境统计年鉴》（2002—2016年）相关数据绘制。

（2）政府生态环境治理人员投入、技术投入的效果分析

大量文献研究了中国政府生态环境治理人员投入、技术投入的效果。曾贤刚（2011）通过测算中国区域环境效率与环境治理要素投入二者之间的关系，发现从业人员投入能够显著提升环境效率，但现阶段环境治理人力资源投入还存在数量不足、能力不够等现象。张悟移等（2013）对中国30个省份环境治理效率进行动态研究，发现技术效率是制约中国环境治理效率低下的

主导因素。郑义和赵晓霞（2014）运用 1998—2012 年中国省级层面的工业统计数据进行实证研究，研究结果表明，环境技术效率与环境绩效表现二者呈现正相关关系，环境技术效率是影响环境污染治理效果的重要因素。汪克亮等（2017）运用面板数据与 Tobit 模型实证检验了中国省级大气环境效率与大气环境治理技术二者的关系，认为治理技术对环境效率具有正向影响作用，且大气环境效率区域异质性特征明显，东部、中部、西部地区治理技术差距较大。郭国锋和郑召锋（2009）对河南省 8 年以来环境污染治理相对有效性进行实证研究，发现环境治理技术对环境污染治理效率的正向作用。事实上，尽管中国生态环境治理人员投入大幅增加，技术水平不断提升，但相对于投资规模而言还仍显不足，因此这两类投入可能还存在比较大的边际治理效果。

6.2.2　模型设定

本节采用 2003—2015 年中国 30 个省份面板数据，构建以下计量回归模型。第一个模型（见式 6-1）主要检验政府治理手段对地区生态环境质量的影响，即：政府治理产生的生态效应。为进一步分析，政府治理产生的生态效应被细分为节能效应和减排效应，运用第二、第三模型分别检验政府治理对地区资源消耗（节能效应）和环境污染（减排效应）的影响，具体模型见式（6-2）及式（6-3）。

$$\ln PEcol_{it}=\alpha+\beta_1\ln Eco\_inve_{it}+\beta_2\ln Eco\_huma_{it}+\beta_3\ln Eco\_tech_{it}+\gamma Control_{it}+u_{it} \tag{6-1}$$

$$\ln PReso_{it}=\alpha+\beta_1\ln Eco\_inve_{it}+\beta_2\ln Eco\_huma_{it}+\beta_3\ln Eco\_tech_{it}+\gamma Control_{it}+u_{it} \tag{6-2}$$

$$\ln PEnvi_{it}=\alpha+\beta_1\ln Eco\_inve_{it}+\beta_2\ln Eco\_huma_{it}+\beta_3\ln Eco\_tech_{it}+\gamma Control_{it}+u_{it} \tag{6-3}$$

在上述 3 个模型中，被解释变量 $PEcol_{it}$、$PReso_{it}$、$PEnvi_{it}$ 分别表示 i 省 t 年生态环境投入水平、资源消耗水平、环境污染水平；解释变量 Eco_inve_{it} 表示 i 省 t 年生态环境治理资金投入，Eco_huma_{it} 表示 i 省 t 年生态环境治理人员投入，Eco_tech_{it} 表示 i 省 t 年生态环境治理技术投入；$Control_{it}$ 是模型中的控制变量，主要包括经济增长（*Gdp*）、经济开放度（*Rfdi*）、产业结构（*Indus_stru*）等宏观经济变量，也同时控制了城镇化水平（*Urban_resi*）、城市基础设施建设水平（*Rinfra*）、能源结构（*Ener_stru*）、资源禀赋（*Natur_endo*）和政府规模（*Gsc*）等其他变量；i 是省份标识，t 是年份标识。

6.2.3 指标选取、数据来源与描述性统计

本节分别从被解释变量、核心解释变量及控制变量等来具体说明研究变量的选取及定义：

（1）被解释变量

本节选取生态环境投入（*PEcol*）、环境污染（*PEnvi*）、资源消耗（*PReso*）作为被解释变量。生态环境投入（*PEcol*）采用单位实际 *GDP* 的生态环境投入综合值进行衡量；环境污染（*PEnvi*）采用单位实际 *GDP* 的污染排放综合值进行衡量；资源消耗（*PReso*）采用单位实际 *GDP* 的资源消耗综合值进行衡量。

（2）核心解释变量

较多文献采用地区环境治理投资作为政府治理行为的衡量方式，对中国区域层面、省域层面及市域层面的政府治理效果进行评价（金荣学和张迪，2012；陈明艺和裴晓东，2013；陈明，2014；张亚斌等，2014）。但仅考虑环境治理资金投入，而忽视治理过程中大量人力资源、技术资源，显得不够全面。因此，本节选取生态环境治理资金投入（*Eco_inve*）、生态环境治理人员投入（*Eco_huma*）、生态环境治理技术投入（*Eco_tech*）作为核心解释变量，以期深入分析政府治理的生态福利效应，全面考察政府环境治理实际效果。其中，生态环境治理资金投入（*Eco_inve*）采用人均环境污染治理投资额（万元每人）进行衡量；生态环境治理人员投入（*Eco_huma*）采用水利、环境和公共设施管理从业人员数量（万人）进行衡量；生态环境治理技术投入（*Eco_tech*）采用垃圾无害化处理率进行衡量。

在本研究选定的研究样本期间，政府治理资金投入方面，如图 6-3 所示，治理投资总额从 2003 年的 1750.10 亿元上升至 2015 年的 8806.40 亿元，年均增长率为 14.41%；人均治理投资从 2003 年的 135.43 元上升至 2015 年的 640.64 元，年均增长率为 13.82%。政府治理人员投入方面，如图 6-4 所示，水利、环境和公共设施管理业城镇就业人员总量从 2003 年的 172.50 万人增长至 2015 年的 273.3 万人，年均增长率为 3.91%。政府治理技术创新方面，如图 6-5 所示，生活垃圾无害化处理率从 2003 年的 52% 上升至 2015 年的 94.1%，年均增长率达到 5.07%，城市用水普及率、城市燃气普及率同样呈现逐年上升的趋势。可以看出，中国政府环境治理投入呈现不断增长的趋势，究其原因主要由于：中国近 30 年经济的快速增长，为生态环境治理投入持续增加，奠定了坚实经济基础；同时，中国政府对环保问题的关注度日益提升，认识到环境保护的重要性和严峻性。

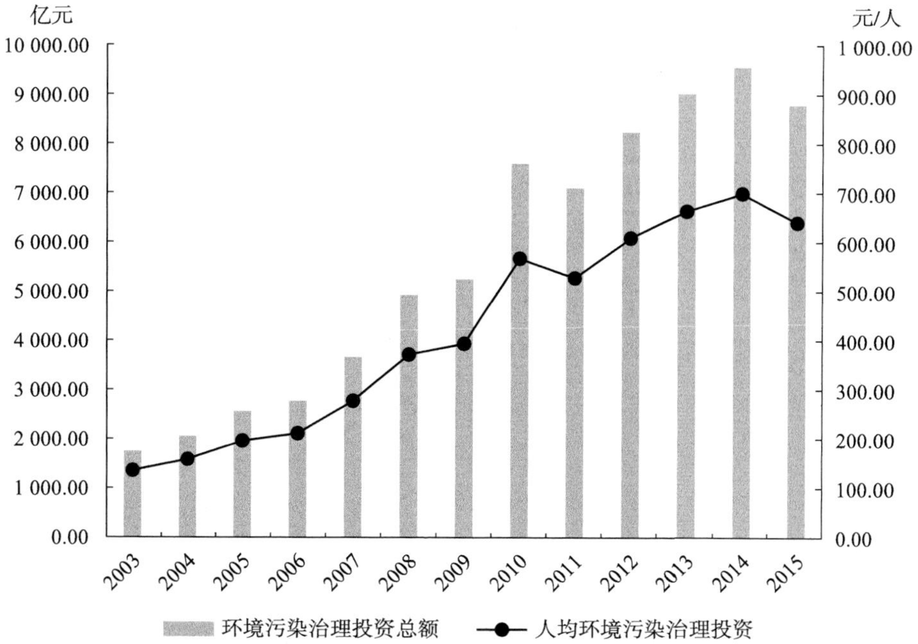

图 6-3　中国环境治理投资总额变化趋势（2003—2015 年）

资料来源：根据《中国环境统计年鉴》（2004—2016 年）相关数据绘制。

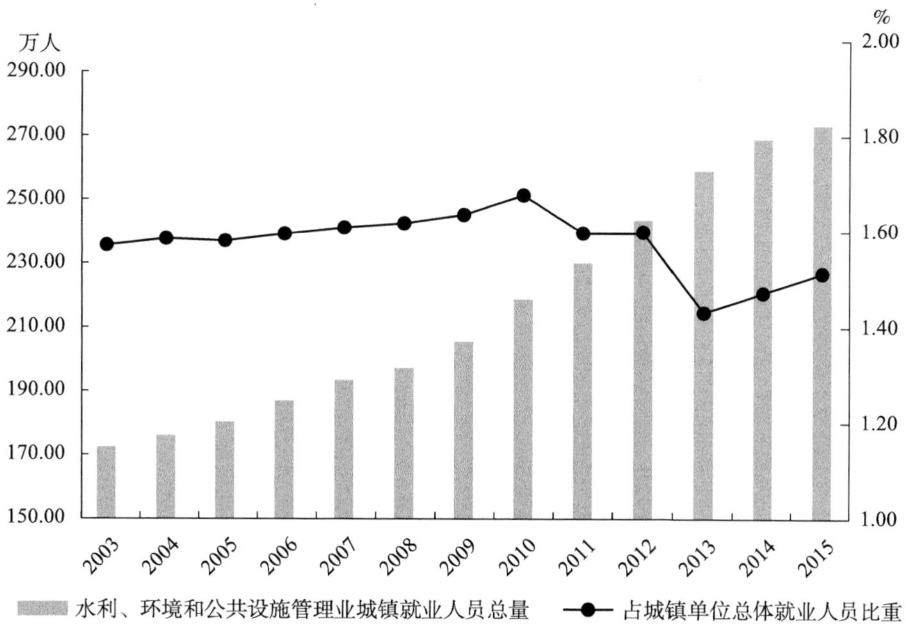

图 6-4　中国环境治理从业人员人数变化趋势（2003—2015 年）

资料来源：根据《中国统计年鉴》（2004—2016 年）相关数据绘制。

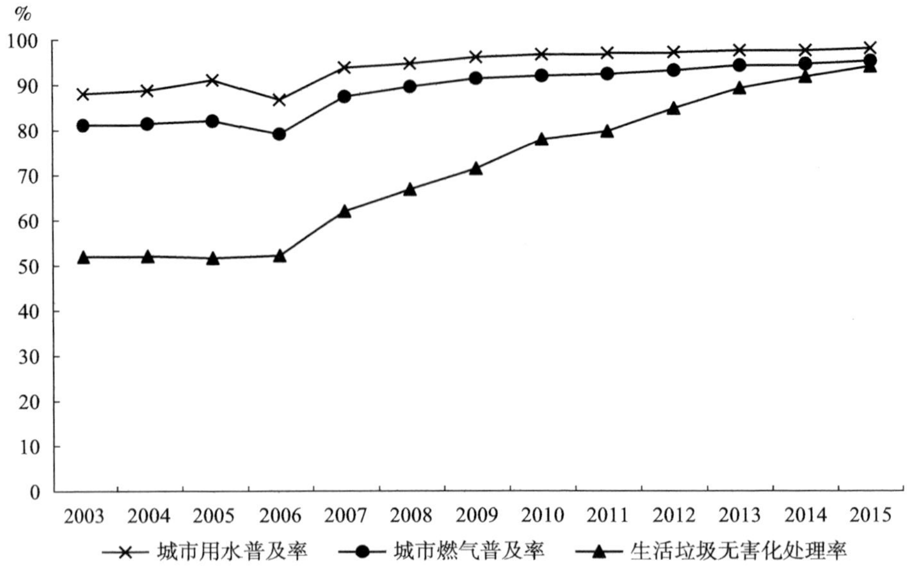

图 6-5 中国环境治理技术创新变化趋势（2003—2015 年）

资料来源：根据《中国环境统计年鉴》（2005—2016 年）相关数据绘制。

（3）控制变量

本节选取城镇化水平（*Urban_resi*）、城市基础设施建设水平（*Rinfra*）、产业结构（*Indus_stru*）、经济增长（*Gdp*）、经济开放度（*Rfdi*）、科技实力、能源结构（*Ener_stru*）、资源禀赋（*Natur_endo*）、政府规模（*Gsc*）等作为控制变量。其中，城镇化水平（*Urban_resi*）采用常住人口城镇化率进行衡量；城市基础设施建设（*Rinfra*）采用人均道路面积（平方米每人）进行衡量；产业结构（*Indus_stru*）采用第二、第三产业增加值占实际 GDP 比重进行衡量；经济增长（*Gdp*）由各地区经平减后实际 GDP 总额（亿元）衡量；经济开放度（*Rfdi*）由各地区人均实际使用外商直接投资额（美元每人）衡量；科技实力（*RD*）用各地区人均 R&D 经费内部支出总额（万元每人）来衡量；能源结构（*Ener_stru*）由各地区煤炭占能源消费总量的比重表示；资源禀赋（*Natur_endo*）由各地区人均耕地面积（公顷每人）表示；政府规模（*Gsc*）由各地区地方一般性财政支出占 GDP 比重衡量。

被解释变量 *PEcol*、*PEnvi*、*PReso* 相关数据将第 3 章测算结果转换成单位 GDP 的生态投入、环境污染和资源消耗，以更好反映政府生态环境治理手段对生态环境的真实影响及其机制。其余各变量数据是根据《中国统计年鉴》

（2004—2016 年）、《中国环境统计年鉴》（2004—2016 年）、《中国能源统计年鉴》（2004—2016 年）、《中国人口和就业统计年鉴》（2004—2016 年）中相关统计数据整理得到的。各变量统计描述情况详见表 6-4。

表 6-4　政府生态环境治理的主要变量描述统计特征

变量名称	变量符号	变量释义	样本量	均值	标准差	最小值	最大值
生态环境投入	*PEcol*	单位实际 GDP 的生态环境投入综合值	390	0. 1014	0. 0688	0. 0221	0. 4844
环境污染	*PEnvi*	单位实际 GDP 的污染排放综合值	390	0. 0884	0. 0776	0. 0093	0. 5164
资源消耗	*PReso*	单位实际 GDP 的资源消耗综合值	390	0. 1473	0. 0771	0. 0472	0. 5429
生态环境治理资金投入	*Eco_inve*	人均环境污染治理投资额	390	0. 0434	0. 0400	0. 0026	0. 2901
生态环境治理人员投入	*Eco_huma*	水利、环境和公共设施管理从业人员数量	390	7. 1928	3. 6244	0. 7701	18. 2523
生态环境治理技术投入	*Eco_tech*	垃圾无害化处理率	390	0. 7150	0. 2375	0. 0470	1. 1380
城镇化水平	*Urban_resi*	常住人口城镇化率	390	0. 5065	0. 1456	0. 2566	0. 8960
城市基础设施建设	*Rinfra*	人均道路面积	390	12. 4316	4. 1845	4. 0400	25. 8200
产业结构	*Indus_stru*	第二、第三产业增加值占实际 GDP 比重	390	0. 8808	0. 0620	0. 6299	0. 9956
经济增长	*Gdp*	地区实际 GDP	390	10267. 19	9354. 86	363. 50	49653. 06
经济开发度	*Rfdi*	人均实际使用外商直接投资额	390	0. 0141	0. 0192	0. 0001	0. 1380
能源结构	*Ener_stru*	地区煤炭消费占能源消费总量的比重	390	0. 6241	0. 1380	0. 1557	0. 8575
资源禀赋	*Natur_endo*	人均耕地面积	390	0. 0021	0. 0013	0. 0001	0. 0074
政府规模	*Gsc*	地方一般性财政支出占实际 GDP 比重	390	0. 2006	0. 0899	0. 0792	0. 6269

资料来源：本研究计算编制。

6. 2. 4　实证结果分析

（1）基本模型估计结果

如表 6-5 所示，基本模型估计结果为初步判定的政府治理产生的生态效应。表 6-5 的第（1）列单独对政府治理与生态环境投入二者进行回归，结果显示，政府治理三个手段均在1%的显著性水平上与生态环境投入呈现负相关。第（2）至第（4）列进一步引入控制变量，并分别对三种治理手段与生态环境的关系加以检验，结果发现政府治理的资金投入的作用变得不再显著。表6-5后3列分别使用FE、RE、OLS方法估计了基本模型，F检验和Hausman检验结果显示，固定效应模型的估计结果更为有效，因此下面以该列结果为基础进行分析。

通过回归结果分析可以发现：人员投入和技术投入的估计系数分别为-0.149、-0.113，二者均在1%统计水平上通过显著性检验，说明政府治理的人员投入和技术投入能够降低地区生态环境投入水平，是促进节能减排的有效手段。政府治理资金投入的估计系数为-0.0119，但未通过显著性检验，说明政府治理的资金投入虽有利于降低地区生态环境投入水平，但是该作用还未完全显现。因此，仅靠增加政府环境治理投资而不注重环境治理领域的人力资本投入，可能是目前中国生态环境治理中所面临的主要问题，也是生态消耗、环境污染久治不下的重要原因。

表6-5　政府治理的生态效应模型估计结果

被解释变量	（1）	（2）	（3）	（4）	（5）	（6）	（7）
ln（*Eco_inve*）	-0.210***	-0.0190			-0.0119	-0.0450**	0.0138
	(0.0194)	(0.0206)			(0.0197)	(0.0211)	(0.0307)
ln（*Eco_huma*）	-0.737***		-0.146**		-0.149***	0.00508	0.353***
	(0.0685)		(0.0585)		(0.0562)	(0.0577)	(0.0508)
ln（*Eco_tech*）	-0.210***			-0.114***	-0.113***	-0.159***	-0.173***
	(0.0287)			(0.0209)	(0.0208)	(0.0225)	(0.0371)
ln（*Urban_resi*）		-0.254*	-0.200	-0.195	-0.0930	-0.261**	-0.610***
		(0.147)	(0.146)	(0.139)	(0.144)	(0.126)	(0.115)
ln（*Rinfra*）		0.100***	0.0896**	0.0508	0.0470	-0.0306	0.0285
		(0.0380)	(0.0376)	(0.0372)	(0.0373)	(0.0385)	(0.0454)
ln（*Indus_stru*）		-0.616*	-0.643*	-0.599*	-0.626*	-0.330	2.179***
		(0.346)	(0.344)	(0.333)	(0.331)	(0.332)	(0.302)
ln（*Gdp*）		-0.819***	-0.797***	-0.759***	-0.706***	-0.495***	-0.581***
		(0.0499)	(0.0479)	(0.0459)	(0.0520)	(0.0446)	(0.0348)
Rfdi		-0.516	-0.641	-0.306	-0.556	-2110***	-3.510***
		(0.817)	(0.811)	(0.0782)	(0.0784)	(0.780)	(0.982)

续表

被解释变量	(1)	(2)	(3)	(4)	(5)	(6)	(7)
Ener_stru		0. 140 (0. 155)	0. 112 (0. 153)	0. 381** (0. 155)	0. 369** (0. 155)	0. 732*** (0. 157)	0. 764*** (0. 149)
Natur_endo		8. 136 (12. 15)	3. 729 (12. 13)	−3. 062 (11. 81)	−6. 377 (11. 84)	−3. 879 (12. 39)	10. 26 (13. 67)
Gsc		1. 724*** (0. 214)	1. 650*** (0. 211)	1. 660*** (0. 204)	1. 629*** (0. 205)	0. 799*** (0. 197)	−0. 287 (0. 208)
_cons	−0. 0248 (0. 110)	3. 901*** (0. 475)	3. 973*** (0. 466)	3. 270*** (0. 469)	3. 241*** (0. 469)	1. 336*** (0. 365)	1. 244*** (0. 304)
N	390	390	390	390	390	390	390
R^2	0. 826	0. 919	0. 921	0. 925	0. 927		0. 848
F					57. 04***		
Hausman					82. 76***		
VIF							4. 23

注：括号内为标准差，*表示 $p<0.1$，**表示 $p<0.05$，***表示 $p<0.01$；方差膨胀系数 *VIF* 的均值为 4. 23，可以认为不存在明显的多重共线性。

资料来源：本研究计算编制。

（2）生态效应的进一步分解

本小节对生态效应做进一步分解，以单位实际 GDP 的污染排放综合值衡量当前经济社会发展中的环境污染水平，以单位实际 GDP 的资源消耗综合值衡量资源消耗水平，进一步甄别三种政府治理手段在降低环境污染和减少能源消耗方面作用的差异性。政府治理的减排效应和节能效应的具体估计结果，见表 6−6。

具体来看，对政府治理的节能效应进行回归分析时，ln（*Eco_inve*）、ln（*Eco_tech*）的影响系数分别为−0. 0465，−0. 0657，而 ln（*Eco_huma*）未通过显著性检验。这说明政府治理的资金投入、技术投入的节能效应显著，对于降低资源消耗水平有明显作用，而政府治理的人员投入的作用则不大。对政府治理的减排效应进行回归分析时，ln（*Eco_huma*）、ln（*Eco_tech*）的影响系数分别为−0. 313、−0. 119，而 ln（*Eco_inve*）未通过显著性检验。这说明，政府治理的人员投入、技术投入的减排效应显著，对于降低环境污染水平有明显的作用，而资金投入作用则并不大。

表 6-6　政府治理的减排效应及节能效应模型估计结果

被解释变量	减排效应				节能效应			
	(1)	(2)	(3)	(4)	(5)	(6)	(7)	(8)
ln (*Eco_inve*)	−0.235 * * *	0.0268	−0.0301	0.0334	−0.213 * * *	−0.0465 * *	−0.0667 * * *	−0.0611 * *
	(0.0282)	(0.0278)	(0.0300)	(0.0431)	(0.0182)	(0.0216)	(0.0213)	(0.0276)
ln (*Eco_huma*)	−1.131 * * *	−0.313 * * *	−0.0934	0.270 * * *	−0.400 * * *	0.0949	0.197 * * *	0.376 * * *
	(0.0994)	(0.0792)	(0.0824)	(0.0714)	(0.0643)	(0.0615)	(0.0565)	(0.0457)
ln (*Eco_tech*)	−0.258 * * *	−0.119 * * *	−0.182 * * *	−0.224 * * *	−0.151 * * *	−0.0657 * * *	−0.0973 * * *	−0.123 * * *
	(0.0417)	(0.0293)	(0.0320)	(0.0522)	(0.0270)	(0.0227)	(0.0228)	(0.0334)
_cons	0.537 * * *	5.592 * * *	2.110 * * *	0.447	−0.148	2.558 * * *	1.657 * * *	2.059 * * *
	(0.159)	(0.660)	(0.535)	(0.427)	(0.103)	(0.513)	(0.327)	(0.273)
控制变量	*NO*	*YES*	*YES*	*YES*	*NO*	*YES*	*YES*	*YES*
N	390	390	390	390	390	390	390	390
R^2	0.793	0.918		0.840	0.766	0.866		0.788
F 检验		56.88 * * *				34.78 * * *		
Hausman		88.37 * * *				43.59 * * *		

注：括号内为标准差，* 表示 $p<0.1$，** 表示 $p<0.05$，*** 表示 $p<0.01$。

资料来源：本研究计算编制。

（3）动态面板模型估计

前文已经述及，生态环境治理是一项周期长、见效慢的工程。同时，生态环境治理对各地区经济社会发展的模式具有很强的依赖性，本期的生态环境投入水平与之前的时期存在很大的相关性。因此，在估计方程中进一步加入生态环境投入的滞后变量，并运用动态面板模型进行广义矩估计，具体估计模型见式（6-4）。

$$\ln PEcol_{it}=\alpha+\beta_0\ln PEcol_{it-1}+\beta_1\ln Eco\_inve_{it}+\beta_2\ln Eco\_huma_{it}+\beta_3\ln Eco\_tech_{it}+\gamma Control_{it}+u_{it} \quad (6-4)$$

此外，政府环境治理投入会影响一个地区的环境污染与资源消耗水平；而反过来，一个地区的生态环境恶劣状况，往往会倒逼当地政府增加环境治理投入。因此，生态环境投入与政府环境治理投入之间存在非常明显的互为因果的关系，进而有可能导致内生性问题，传统的面板估计方法可能无法提供准确的实证检验结果。差分 GMM 是一个有效的方法，它使用所有高阶的滞后变量作为工具变量对差分方程进行 GMM 估计。系统 GMM 估计则将差分 GMM 和水平 GMM 相结合并作为一个系统方程进行估计，其估计结果较之于差分 GMM 估计更有效（Blundell & Bond，1998；Che et al.，2013）。这里同时展示两种方法的估计结果。

从表 6-7 给出了动态面板估计结果，生态环境投入的一阶滞后变量在 1%的显著性水平上通过显著性检验，说明生态环境投入具有明显的惯性，政府生态环境治理效果具有一定的滞后性。同时，使用 GMM 估计后，三种治理手段的系数显著性较之于静态面板估计有所降低，但技术手段的生态效应估计结果仍然比较显著，通过了 5%水平的显著性检验。比较一步与二步系统 GMM 估计结果可以发现，人员投入的作用也有一定差异。尽管两步 GMM 估计更有效，但可能会降低估计的标准误。因此，就本节的模型估计而言，一步系统 GMM 可能更可靠。

表 6-7 政府环境治理的生态效应模型动态估计结果

被解释变量	差分 GMM		系统 GMM	
	一步	两步	一步	两步
ln（*PEcol*）	0.593*** (0.0357)	0.470*** (0.0673)	0.754*** (0.0278)	0.541*** (0.0893)
ln*Eco_inve*）	0.00709 (0.0140)	0.0245 (0.0209)	-0.0154 (0.0107)	-0.0159 (0.0211)
ln（*Eco_huma*）	-0.0318 (0.0546)	0.0210 (0.0838)	-0.0611* (0.0330)	0.152 (0.118)
ln（*Eco_tech*）	-0.0600*** (0.0175)	-0.107*** (0.0362)	-0.0321** (0.0150)	-0.0917** (0.0402)
_cons			0.162 (0.262)	2.332 (1.742)
控制变量	*YES*	*YES*	*YES*	*YES*
N	330	330	360	360
Sargan 检验	314.68 (0.000)	25.43 (0.999)	390.92 (0.001)	25.53 (0.999)
AR（1）		-2.60 (0.009)		-2.87 (0.004)
AR（2）		-1.12 (0.264)		-1.91 (0.056)

注：括号内为标准差，* 表示 $p<0.1$，** 表示 $p<0.05$，*** 表示 $p<0.01$；Sargan 检验的原假设是工具变量不存在过度识别，对应括号中的值为检验得到的 P 值。AR（1）、AR（2）分别为扰动项的一阶和二阶差分自相关检验，由于一阶差分自相关检验无法说明扰动项的自相关问题，因此主要通过 AR（2）来判定扰动项自相关性，相应的原假设为扰动项二阶差分不存在自相关；对应括号中的值为检验得到的 P 值。

资料来源：本研究计算编制。

6.3 政府治理的福利效应实证分析

6.3.1 理论分析

政府进行生态环境治理的根本目的，不应只单单改善一国（或地区）现有生态环境质量，更应实现一国（或地区）长期可持续发展的目的，既可以保持人类现有福利水平持续稳定提升，又保证后代人类生活所需的必要生态环境不受损害。因此，应当关注政府环境治理产生的福利效应，研究其可能存在的作用机制。

（1）政府环境治理与客观福利

部分学者探讨了政府生态环境治理效果与居民客观福利之间的关系。Jha和Murthy（2003）分别采用环境污染指数（EDI）、人类发展指数（HDI），作为衡量政府环境治理效果、居民客观福利水平的主要指标，运用174个国家截面数据对二者关系进行实证分析，结果显示EDI指数与HDI指数之间呈现倒N关系。Mukherjee等（2013）采用印度14个地区1990—2004年数据进行类似实证分析，发现不同污染物与居民客观福利之间呈现不同的非线性关系。Costantini和Monni采用179个国家截面数据对环境污染指数与人类发展指数进行实证检验，发现二者具有“倒U形”关系。李晓羽等（2015）对中国环境污染水平与居民客观福利二者相关性进行分析，运用2003—2008年省际面板数据采用联立方程组模型进行实证检验，结果显示环境污染程度与居民客观福利之间呈现“倒U形”关系。

政府生态环境治理对经济增长及居民经济福利的影响作用，主要分为三种观点：①“成本假说”，政府生态环境治理行为导致企业生产成本提升，产出经济效益降低，不利于该地区经济总量提升，从而导致当地居民收入水平下降，经济福利降低（龙济红和高志刚，2013；陈玲和赵国春，2014）。②“波特假说”,政府生态环境治理行为刺激企业技术革新积极性，从根本上促进生产成本下降，生产效率提升，促进经济效益增长，有利于该地区经济增长速度提升，从而导致当地居民收入水平提升，经济福利提升（赵红，2008；张子龙等，2015）。③二者关系受到政府治理政策、治理效率、地区差异及产业异质性等因素影响，存在不确定性（沈能和刘凤朝，2012；李静和沈伟，2012；原毅军和谢荣辉，2016；）。

政府生态环境治理除了对经济增长、居民收入水平等因素产生作用，还对居民健康状况、疾病发病概率、居民预期寿命等其他客观福利因素具有影响作用。研究证明，生态环境质量降低、环境污染程度加大，对居民健康状况、疾病发病概率、预期寿命等均具有显著负向作用，从而导致居民客观福利水平的下降（钱孝琳等，2005；陈硕和陈婷，2014；谢元博等，2014；曲卫华和颜志军，2015）。例如，空气主要污染物排放（如 SO_2、CO、NOx、HC、PM 等）对居民健康存在显著负向影响，会增大哮喘、肺结核等多种呼吸道疾病患病概率，提升由于罹患呼吸系统疾病的死亡率（苗艳青，2008；苗艳青和陈文晶，2010），也会对神经系统、脑功能及认知功能造成不可逆损害（尤其对老人、儿童、慢性病患者等易感人群）（吕小康和王从，2017），这对居民健康带来极大损害，导致居民福利水平下降。相关实证结果显示，当加入经济增长、环境治理、生态保护等因素后，环境污染对居民健康的负向作用会出现不同程度的下降（卢洪友和祁毓，2013；汪伟全，2014），这说明经济发展及政府生态环境治理力度提升，有助于降低环境污染对居民健康的损害风险。提高生态环境治理水平，不仅能够有效减少环境污染对居民产生的健康威胁，还能够提升生态公共服务整体水平和社会福利水平。

（2）政府生态环境治理与居民主观福利

现有研究也发现，政府生态环境治理对居民的主观幸福感、生活满意度等主观福利具有重要影响作用。大部分研究成果显示，环境污染对居民主观福利具有显著负向影响。环境污染主要通过损害居民健康、破坏居民心情（容易出现焦虑、抑郁情绪等）等方式降低居民主观幸福感（戴红军等，2015；李梦洁，2015），并且环境污染会通过大众媒体表征导致“污染效应”扩大化，间接对个体或群体产生负面心理影响（恐慌、厌恶、不安等）（陈永伟和史宇鹏，2013；杨继东和章逸然，2014）。例如，噪声、空气质量（SO_2、NO_2、PM2.5 等污染物排放）、气候变化对居民主观福利（幸福感、满意度、精神状态）等具有显著负向影响，多位学者运用不同微观调查数据库数据得到上述研究结论，如 Katrin 和 David（2008）基于德国社会经济调查数据库（German Socio-economic Panel，SOEP）、Rose 等（2009）基于欧洲生活质量调查数据库（European Quality of Life Survey，EQLS）调查数据、Graham 和 Graham（2010）利用欧洲调查数据库（European Social Survey，ESS）调查数据、Cuftado 和 Gracia（2013）根据英国和西班牙的调查数据，均发现类似结论。

6.3.2 客观福利效应分析

（1）模型设定及变量说明

为检验政府治理对居民客观福利的影响，本研究利用 2003—2013 年中国 30 个省份数据作为研究样本，建立如下计量回归模型，如式（6-5）所示：

$$RHDI_{it}=\alpha+\beta_0 Eco\_inve_{it}+\beta_1 Eco\_huma_{it}+\beta_2 Eco\_tech_{it}+\gamma Control_{it}+u_{it} \quad (6-5)$$

其中，i 是省份标识，t 是年份标识。被解释变量 $RHDI_{it}$ 表示 i 省 t 年居民客观福利水平；解释变量 Eco_inve_{it}、Eco_huma_{it}、Eco_tech_{it} 分别表示 i 省 t 年的生态环境治理资金投入、生态环境治理人员投入、生态环境治理技术投入；控制变量（*Control*）选取经济增长率（*GdpR*）、经济开放度（*Rfdi*）、政府规模（*Gsc*）、收入差距（*Ginco*）、通胀水平（*Cpi*）、失业水平（*Runem*）、城镇化水平（*Urban_resi*）、资源禀赋（*Natur_endo*）等变量。

下面分别从被解释变量、解释变量及控制变量等来具体说明变量选取及定义。

①被解释变量。

本节选取居民客观福利水平作为因变量。目前，学界对福利的衡量方式主要有三种：以 GDP 为代表的经济福利，以联合国人文发展指数（HDI）为代表的幸福综合指数，以及居民自陈主观幸福感（倪志良等，2016）。前两种为客观福利，其中联合国人文发展指数（HDI）作为比较权威的综合幸福指数，较为常用。因此，本章居民客观福利水平采用第 3 章计算出的居民福利产出 RHDI 指数进行衡量。

②解释变量及控制变量。

与上节内容一样，本节选取生态环境治理资金投入（*Eco_inve*）、生态环境治理人员投入（*Eco_huma*）、生态环境治理技术投入（*Eco_tech*）作为核心解释变量。同时选取经济增长、经济开放度、政府规模、收入差距、通胀水平、失业水平、城镇化水平、资源禀赋等作为控制变量。

其中，经济增长（*GdpR*）采用实际 GDP 增长率来衡量；经济开放度（*Rfdi*）采用人均实际使用外商直接投资额的对数来衡量；政府规模（*Gsc*）采用地方一般性财政支出占 GDP 比重来衡量；收入差距（*Ginco*）采用城乡收入比来衡量；通胀水平（*Cpi*）采用以上年度为基期居民消费价格上涨率来衡量；失业水平（*Runem*）采用城镇登记失业率来衡量；城镇化水平（*Urban_resi*）采用城镇化率来衡量；资源禀赋（*Natur_endo*）由各地区人均耕地面积（公顷/人）表示。变量数据是根据《中国统计年鉴》（2004—2016 年）、《中国环境统计年鉴》（2004—2016 年）、《中国能源统计年鉴》（2004—2016 年）、《中国人口和就业统计年鉴》（2004—2016 年）中相关统计数据整理得到的。各变量统计描述情况见表 6-8。

表 6-8　居民客观福利的主要变量描述统计特征

变量名称	变量符号	变量释义	样本量	均值	标准差	最小值	最大值
居民客观福利	*RHDI*	居民福利产出指数值	390	0.6938	0.0544	0.5296	0.8113
生态环境治理资金投入	*Eco_inve*	人均环境污染治理投资	390	0.0434	0.0400	0.0026	0.2901
生态环境治理人员投入	*Eco_huma*	水利、环境和公共设施管理从业人员数	390	7.1928	3.6244	0.7701	18.2523
生态环境治理技术投入	*Eco_tech*	垃圾无害化处理率	390	0.7150	0.2375	0.0470	1.1380
经济增长率	*GdpR*	实际 GDP 增长率	390	0.1212	0.0370	0.0058	0.2380
经济开放度	*Rfdi*	人均实际使用外商直接投资额的对数	390	4.1462	1.4232	-0.2184	7.2295
政府规模	*Gsc*	地方一般性财政支出占 GDP 比重	390	0.2006	0.0899	0.0792	0.6269
收入差距	*Ginco*	城乡收入比	390	2.9534	0.5747	1.8451	4.7585
通胀水平	*Cpi*	以上年度为基期居民消费价格指数上涨率	390	0.6811	2.3161	-0.0235	12.50
失业水平	*Runem*	城镇登记失业率	390	3.6256	0.6891	1.2000	6.5000
城镇化水平	*Urban_resi*	常住人口城镇化率	390	0.5065	0.1456	0.2566	0.8960
资源禀赋	*Natur_endo*	人均耕地面积	390	0.0021	0.0013	0.0001	0.0074

资料来源：本研究计算编制。

（2）基本模型估计结果

表 6-9 的第（1）列模型的估计中没有加入控制变量，初步检验政府治理资金投入、人员投入、技术投入三种手段所产生的居民客观福利效应，第（2）至第（4）列加入控制变量后分别检验了三种治理手段的福利效应。第（5）列为基本模型的估计结果。F 检验的结果显示，个体固定效应显著存在，不应采取混合回归；Hausman 检验结果显示，固定效应模型优于随机效应模型。为避免异方差问题，后三列模型估计采用聚类稳健标准误。在模型识别

时，由于基本回归模型中稳健标准误和普通标准误的差别较大，使用普通标准误的传统 Hausman 检验可能并不能有效识别出固定效应和随机效应模型的优劣，因此，这里使用稳健的 Hausman 检验。结果同样显示，应该建立固定效应模型。从表 6-9 估计结果可以看出，政府治理的资金投入、人员投入、技术投入分别为 0.0561，0.00134 和 0.00724，且都通过了显著性检验，说明增加这三种治理投入都有利于居民客观福利水平的提升。

表 6-9　政府生态环境治理的客观福利效应模型估计结果

被解释变量	(1)	(2)	(3)	(4)	(5)	(6)	(7)	(8)
	FE	FE	FE	FE	FE	FE	RE	OLS
Eco_inve	0.266*** (0.0352)	0.0631*** (0.0192)			0.0561*** (0.0191)	0.0561* (0.0291)	0.0817*** (0.0276)	0.104*** (0.0310)
Eco_huma	0.00862*** (0.000824)		0.00148*** (0.000530)		0.00134** (5.22e4)	0.00134* (7.68e4)	0.00390*** (7.01e4)	0.00315*** (3.05e4)
Eco_tech	0.0621*** (0.00612)			0.00895** (0.00368)	0.00724** (0.00364)	0.00724 (0.00615)	0.0140** (0.00673)	0.0320*** (0.00711)
GdpR		0.00385 (0.0138)	0.00242 (0.0138)	-0.000567 (0.0138)	0.00985 (0.0138)	0.00985 (0.0179)	0.0162 (0.0209)	0.00946 (0.0240)
Rfdi		0.00587*** (0.000957)	0.00571*** (0.000968)	0.00509*** (0.00104)	0.00478*** (0.00103)	0.00478** (0.00213)	0.00563*** (0.00193)	0.00302* (0.00157)
Gsc		0.149*** (0.0150)	0.166*** (0.0152)	0.154*** (0.0150)	0.155*** (0.0152)	0.155*** (0.0244)	0.127*** (0.0189)	0.0115 (0.0114)
GInco		0.00331 (0.00268)	0.00464* (0.00268)	0.00370 (0.00270)	0.00328 (0.00266)	0.00328 (0.00389)	-0.00858** (0.00387)	-0.0233*** (0.00236)
Cpi		-0.000518** (0.000215)	-0.000627*** (0.000213)	-0.000602*** (0.000214)	-5.16e4** (2.12e4)	-5.16e4*** (1.35e4)	-3.47e4** (1.61e4)	3.87e4 (3.45e4)
Rue		-0.00667*** (0.00139)	-0.00643*** (0.00141)	-0.00692*** (0.00139)	-0.00594*** (0.00139)	-0.00594** (0.00222)	-0.00452* (0.00246)	-0.000811 (0.00168)
Urban_resi		0.420*** (0.0205)	0.410*** (0.0223)	0.426*** (0.0205)	0.385*** (0.0229)	0.385*** (0.0656)	0.254*** (0.0386)	0.185*** (0.0118)
Natur_endo		-0.873 (0.893)	-0.968 (0.896)	-0.996 (0.899)	-0.311 (0.898)	-0.311 (1.055)	1.490 (0.937)	1.672*** (0.634)
_cons	0.576*** (0.00475)	0.440*** (0.0148)	0.430*** (0.0146)	0.436*** (0.0148)	0.442*** (0.0147)	0.442*** (0.0353)	0.512*** (0.0247)	0.602*** (0.0127)

续表

被解释变量	(1)	(2)	(3)	(4)	(5)	(6)	(7)	(8)
	FE	FE	FE	FE	FE	FE	RE	OLS
是否使用稳健标准误	否	否	否	否	否	是	是	是
N	390	390	390	390	390	390	390	390
R^2	0.761	0.942	0.941	0.941	0.944	0.944		0.907
F					47.10***	—		
Hausman					115.48***	270.764***		
VIF								2.53

注：括号内为标准差，*表示 $p<0.1$，**表示 $p<0.05$，***表示 $p<0.01$；方差膨胀系数 VIF 均值2.5，多重共线性问题对回归结果的影响并不严重；为节省篇幅，表中省去大量没有被识别的固定效应和随机效应模型。

资料来源：本研究计算编制。

(3) 关于作用机制的初步分析

上一节中实证检验发现政府治理主要手段具有一定的生态效应。那么，政府治理是否仅带来地区生态环境的改善？生态环境的改善是否会产生福利效应？为进一步检验相关的作用机制，在基本模型中加入生态环境投入变量（$PEcol$），从而得到新的回归模型，如式（6-6）所示：

$$RHDI_{it}=\alpha+\beta_0 Eco\_inve_{it}+\beta_1 Eco\_huma_{it}+\beta_2 Eco\_tech_{it}+\lambda PEcol_{it}+\gamma Control_{it}+u_{it} \tag{6-6}$$

表6-10的第（1）至第（3）列以生态投入为解释变量，居民客观福利为被解释变量进行回归。从回归结果可以看出，生态投入水平在1%的统计水平上显著为负，即降低一个地区的生态环境投入水平，则有利于居民的客观福利水平提升。第（4）至第（6）列给出了式（6-6）FE、RE及混合OLS回归的估计结果。与表6-9的估计结果相比不难看出，加入生态环境投入变量后，政府治理资金投入的影响系数明显降低；人员投入的估计系数更是变负为正；而技术投入的边际效应也大幅下降，甚至变正为负。这说明政府治理行为可以通过降低污染、减少资源消耗，进而提升居民客观福利。另一方面，从实证结果也发现，排除生态环境投入这一中介渠道的影响后，政府治理主要手段还存在直接的居民福利效应，进而区别于生态效应的研究，相关分析在理论部分已经给出了说明，这里不再赘述。

表 6-10　政府生态环境治理影响居民客观福利的作用机制检验

被解释变量	(1)	(2)	(3)	(4)	(5)	(6)
	FE	RE	OLS	FE	RE	OLS
PEcol	-0.174***	-0.241***	-0.213***	-0.176***	-0.203***	-0.173***
	(0.0511)	(0.0460)	(0.0200)	(0.0499)	(0.0419)	(0.0188)
Eco_inve				0.0394**	0.0653***	0.160***
				(0.0181)	(0.0183)	(0.0310)
Eco_huma				0.00135	0.00285***	0.00229***
				(0.000809)	(0.000492)	(0.000244)
Eco_tech				-0.00422	-0.00166	0.0182***
				(0.00659)	(0.00647)	(0.00653)
_cons	0.519***	0.613***	0.685***	0.523***	0.576***	0.634***
	(0.0450)	(0.0305)	(0.0124)	(0.0444)	(0.0291)	(0.0124)
控制变量	YES	YES	YES	YES	YES	YES
稳健标准误差	YES	YES	YES	YES	YES	YES
N	390	390	390	390	390	390
R^2	0.954		0.900	0.956		0.928

注：括号内为标准差，* 表示 $p<0.1$，** 表示 $p<0.05$，*** 表示 $p<0.01$。

资料来源：本研究计算编制。

（4）空间效应分析

本小节分别使用莫兰指数（Moran's I）、吉尔里指数（Geary's C）和 Getis & Ord 指数（Getis & Ord's G）对 2003—2015 年中国 30 个省份客观福利指数进行全局空间相关性初步检验，检验结果见表 6-11。莫兰指数（Moran's I）、吉尔里指数（Geary's C）在第 5 章内容中已经介绍，Getis & Ord 指数的计算公式如式（6-7）所示。Getis & Ord 指数的优点在于可以通过指数值与其均值的比较判定热点区域（高值相互聚集的区域）与冷点区域（低值相互聚集的区域）。从三个指数的检验结果来看，中国不同省份的客观福利之间存在较强的正向空间相关性，而且低值地区更易聚集在一起。

$$Getis\&Ord's\ G = \frac{\sum_{i=1}^{n}\sum_{j=1}^{n} w_{ij}x_i x_j}{S^2 \sum_{i=1}^{n}\sum_{j\neq i}^{n} x_i x_j} \tag{6-7}$$

其中，w_{ij}是空间权重矩阵，i、j 为省份标识。

表 6-11　居民客观福利指数的空间相关性检验

年份	Moran's I			Geary's C			Getis & Ord's G		
	I	z	p-value	C	z	p-value	G	z	p-value
2003	0.383	3.783	0.000	0.414	−3.685	0.000	0.146	−1.789	0.037
2004	0.389	3.833	0.000	0.408	−3.760	0.000	0.146	−1.775	0.038
2005	0.395	3.875	0.000	0.409	−3.827	0.000	0.146	−1.636	0.051
2006	0.382	3.756	0.000	0.435	−3.656	0.000	0.147	−1.617	0.053
2007	0.365	3.606	0.000	0.443	−3.620	0.000	0.147	−1.587	0.056
2008	0.376	3.7	0.000	0.432	−3.690	0.000	0.147	−1.55	0.061
2009	0.372	3.66	0.000	0.431	−3.722	0.000	0.147	−1.481	0.069
2010	0.368	3.619	0.000	0.434	−3.742	0.000	0.147	−1.435	0.076
2011	0.366	3.606	0.000	0.43	−3.738	0.000	0.147	−1.418	0.078
2012	0.357	3.53	0.000	0.432	−3.731	0.000	0.148	−1.366	0.086
2013	0.357	3.517	0.000	0.423	−3.836	0.000	0.148	−1.251	0.105
2014	0.353	3.487	0.000	0.429	−3.780	0.000	0.148	−1.294	0.098
2015	0.35	3.466	0.000	0.43	−3.759	0.000	0.148	−1.178	0.119

资料来源：本研究计算编制。

为进一步准确揭示政府治理的主要手段所产生的居民客观福利效应，本研究分别建立空间杜宾模型（SDM）、空间自相关模型（SAR）和广义空间面板随机效应模型（GSPM-REM）进行实证分析。其中，SDM 模型便于直观地检验各解释变量对相邻地区居民客观福利的影响。表 6-12 给出了空间面板模型估计的估计结果。考虑到空间依赖性后，政府治理的资金投入和人员投入两个手段对本地区居民客观福利的影响大大下降，甚至为负；但资金投入、人员投入及技术投入三种手段对其他地区的居民福利却产生了非常明显的正向影响。也在很大程度上说明了地方政府对本辖区内生态环境治理动力不足的真实原因。SDM 模型的估计结果显示，人员投入和技术投入的估计系数在 1%的统计水平上显著为正，说明政府治理的人员投入、技术投入二种手段，具有明显的福利外溢性；ρ 的值为 0.428 且非常显著，说明相邻地区的客观福利与本地区客观福利存在着正向关联，其他地区的居民福利产出 RHDI 指数，每提升 1 个单位将会带动本地区客观福利提升 0.428 个单位。SAR 模型的估计结果与 SDM 模型比较一致，ρ 的估计值为 0.735，说明居民客观福利确实存在较大集聚效应；λ 为−0.621 且在 1%的显著性水平上拒绝“不存在空间相关性”的原假设，体现了地区间污染转移对其他地区造成的负外部性。

GSPM-REM模型进一步考虑了个体效应的空间依赖性，检验结果显示，地区异质性因素对相邻地区的居民福利存在正向作用。

表 6-12　政府生态环境治理客观福利效应的空间面板模型估计

被解释变量	SDM 模型	SAR 模型	GSPM-REM 模型
Eco_inve	0.0174 (0.0122)	0.00357 (0.00940)	0.0217* (0.0127)
Eco_huma	-0.00169*** (0.000342)	-0.00133*** (0.000301)	-0.00169*** (0.000329)
Eco_tech	-0.00139 (0.00231)	-0.00137 (0.00200)	-0.00592** (0.00238)
W×Eco_inve	-0.0178 (0.0186)		
W×Eco_huma	0.00239*** (0.000564)		
W×Eco_tech	0.0159*** (0.00441)		
控制变量	YES	YES	YES
ρ	0.428*** (0.0484)	0.735*** (0.0290)	
λ		-0.621*** (0.0926)	0.937*** (0.0101)
φ			0.447** (0.199)
N	390	390	390
R^2	0.807	0.843	0.620

注：括号内为标准差，*表示 $p<0.1$，**表示 $p<0.05$，***表示 $p<0.01$；相关检验的原假设均为“不存在空间相关性”；GSPRE 模型只有采用随机效应模型形式。

资料来源：本研究计算编制。

由于空间相关性的存在，通过对不同辖区的政府生态环境治理对本地区及其他地区居民福利的影响可能像“湖泊”一样，多次相互作用、反复冲击。因此，空间面板模型的估计系数可能不能完全准确反映政府生态环境治理影响居民客观福利的真实效应。表 6-13 对空间效应进一步分解后发现，政府生态环境治理的局部措施产生的外溢性高于对本地区的实际影响。以直接体现政府环境治理外溢性的空间杜宾模型为例，考虑空间依赖性后资金投入的所有效应均不显著；人员投入的总效应不显著，但正向的外溢效应很明显，同时体现对本地区影响的直接效应显著为负；技术水平的总效应、直接效应和间接效应均为正向，但直接效应非常微弱。

表 6-13　政府生态环境治理影响居民客观福利的空间效应及其分解

被解释变量	SDM			SAR		
	Direct	Indirect	Total	Direct	Indirect	Total
Eco_inve	0.0157	−0.0168	−0.00110	0.00404	0.00805	0.0121
	(0.0120)	(0.0280)	(0.0317)	(0.0114)	(0.0241)	(0.0355)
Eco_huma	−0.00149***	0.00269**	0.00121	−0.00165***	−0.00348***	−0.00513***
	(0.000369)	(0.00105)	(0.00127)	(0.000383)	(0.00104)	(0.00140)
Eco_tech	0.000542	0.0245***	0.0250***	−0.00162	−0.00336	−0.00499
	(0.00226)	(0.00700)	(0.00800)	(0.00231)	(0.00485)	(0.00714)
GdpR	0.0297**	−0.0174	0.0124	0.00257	0.00510	0.00767
	(0.0124)	(0.0199)	(0.0168)	(0.00660)	(0.0139)	(0.0204)
Rfdi	0.00209***	0.0109***	0.0130***	0.00236***	0.00489***	0.00724***
	(0.000651)	(0.00195)	(0.00224)	(0.000651)	(0.00144)	(0.00204)
Gsc	0.0200*	0.106***	0.126***	0.0125	0.0243	0.0368
	(0.0112)	(0.0258)	(0.0265)	(0.0104)	(0.0206)	(0.0308)
GInco	0.000362	0.0100**	0.0104**	0.00000950	−0.000132	−0.000123
	(0.00188)	(0.00397)	(0.00417)	(0.00153)	(0.00328)	(0.00480)
Cpi	−0.00138***	0.00117***	−0.000206	−0.000199**	−0.000413**	−0.000612**
	(0.000389)	(0.000453)	(0.000246)	(0.0000988)	(0.000209)	(0.000305)
Rue	−0.00400***	−0.00553	−0.00953**	−0.00368***	−0.00761***	−0.0113***
	(0.000856)	(0.00350)	(0.00391)	(0.000918)	(0.00196)	(0.00280)
Urban_resi	0.194***	0.0889*	0.283***	0.208***	0.430***	0.638***
	(0.0183)	(0.0489)	(0.0563)	(0.0181)	(0.0461)	(0.0522)
Natur_endo	2.893***	−3.670***	−0.777	0.372	0.782	1.154
	(0.931)	(1.376)	(1.242)	(0.479)	(1.030)	(1.504)

注：括号内为标准差，* 表示 $p<0.1$，** 表示 $p<0.05$，*** 表示 $p<0.01$。

资料来源：本研究计算编制。

6.3.3　主观福利效应分析

(1) 模型设定与样本选取

由中国人民大学中国调查与数据中心、中国社会科学院社会学研究所等多家单位共同组织的中国综合社会调查（CGSS）是目前国内研究个人和家庭认知行为最为权威的数据库，在综合性、开放性和连续性方面具有突出的优势。该数据库自2003年开始分两阶段已经完成了10次全国调查，共发布了8期调查数据，涵盖了31个省（直辖市、自治区），突出反映了当前中国社会多个维度的发展状况。因此，本研究采用2003—2013年CGSS数据库微观调查数据，作为研究政府生态环境治理与居民主观福利二者关系的基础数据来源。此外，为实现宏观生态环境数据与微观数据的匹配，本研究保持前文的做法，剔除了西藏自治区的相关样本。宏观变量的数据是根据《中国统计年鉴》（2004—2016年）、《中国环境统计年鉴》（2004—2016年）、《中国能源统计年鉴》（2004—2016年）、《中国人口和就业统计年鉴》（2004—2016年）中相关统计数据整理得到的。

当被解释变量为离散的有序变量时，传统的面板估计方法并不能有效估计解释变量的系数，因此本研究建立 Ordered Logit 模型并运用极大似然方法（MLE）进行估计，具体模型如式（6-8）所示。

$$Happiness_{ijt} = \alpha_1 Eco\_inve_{jt} + \alpha_2 Eco\_huma_{jt} + \alpha_2 Eco\_tech_{jt} + \beta Mac_{jt} + \gamma Mic_{ijt} + \delta Pro_j + u_{ijt} \quad (6-8)$$

在上述模型中，j 是省份标识，t 是年份标识。被解释变量 $Happiness_{ijt}$ 是 j 省 t 年的第 i 个受访者个人的主观幸福感的潜变量。解释变量 Eco_inve_{jt}、Eco_huma_{jt}、Eco_tech_{jt} 分别表示 j 省 t 年的生态环境治理资金投入、生态环境治理人员投入、生态环境治理技术投入。Mac_{jt} 是模型中的宏观控制变量，主要包括经济增长率（$GdpR$）、经济开放度（$Rfdi$）、政府规模（Gsc）、通胀水平（Cpi）、失业水平（$Runem$）、城镇化水平（$Urban\_resi$）、资源禀赋（$Natur\_endo$）等变量。Mic_{jt} 是模型中的个体特征控制变量，主要有年龄（Age）、性别（Gen）、民族（Nat）、婚姻（Mar）、政治身份（Pol）、居住地类型（Hl）、绝对收入水平（Inc）、相对收入（$Rinc$）、受教育年限（Edu）等。同时，考虑利用混合横截面数据估计可能存在的地区异质性问题，模型中引入 Pro_j 作为省份虚拟变量。

下面分别从被解释变量、解释变量及控制变量等来具体说明变量选取及定义：

①被解释变量。

本节选取居民自陈幸福感（Happiness）作为被解释变量。中国综合社会调查项目组在 CGSS 调查问卷（2003—2013年）中，将该问卷设置为“总体而言，您对自己所过的生活感觉怎么样?”或“总的来说，您觉得您的生活是否幸福?”或“整体来说，您觉得您快不快乐?”相应的选项为“非常不幸福（=1)、不幸福（=2)、一般（或说不上幸福不幸福）（=3)、幸福（=4）和非常幸福（=5）”。主观幸福感能够实际反映居民身心一致的幸福感知评价，例如 Schimmack 等（2008)，Deaton 和 Stone（2013）等运用主观幸福感测量居民内心对环境的感知等。同时，本研究忽略了问卷中由于环境污染与天气交互影响而带来的问卷偏误。虽有研究证明，降水、温度、云层、气压、风速及相对湿度等天气与气候变量对居民幸福感具有显著影响，详见 Frijters 和 Praag（1998)，Nissen 等（2008)，Maddison 和 Rehdanz（2011）等研究。但是在控制个人固定效应后，根据 Feddersen 等（2012)，Lucas 和 Lawless（2013）等研究，这种关系便不再显著。这表明，适应性理论在天气的幸福效应中起到作用，即天气及气候只是瞬间作用于情绪层面，在长期中对人们的主观幸福感影响并不会完全显示在问卷中，Brereton 和 RichardG（2009)，Graham 和 Felton（2009)，Connolly（2013）等研究验证了这一观点。此外，Schimmack 等（2008）研究表明人们认知幸福的能力要胜过个体本身对天气及自然环境的性格喜好。由此，本章假设居民可识别出天气和环境污染对主观幸福感的影响。同时近年来，诸多研究均采用主观幸福感进行评价公共产品及服务的价值，尤其是针对环境价值进行研究，如 Tella 和 Macculloch（2006)，Dolan 和 White（2007)，Frey 和 Stutzer（2002)，Welsch（2007）等研究，已经形成了较为成熟的研究方法。基于以上考虑，本研究沿袭已有文献思路，借助主观幸福感的微观数据匹配环境及相关宏观数据，剖析政府生态环境治理的主观福利效应。

在本研究选定 2003—2013 年调查的 63900 个样本中，平均来看，中国 50.09%居民认为“比较幸福”，12.70%居民认为“非常幸福”，27.97%居民认为“一般”，而认为自己“不幸福”和“非常不幸福”的比例分别为 9.26%和 1.64%。从时间序列来看，2003—2013 年中国居民幸福感呈现逐渐上升的态势。在此期间，中国居民幸福感平均得分为 3.6461，基本处于中间略偏幸福的状态，说明经济社会发展及城镇化进程显著改善民生，但是还存在一定的提升空间。

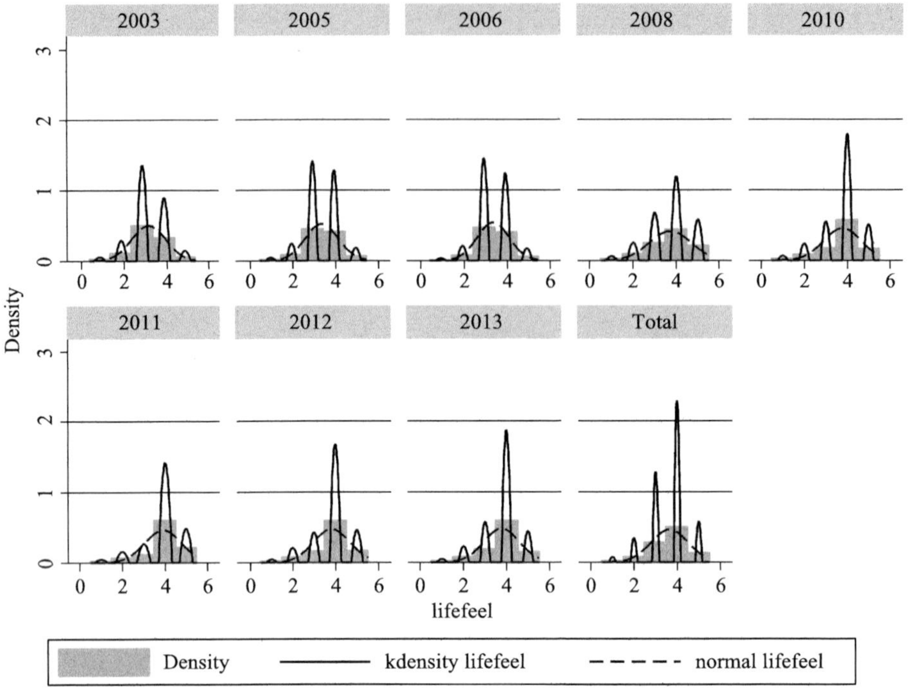

图 6-6　中国居民幸福感总体分布情况（2003—2013 年）

资料来源：根据 CGSS 数据库（2003—2013 年）相关数据绘制。

②核心解释变量及控制变量。

本节选取生态环境治理资金投入（*Eco_inve*）、生态环境治理人员投入（*Eco_huma*）、生态环境治理技术投入（*Eco_tech*）作为核心解释变量。同时，为剔除经济社会中其他宏观因素对政府生态环境治理的个体幸福效应的干扰，本节选取经济增长（*GdpR*）、经济开放度（*Rfdi*）、政府规模（*Gsc*）、收入差距（*Ginco*）、通胀水平（*Cpi*）、失业水平（*Runem*）、城镇化水平（*Urban_resi*）、资源禀赋（*Natur_endo*）等作为控制变量。

居民主观幸福感和政府生态环境治理与个体的年龄结构、受教育程度、性别、收入水平、婚姻状况、居住地类型、政治面貌、工作性质等因素紧密相关，Dolan 和 Peasgood（2008），Ferreira 等（2013），Chater（2105）等研究中证实上述因素与居民自陈幸福感和政府生态环境治理行为关联性。因此，本节在宏观控制变量基础上加入 CGSS 所提供的年龄（*Age*）、性别（*Gen*）、民族（*Nat*）、婚姻（*Mar*）、政治身份（*Pol*）、居住地类型（*Hl*）、就业状况（*Employ*）、绝对收入水平（*Inc*）、相对收入（*Rinc*）、受教育年限（*Edu*）等个体社会学和人口学特征向量。各变量统计描述情况详见表 6-14。

表 6-14 居民主观福利的主要变量描述统计特征

变量名称	变量符号	变量说明	样本量	均值	标准差	最小值	最大值
主观幸福感	*Happiness*	总体而言，生活是否幸福：非常不幸福=1…非常幸福=5	63900	3.6461	0.8563	1	5
宏观变量							
生态环境治理资金投入	*Eco_inve*	人均环境污染治理投资	63900	0.0432	0.0359	0.0026	0.2050
生态环境治理人员投入	*Eco_huma*	水利、环境和公共设施管理从业人员数	63900	7.1928	3.6244	0.7701	18.2523
生态环境治理技术投入	*Eco_tech*	垃圾无害化处理率	63900	0.7123	0.2331	0.0470	1.1380
经济增长率	*GdpR*	实际 GDP 增长率	63900	0.1289	0.0327	0.0456	0.2380
经济开放度	*Rfdi*	人均实际使用外商直接投资额的对数	63900	4.3303	1.3486	-0.2184	7.0619
政府规模	*Gsc*	地方一般性财政支出占 GDP 比重	63900	0.1774	0.0710	0.0798	0.6121
通胀水平	*Cpi*	以上年度为基期居民消费价格上涨率	63900	0.0284	0.0151	0.0010	0.0850
失业水平	*Runem*	城镇登记失业率	63900	3.6283	0.7059	1.20	6.50
城镇化水平	*Urban_resi*	常住人口城镇化率	63900	0.5065	0.1456	0.2566	0.8960
资源禀赋	*Natur_endo*	人均耕地面积	63900	0.0021	0.0013	0.0001	0.0074
个体特征变量							
年龄	*Age*	受访者报告的真实年龄（岁）	63900	50.9537	15.4574	17	106
性别	*Gen*	男性为1，女性为0	63900	0.4965	0.50	0	1
民族	*Nat*	汉族为1，其他为0	63900	0.0733	0.2606	0	1
婚姻	*Mar*	有配偶为1，其他为0	63900	0.8235	0.3813	0	1

续表

变量名称	变量符号	变量说明	样本量	均值	标准差	最小值	最大值
政治身份	*Pol*	共产党员为1，其他为0	63900	0.1209	0.3260	0	1
居住地类型	*Hl*	居住地在城市为1，在农村为0	63900	0.5064	0.50	0	1
就业状况	*Employ*	目前务农或者从事非农工作为1，目前没有工作或者从未就业为0	63900	0.6665	0.4715	0	1
绝对收入水平	*Inc*	个人去年收入的对数	57968	9.1036	1.2027	2.0794	13.8155
相对收入	*Rinc*	家庭经济状况与当地所平均水平相比：远低于=-2…平均水平=0…远高于=2	63900	-0.5519	0.8413	-2	2
受教育年限	*Edu*	未受过教育为0，私塾或小学为5，初中为9，中专或技校或职业高中为12，专科为15，本科为16，研究生以上为20（年）	63900	8.6215	4.7143	0	24

资料来源：根据CGSS数据库（2003—2013年）相关数据编制。

（2）基本模型估计结果

表 6-15 显示了 Ordered Logit 模型的实证检验结果。第（1）列方程中，单独检验了政府治理的三种手段与居民主观幸福感的关系。结果显示，无论是政府治理的资金投入、人员投入及技术投入，均在 1%的显著性水平上促进居民主观幸福感的提升。第（2）列方程在此基础上加入微观控制变量，结果与第（1）列保持一致。第（3）至第（6）列同时控制了微观个体特征变量和宏观变量再次对上述三个治理手段进行检验。

结果发现，资金投入、人员投入都显著有利于居民主观幸福感的提升，但技术投入的正向福利效应变得非常微弱。这与客观福利效应模型的估计结果总体上保持一致，只是技术投入的主观福利效应相对较弱。这一方面是由于政府治理的技术投入对居民主观幸福感的影响可能主要是通过影响区域经济社会发展来实现的；另一方面，生态环境治理技术进步背后反映出整个社会的技术水平的提升，而技术进步带来了效率提升的同时要求人们提升学习适应能力，进而加剧了人们生活紧张度，也会拉大居民的收入差距，进而制约居民幸福感的提升。

表 6-15　政府生态环境治理的主观福利效应模型估计结果

被解释变量	(1)	(2)	(3)	(4)	(5)	(6)
Eco_inve	2.898*** (0.231)	1.657*** (0.242)	1.226*** (0.254)			1.098*** (0.258)
Eco_huma	0.0616*** (0.00501)	0.0355*** (0.00538)		0.0221*** (0.00643)		0.0170*** (0.00654)
Eco_tech	0.591*** (0.0334)	0.363*** (0.0359)			0.0544 (0.0445)	0.0271 (0.0448)
Gen		−0.106*** (0.00962)	−0.111*** (0.00964)	−0.111*** (0.00964)	−0.111*** (0.00964)	−0.111*** (0.00964)
Nat		0.122*** (0.0197)	0.128*** (0.0198)	0.128*** (0.0198)	0.129*** (0.0198)	0.127*** (0.0198)
Hl		−0.0606*** (0.0121)	−0.0389*** (0.0123)	−0.0387*** (0.0123)	−0.0396*** (0.0123)	−0.0387*** (0.0123)
Age		−0.0363*** (0.00192)	−0.0336*** (0.00193)	−0.0336*** (0.00193)	−0.0336*** (0.00193)	−0.0336*** (0.00193)
Age^2		3.50e4*** (1.81e5)	3.41e4*** (1.81e5)	3.41e4*** (1.81e5)	3.41e4*** (1.81e5)	3.41e4*** (1.81e5)

续表

被解释变量	(1)	(2)	(3)	(4)	(5)	(6)
Mar		0.282*** (0.0131)	0.281*** (0.0131)	0.280*** (0.0131)	0.280*** (0.0131)	0.281*** (0.0131)
Pol		0.132*** (0.0148)	0.122*** (0.0149)	0.122*** (0.0149)	0.121*** (0.0149)	0.122*** (0.0149)
Edu		0.00499*** (0.00140)	0.00868*** (0.00141)	0.00853*** (0.00141)	0.00862*** (0.00141)	0.00860*** (0.00141)
Employ		-0.00402 (0.0122)	0.0116 (0.0122)	0.0123 (0.0122)	0.0120 (0.0122)	0.0121 (0.0122)
Inc		0.0967*** (0.00545)	0.0940*** (0.00549)	0.0939*** (0.00549)	0.0949*** (0.00548)	0.0933*** (0.00549)
Rinc		0.373*** (0.00610)	0.367*** (0.00612)	0.368*** (0.00611)	0.368*** (0.00612)	0.367*** (0.00612)
GdpR			0.492*** (0.179)	0.438** (0.178)	0.365** (0.177)	0.562*** (0.181)
Fdi			-0.0381** (0.0151)	-0.0445*** (0.0150)	-0.0502*** (0.0156)	-0.0410*** (0.0157)
Cpi			5.052*** (0.360)	5.162*** (0.359)	5.137*** (0.364)	4.994*** (0.365)
Urban_resi			2.095*** (0.253)	2.022*** (0.271)	2.386*** (0.246)	1.782*** (0.278)
Gsc			1.748*** (0.320)	1.965*** (0.316)	1.949*** (0.320)	1.706*** (0.324)
Runem			-0.0270 (0.0175)	-0.0227 (0.0179)	-0.0387** (0.0173)	-0.0157 (0.0180)
Natur_endo			8.07e5*** (9.17e6)	8.03e5*** (9.21e6)	07.70e5*** (9.21e6)	8.48e5*** (9.34e6)
_cons	-0.847*** (0.0366)	-1.495*** (0.0793)	0.0804 (0.184)	0.0620 (0.187)	0.176 (0.184)	-0.0364 (0.189)
省份虚拟变量	YES	YES	YES	YES	YES	YES
N	63900	57968	57968	57968	57968	57968
R2/Pseudo R^2	0.0277	0.0770	0.0817	0.0816	0.0815	0.0817

注：括号内为标准差，*表示 $p<0.1$，**表示 $p<0.05$，***表示 $p<0.01$。

资料来源：本研究计算编制。

（3）关于作用机制的初步分析

沿用客观福利效应的研究思路，进一步检验政府生态环境治理影响居民主观幸福感的作用机制。为此，在基础模型中加入生态投入变量（*PEcol*），得到新的检验方程，如式（6-9）所示。

$$Happiness_{ijt}=\alpha_1 Eco\_inve_{jt}+\alpha_2 Eco\_huma_{jt}+\alpha_2 Eco\_tech_{jt}+\lambda PEcol_{jt}+\beta Mac_{jt}+\gamma Mic_{ijt}+\delta Pro_j+u_{ijt} \tag{6-9}$$

表 6-16 的前 3 列以生态投入变量（*PEcol*）为解释变量，居民主观幸福感（*Happiness*）为被解释变量进行回归。从回归结果不难看出，生态投入水平在 1%的统计水平上显著为负，这与客观福利的估计结果保持一致。第（4）至第（6）列给出了式（6-9）的估计结果。可以发现，加入生态投入变量（*PEcol*）后，政府治理人员投入的估计系数的显著性明显降低；三个手段的估计系数不同程度变小，尤其是技术投入的系数由正转为负。因此，政府治理主要手段通过减少环境污染和资源消耗进而提升居民主观福利。从实证结果也发现，排除生态环境投入这一中介渠道的影响后，政府生态环境治理行为还存在其他的福利效应，这一点也与客观福利研究部分的结论较为一致。

表 6-16　政府生态环境治理影响居民主观幸福感的作用机制检验

被解释变量	(1)	(2)	(3)	(4)	(5)	(6)
	Oprobit	Ols	Ologit	Oprobit	Ols	Ologit
PEcol	-0.891***	-0.702***	-1.713***	-0.730**	-0.602***	-1.346**
	(0.287)	(0.204)	(0.502)	(0.306)	(0.217)	(0.536)
Eco_inve				1.096***	0.675***	2.284***
				(0.258)	(0.181)	(0.455)
Eco_huma				0.0147**	0.00905*	0.0265**
				(0.00661)	(0.00467)	(0.0116)
Eco_tech				-0.00689	-0.00436	0.0167
				(0.0470)	(0.0334)	(0.0818)
宏观控制变量	YES	YES	YES	YES	YES	YES
微观控制变量	YES	YES	YES	YES	YES	YES
省份虚拟变量	YES	YES	YES	YES	YES	YES
N	57968	57968	57968	57968	57968	57968
R2/Pseudo R^2	0.0816	0.179	0.0870	0.0818	0.179	0.0872

注：括号内为标准差，* 表示 $p<0.1$，** 表示 $p<0.05$，*** 表示 $p<0.01$。

资料来源：本研究计算编制。

6.4 分权背景下的政府环境治理满意度分析

环境作为一种特殊的公共产品，具有明显的非排他性和非竞争性，仅仅依靠市场手段并不能有效解决。现有许多环境问题如全球气候变暖、生物多样性减少、环境恶化等均非常迫切需要大规模的集体行动。但长期以来，环境问题只有造成较大的社会危害或者公共影响时，才会引起政府部门的积极回应（Greenstone & Hanna，2011），生态环境公共治理一度较为乏力。近些年这一问题越发突出，生态环境对经济发展和居民福利的约束越来越紧，社会公众对经济结构转型与城市绿色发展的要求越来越高。

前文分别从中国政府环境治理带来的生态效应和福利效应剖析了其生态福利效应，解构了政府环境治理对生态福利绩效的作用机制，评价了现有政府治理主要手段的实施效果。这一节主要通过居民对政府环保工作的满意度评价，探究政府生态环境治理过程中的资金、人员及技术投入的实施效果，并将政府治理行为置于中国式分权的制度背景下进一步加以探讨，对政府治理所产生的生态福利效应进行补充分析，以期丰富前文研究。

6.4.1 理论分析

现有针对政府生态环境治理满意度问题的研究，多从中国式分权体制背景下开展。中国式分权的核心特征表现为政治集权、经济分权（傅勇和张晏，2007）。中国中央政府拥有地方政府官员任免权及升迁权，且20世纪80年代以来形成了以经济建设为激励的官员遴选机制，这一晋升激励导致了中国独有的“GDP晋升锦标赛”“增长式竞争”等现象（周黎安，2007；周黎安和张军，2008）。中国地方政府在市场化进程中已演变成“具有特殊利益结构和效用偏好的行为主体”（何显明，2007），类似于自负盈亏的企业，具有强烈的逐利偏好（郁建兴和高翔，2012）。

在当前GDP增长导向下，政府绩效考核机制迫使地方政府“有选择性”关切与其自身晋升仕途相关的考核指标，将资源更多分配到能够带来快速经济增长效益的基础设施项目上来（陈抗等，2002；周黎安，2007），而较少关注比如环境保护、生态治理、居民福利、社会保障等民生项目（傅勇，2010；乔宝云等，2014）。财政分权程度的提升很大程度上促进了中国经济增长，是中国“经济增长奇迹”背后的重要原因（Lin & Liu，2000；Blanchard et al.，2001；张晏，2005）。在生态环境治理方面，财政分权体制显然为解决环境异质性偏好提供了有效手段（Gebhard & Friedrich，2003；Banzhaf & Chupp，2012）。但是分权体制下，政府环境治理行为是否能够真正有效回应区域内居民的环境利益诉求，实现居民生态福利效应？可以从以下方面进行剖析，中国式分权体制下居民对政府生态环境治理的满意程度及利益诉求。

（1）财政分权与政治晋升机制的扭曲

尽管从 2002 年以来中央政府将环境标准纳入绩效考核体系，但是地方政府对完成众多硬性指标仍存在优先级，作为首要目标的仍为经济增长，而非生态环境治理和保护，“GDP 锦标赛”“晋升锦标赛”现象普遍，地方政府采取了多种策略性回应（Multiple Strategic Response）（杨海生等，2008；彭时平和吴建瓴，2010；冉冉，2013）。例如，地方政府对与 GDP 及土地价格均具有较强相关关系的交通基础设施存在强烈偏好，因为这关系到地方财政收入及地方官员晋升机会。相比之下，生态环境治理资金投入、生态环境基础设施建设等，虽然能够显著改善环境质量，但在 GDP 指挥棒作用下未受到应有重视程度。同时，地方政府为了吸引投资、留住资本，获取更多的地方税收，存在“资本挟持环境治理”现象，出台各类优惠措施、降低环境标准、降低准入门槛，以便吸引高污染、高能耗企业进行投资，成为“污染避难所”（张文彬和李国平，2014；钱忠好和任慧莉，2015）。同时，地方环保部门之所以也服从于 GDP 这一利益和意志，原因在于其人事任免机制、部门资源审批及配置，均受制于当地政府，并非上一级环保部门，在实际法规执行中，会根据当地经济的发展需求而采取“选择性执法”策略（Hua & Yanhong，2007；Managi & Kaneko，2009；王兵等，2008）。在此背景下，地方政府为了获取更多财政税收，存在与高耗能企业、排污企业利益结盟现象，出现“政企合谋”及“逐底竞争”（Race-to-the-Bottom）（Konisky，2007；聂辉华和李金波，2007；袁凯华和李后建，2015）。

（2）“对上负责”政治体制

现阶段，中国政府部门行为受到“对上负责”的政治体制影响，往往对公众偏好的重视程度不够，存在政府行为“唯上不唯下”的现象。中央政府对地方政府官员的任命具有绝对的任命权，官员晋升激励机制受中央政府绝对控制。因此，地方政府对公众环境利益诉求、环保需求并不重视。地方政府在制定环境标准和措施时，更多地偏好中央政府的晋升激励机制，忽视居民利益及大众偏好（张文彬等，2010；李胜兰等，2014）。例如，为防止地方政府在节能环保、低碳减排方面产生懈怠，中央政府每年与地方政府签订减排责任合约。而在实际操作过程中，省政府可以在辖区内各城市之间随意分配减排指标，而市政府有权决定污染企业选址，选址可能有意避开中央政府设立的污染物监测站等（Markusen et al.，1993）。同时，地方政府可能仅关注影响环保绩效考核的相关污染物（如 COD、PM2.5 等），对其他未列入考核指标的“无关紧要”污染物（如重金属污染）不予关注及处理（Liang & Langbein，2015）。同时，因为中国严格的户籍管理制度使得人口流动受到很大限制，西方国家“用脚投票”①（Voting by foot）机制在中国产生的效果并不明显（吴建南等，2016）。同时，现阶段并未形成从上而下的有效环保监督机制，第三方参与机制尚未推广（李艳芳，2004）。政府生态环境治理行为存在很强的信息不对称性，公众并未拥有有效环保信息披露渠道，也无法进行有效监督，从而导致公众对政府生态环境治理行为的满意度不高（汪劲，2004；吴上进和张蕾，2004）。

（3）区域环境治理异质性与“搭便车”行为

由于生态环境治理在地区之间具有明显的外溢性，例如，某一地区环境污染程度加重会降低周边地区生态环境治理的积极性，而生态环境治理投入的增长会提高周边地区生态环境治理的积极性（赵玉等，2015）。并且生态环境治理具有见效慢、周期长等特征，地方政府期望通过其他地区环境治理外部性达到本地区内生态环境质量提升的效果，存在“搭便车”现象（郑海霞等，2010；师博和沈坤荣，2013；Kahn et al.，2015；黄寿峰，2017）。搭便车行为普遍存在的原因在于：环境问题的公共属性；环境治理的巨额交易费用；环境治理的参与成员结构等（邵雪婷和韦宗友；2012；高明等，2016）。

6.4.2 模型设定

为实证检验政府治理与居民对其满意度二者之间的关系，本节运用 Ordered Logit 模型和极大似然方法（MLE）进行估计，式（6-10）为居民对中央政府环境治理满意度估计模型，式（6-11）为居民对地方政府环境治理满意度估计模型。

---

① 用脚投票，最早是由美国经济学家蒂伯特（Charles Tiebout）提出的，是指在人口流动不受限制、存在大量辖区政府、各辖区政府税收体制相同、辖区间无利益外溢、信息完备等假设条件下，居民可以根据地方政府提供的公共产品和税负组合，自由选择满足自己偏好的居住地。

$$Satis\_cen_{ijt} = \alpha_1 Eco\_inve_{jt} + \alpha_2 Eco\_huma_{jt} + \alpha_2 Eco\_tech_{jt} + \beta Mac_{jt} + \gamma Mic_{ijt} + \delta Pro_j + u_{ijt} \tag{6-10}$$

$$Satis\_loc_{ijt} = \alpha_1 Eco\_inve_{jt} + \alpha_2 Eco\_huma_{jt} + \alpha_2 Eco\_tech_{jt} + \beta Mac_{jt} + \gamma Mic_{ijt} + \delta Pro_j + u_{ijt} \tag{6-11}$$

在上述模型中，j 是省份标识，t 是年份标识。被解释变量 $Satis\_cen_{ijt}$、$Satis_loc_{ijt}$是 j 省 t 年的第 i 个受访者对近五年中央政府的环保工作满意度、对近五年来地方政府的环境保护工作满意度。解释变量 Eco_inve_{jt}、Eco_huma_{jt}、Eco_tech_{jt}分别表示 j 省 t 年的生态环境治理资金投入、生态环境治理人员投入、生态环境治理技术投入。Mac_{jt}是模型中的宏观控制变量，主要包括经济增长率（*GdpR*）、经济开放度（*Rfdi*）、政府规模（*Gsc*）、通胀水平（*Cpi*）、财政分权（*Fis_dece*）、产业结构（*Indus_sec*、*Indus_thr*）等变量。Mic_{jt}是模型中的个体特征控制变量，主要有年龄（*Age*）、性别（*Gen*）、民族（*Nat*）、婚姻（*Mar*）、政治身份（*Pol*）、居住地类型（*Hl*）、绝对收入水平（*Inc*）、相对收入（*Rinc*）、受教育年限（*Edu*）等。同时，考虑利用混合横截面数据估计可能存在的异质性问题，模型中引入 Pro_j 作为省份虚拟变量。

6.4.3　样本选取与指标说明

2003 年和 2010 年的 CGSS 数据调查中均涉及环境问题调查，主要包括居民的环境问题认知和环境行为。但 2003 年 CGSS 有关环境问题的调查只在城市居民中开展，具有明显的样本选择偏差，同时受访者个体特征变量不够全面。而 2010 年 CGSS 无论在调查范围还是问卷设计方面都较为成熟，它涵盖了全国 31 个省级单位，共 11783 个城乡居民样本，其中城市样本 7222 个，农村样本 4561 个，完全能够满足研究的需要。因此，本研究选择 2010 年 CGSS 数据作为研究样本，剔除指标缺失的居民样本，最终共获取 2180 个有效样本。

本节分别从被解释变量、解释变量及控制变量来具体说明指标选取及其定义：

（1）被解释变量

本节选取了居民对中央政府环境治理满意度、居民对地方政府环境治理满意度作为因变量。中国综合社会调查项目组在 CGSS2010 问卷中，将“对中央政府生态环境治理满意度”“对地方政府生态环境治理满意度”分别设置为

“在解决中国国内环境问题方面，您认为近五年来，中央政府做得怎么样?”“在解决您所在地区环境问题方面，您认为近五年来，地方政府做得怎么样?”2个问题，上述2个问题对应选项均为“片面注重经济发展，忽视了环境保护工作（=1）、重视不够，环保投入不足（=2）、虽尽了努力，但效果不佳（=3）、尽了很大努力，有一定成效（=4）、取得了很大的成绩(=5)”。居民对政府生态环境治理的满意度，能够实际反映居民对政府生态环境治理现状主观评价。本节沿袭已有文献的研究思路，借助中央政府与地方政府生态环境治理满意度的微观数据匹配环境治理及相关宏观数据，分析中央政府及地方政府环境治理行为对居民环境治理满意度的影响作用。

CGSS2003的调查显示，68.54%的受访居民认为中国面临的环境问题严重，其中，17.31%的居民认为环境问题已经到了“非常严重”的地步。而2010年认为中国面临的环境问题严重的受访居民占比上升至76.81%，其中，24.51%的居民认为这一问题非常严重。[①] 可见，社会公众已经越发感受到环境问题的严重性，生态环境已经越来越成为影响居民生活质量的重要问题。据CGSS2003的调查，有68.03%的城市居民认为政府应该负担起环境治理的最主要责任，而2010年的数据同样显示，政府应该成为环境治理的主体。

在本研究选定CGSS2010年调查的2180个样本中，在对“中央政府生态环境治理满意度”评价时，8.03%居民认为中央政府忽视环保工作，17.57%居民认为中央政府对环保工作重视不够，环保投入不足，28.94%居民认为中央政府环保工作效果不佳，35.5%居民认为中央政府环保工作有一定成效，9.95%居民认为中央政府环保工作取得了很大的成绩。中央政府生态环境治理满意度平均得分为3.2179，54.54%的居民均认为中央政府生态环境治理并未达到预期效果。

在对“地方政府生态环境治理满意度”评价时，14.27%居民认为地方政府忽视环保工作，32.16%居民认为地方政府对环保工作重视不够，环保投入不足，21.74%居民认为地方政府环保工作效果不佳，26.83%居民认为地方政府环保工作有一定成效，5%居民认为地方政府环保工作取得了很大的成绩。地方政府生态环境治理平均得分为2.7615，68.17%的居民均认为地方政府生

① CGSS2003和CGSS2010中涉及居民对环境问题严重性认知的问题主要是“根据您自己的判断，整体上看，您觉得中国面临的环境问题是否严重?”备答选项包括“非常严重”“比较严重”“一般”“不太严重”“根本不严重”“无法选择”。这里将“非常严重”“比较严重”统归为“严重”。

态环境治理并未达到预期效果。居民对中央政府生态环境治理满意度略高于地方政府（如图 6-7 所示），均处于中间状态，超过半数居民对政府现有生态环境治理效果并不十分满意，存在很大提升空间。

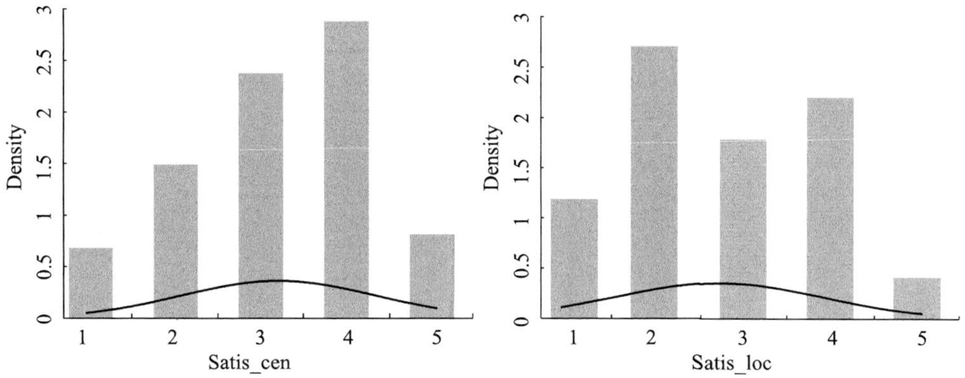

图 6-7　中国居民对中央及地方政府环境治理满意度总体分布情况（2010 年）

资料来源：根据 CGSS 数据库（2010 年）相关数据绘制。

（2）解释变量及控制变量

本节仍然选取环境治理资金投入（*Eco_inve*）、环境治理人员投入（*Eco_huma*）、环境治理技术投入（*Eco_tech*）作为核心解释变量。同时，本节选取经济增长、经济开放度、政府规模、通胀水平、产业结构、财政分权等作为宏观控制变量。同时，在宏观控制变量基础上加入与上一节相同的 *CGSS* 所提供的个体社会学和人口学特征向量。

其中，财政分权（*Fis_dece*）采用各省预算内人均财政支出与中央本级预算内人均财政支出的比值进行衡量。大量文献分别从财政收入和支出两个角度来衡量财政分权，但不同文献因为财政收入与支出界定范围以及相对指标构建方法的不同而有所差异（沈坤荣和付文林，2005；徐永胜和乔宝云，2012；储德银等，2015）。本研究采用傅勇和张晏（2007）、傅勇（2010）的方法，以各省预算内人均本级财政支出与中央预算内人均本级财政支出之比作为衡量中国中央与地方财政分权的状况，该比值越大表明财政分权程度越高。各变量具体描述统计特征见表 6-17。

表 6-17　政府生态环境治理居民满意度的主要变量描述统计特征

变量名称	变量符号	变量说明	样本量	均值	标准差	最小值	最大值
中央政府生态环境治理满意度	*Satis_cen*	对近五年来中央政府的环境保护工作的看法	2180	3. 2179	1. 0968	1	5
宏观变量							
地方政府生态环境治理满意度	*Satis_loc*	对近五年来地方政府的环境保护工作的看法	2180	2. 7615	1. 1420	1	5
生态环境治理资金投入	*Eco_inve*	人均环境污染治理投资	2180	0. 0339	0. 0257	0. 0065	0. 0997
生态环境治理人员投入	*Eco_huma*	水利、环境和公共设施管理从业人员数	2180	7. 5999	2. 9796	0. 9345	13. 2664
生态环境治理技术投入	*Eco_tech*	垃圾无害化处理率	2180	0. 6898	0. 1917	0. 2640	0. 9770
经济增长	*Rgdp*	人均实际 GDP 的对数	2180	0. 6911	0. 5037	-0. 3939	1. 7157
经济开放度	*Rfdi*	人均实际使用外商直接投资额的对数	2180	4. 4147	1. 2039	1. 5704	6. 4735
通胀水平	*Cpi*	以上年度为基期居民消费价格上涨率	2180	0. 0595	0. 0101	0. 0460	0. 1010
政府规模	*Gsc*	地方一般性财政支出占 GDP 比重	2180	0. 1676	0. 0572	0. 0874	0. 3569
财政分权	*Fis_dece*	各省预算内人均本级财政支出/中央预算内人均本级财政支出	2180	22. 1920	14. 7789	4. 9352	84. 2624
产业结构	*Indus_sec*	第二产业占 GDP 比重	2180	0. 4933	0. 0785	0. 2570	0. 6150
	Indus_thr	第三产业占 GDP 比重	2180	0. 3962	0. 0938	0. 2860	0. 7320
个体特征变量							
年龄	*Age*	受访者报告的真实年龄（岁）	2180	54. 25	14. 86	25	98
性别	*Gen*	男性为 1，女性为 0	2180	0. 5413	0. 4984	0	1
民族	*Nat*	汉族为 1，其他为 0	2180	0. 0798	0. 2711	0	1

续表

变量名称	变量符号	变量说明	样本量	均值	标准差	最小值	最大值
婚姻	*Mar*	有配偶为 1，其他为 0	2180	0. 8349	0. 3714	0	1
政治身份	*Pol*	共产党员为 1，其他为 0	2180	0. 1761	0. 3810	0	1
居住地类型	*Hl*	非农户口为 1，农业户口为 0	2180	0. 6674	0. 4712	0	1
就业状况	*Employ*	目前务农或者从事非农工作为 1，目前没有工作或者从未就业为 0	2180	0. 7294	0. 4444	0	1
绝对收入水平	*Inc*	个人去年收入的对数	2180	9. 4365	1. 1312	5. 7038	14. 8451
相对收入	*Rinc*	家庭经济状况与当地平均水平相比：远低于 = −2…平均水平 = 0…远高于 = 2	2180	−0. 3390	0. 7348	−2	2
受教育年限	*Edu*	未受过教育为 0，私塾或小学为 5，初中为 9，中专或技校或职业高中为 12，专科为 15，本科为 16，研究生以上为 20（年）	2180	9. 4362	4. 5507	0	20
环境认知	*Envir_cogn*	我国面临的环境问题是否严重	2180	3. 9000	0. 9368	1	5

资料来源：根据 CGSS 数据库（2010）相关数据编制。

6.4.4 实证结果分析

(1) 基本模型估计结果

本节分别对中央与地方政府生态环境治理满意度的 Ordered Logit 模型进行拟合，结果见表 6-18。为防止两个模型估计存在偏误，这里仍然依次加入核心解释变量、宏观控制变量及微观控制变量。从估计结果可以看出，政府治理的资金投入、人员投入，与居民对政府生态环境治理满意度在 1%的显著性水平上呈现负相关关系。这说明政府治理的资金投入和人员投入，并没有令居民感到十分满意。相反由于效率低下、效果不明显、信息不对称等原因，两类投入越大，居民越感到不满意。在两个基本模型中，政府治理的技术投入的估计系数分别为 1.159 和 0.950，且在 1%的统计水平上显著为正，说明政府在生态环境治理技术投入方面的改进令居民感到满意。综上所述，政府治理的资金及人员投入并未能够令民众满意，而政府治理的技术投入使民众切实感受到技术革新带来的治理效果，从而能够显著地提升民众满意度。

表 6-18 居民对政府生态环境治理满意度模型估计结果

被解释变量	中央政府生态环境治理满意度			地方政府生态环境治理满意度		
	(1)	(2)	(3)	(4)	(5)	(6)
Eco_inve	-7.489***	-4.590**	-9.623***	2.571	2.559	-8.470***
	(1.600)	(1.806)	(3.002)	(1.596)	(1.798)	(3.038)
Eco_huma	-0.0740***	-0.0775***	-0.0519***	-0.0574***	-0.0615***	-0.0345*
	(0.0123)	(0.0134)	(0.0193)	(0.0122)	(0.0132)	(0.0192)
Eco_tech	0.336	0.452*	1.159***	0.449**	0.361	0.950***
	(0.217)	(0.234)	(0.284)	(0.216)	(0.231)	(0.282)
Gen		0.245***	0.252***		-0.0468	-0.0177
		(0.0825)	(0.0829)		(0.0818)	(0.0822)
Nat		-0.119	-0.201		0.0449	0.0935
		(0.148)	(0.153)		(0.146)	(0.151)
Hl		-0.0616	-0.0746		0.286***	0.185*
		(0.104)	(0.106)		(0.102)	(0.105)
Age		0.00367	0.00321		0.00424	0.00350
		(0.00342)	(0.00345)		(0.00342)	(0.00344)
Mar		0.300***	0.309***		0.108	0.0808
		(0.108)	(0.108)		(0.107)	(0.107)

续表

被解释变量	中央政府生态环境治理满意度			地方政府生态环境治理满意度		
	(1)	(2)	(3)	(4)	(5)	(6)
Pol		0.271**	0.285**		0.216*	0.247**
		(0.114)	(0.114)		(0.112)	(0.113)
Edu		−0.0705***	−0.0732***		−0.0434***	−0.0464***
		(0.0122)	(0.0123)		(0.0118)	(0.0119)
Employ		−0.0439	−0.0489		−0.0121	0.0134
		(0.108)	(0.108)		(0.106)	(0.106)
Inc		−0.0629	−0.0807*		0.0980**	0.0594
		(0.0481)	(0.0489)		(0.0476)	(0.0483)
Rinc		−0.0703	−0.0542		−0.0456	−0.00818
		(0.0577)	(0.0579)		(0.0562)	(0.0566)
Envir_cogn		−0.261***	−0.278***		−0.326***	−0.336***
		(0.0445)	(0.0447)		(0.0442)	(0.0443)
Gdp			1.087***			0.818**
			(0.360)			(0.348)
Cpi			10.50			−12.91*
			(7.125)			(7.154)
Rfdi			−0.418***			−0.221*
			(0.122)			(0.121)
Gsc			1.219			6.474***
			(2.246)			(2.227)
Fis_dece			0.00341			−0.00409
			(0.00879)			(0.00875)
Indus_sec			1.321			6.513***
			(1.396)			(1.398)
Indus_thr			0.690			5.127***
			(1.472)			(1.470)
N	2458	2180	2180	2458	2180	2180
Pseudo R^2	0.0082	0.0383	0.0430	0.0052	0.0205	0.0284

注：括号内为标准差，* 表示 $p<0.1$，** 表示 $p<0.05$，*** 表示 $p<0.01$。

资料来源：本研究计算编制。

（2）进一步的分析

政府生态环境治理的政策满意度离不开一定的治理模式或制度环境。为进一步检验财政分权、政府生态环境治理与居民满意度三者之间的关系，更好地反映分权制度对于治理效果的直接和间接影响，这里将基本模型进行改造，加入财政分权与政府生态环境治理三个手段的交叉项，从而得到新的Ordered Logit模型，如式（6-12）和式（6-13）所示。

$$Satis\_cen_{ijt}=\alpha_1 Eco\_inve_{jt}+\alpha_2 Eco\_huma_{jt}+\alpha_2 Eco\_tech_{jt}+\lambda_1 Eco\_inve\times Fis\_dece+\lambda_2 Eco\_huma_{jt}\times Fis\_dece+\lambda_2 Eco\_tech_{jt}\times Fis\_dece+\beta Mac_{jt}+\gamma Mic_{ijt}+\delta Pro_j+u_{ijt} \tag{6-12}$$

$$Satis\_loc_{ijt}=\alpha_1 Eco\_inve_{jt}+\alpha_2 Eco\_huma_{jt}+\alpha_2 Eco\_tech_{jt}+\lambda_1 Eco\_inve\times Fis\_dece+\lambda_2 Eco\_huma_{jt}\times Fis\_dece+\lambda_2 Eco\_tech_{jt}\times Fis\_dece+\beta Mac_{jt}+\gamma Mic_{ijt}+\delta Pro_j+u_{ijt} \tag{6-13}$$

实证检验过程中，逐步加入资金投入、人员投入、技术投入与财政分权交叉项，以消除可能存在的多重共线性对估计结果的影响。结果见表6-19，资金投入、人员投入与财政分权交叉项显著为正，而技术投入与财政分权交叉项并不显著，且加入该项后拟合效果几乎没有变化。因此，本节基于第（3）和第（7）列的估计结果展开分析。

交叉项系数为负说明，在投入水平一定的情况下，一个地区财政分权程度越高，政府生态环境治理资金投入、人员投入的效果越令人不满意。这说明财政分权确实通过限制生态环境治理资金投入及人员投入的效果，而间接影响一个地区居民对中央或地方政府的生态环境治理满意度。前文的理论分析已经述及，财政分权模式下，地方政府为了提升辖区内的经济增长，宁愿付出一定的生态环境代价，而在政府考核体系不完善的条件下，地方政府并没有足够的主观意愿和直接驱动力，推动具有明显正外部性的生态环境治理活动。

从财政分权的直接作用来看，其估计系数显著为正，而在基本模型中其估计系数并不显著。这说明财政分权在剔除了对政府生态环境治理的影响后，本身对居民政府生态环境治理的满意度提升，存在一定直接作用。这主要是由于分权制度给予地方政府较大的自主权，一定程度促使地方政府因地制宜地选择生态环境治理手段，减少治理政策实施的时滞性。此外，三种治理手段的系数估计结果在剔除交叉项后也由负变正，说明排除了分权制度对政府生态环境治理的影响后，政府生态环境治理投入对居民环境治理满意度是有一定促进作用，尽管这一效果比较微弱。

表 6-19　财政分权下居民对政府生态环境治理满意度模型估计结果

被解释变量	对中央政府生态环境治理满意度				对地方政府生态环境治理满意度			
	(1)	(2)	(3)	(4)	(5)	(6)	(7)	(8)
Eco_inve	5.236 (4.700)	−5.219* (3.163)	3.100 (4.837)	2.821 (4.959)	3.355 (4.669)	−6.290** (3.126)	0.632 (4.810)	1.769 (4.936)
Eco_huma	−0.0361* (0.0193)	0.121** (0.0476)	0.0593 (0.0548)	0.0644 (0.0583)	−0.0523*** (0.0193)	0.124** (0.0489)	0.0734 (0.0557)	0.0541 (0.0589)
Eco_tech	1.071*** (0.284)	0.717** (0.289)	0.893*** (0.299)	1.056 (0.707)	1.280*** (0.286)	0.899*** (0.292)	1.046*** (0.302)	0.385 (0.721)
Fis_dece	0.0250** (0.0116)	0.0112 (0.00972)	0.0256** (0.0116)	0.0319 (0.0275)	0.0304*** (0.0115)	0.0199** (0.00979)	0.0316*** (0.0116)	0.00561 (0.0282)
Eco_inve×*Fis_dece*	−0.708*** (0.186)		−0.495** (0.218)	−0.468* (0.242)	−0.679*** (0.187)		−0.412** (0.218)	−0.517** (0.241)
Eco_huma×*Fis_dece*		−0.00768*** (0.00214)	−0.00468* (0.00252)	−0.00493* (0.00270)		−0.00861*** (0.00220)	−0.0062** (0.0026)	−0.0052** (0.0027)
Eco_tech×*Fis_dece*				−0.00918 (0.0360)				0.0372 (0.0368)
宏观控制变量	YES	YES	YES	YES	YES	YES	YES	YES
微观控制变量	YES	YES	YES	YES	YES	YES	YES	YES
省份虚拟变量	YES	YES	YES	YES	YES	YES	YES	YES
N	2180	2180	2180	2180	2180	2180	2180	2180
R^2	0.0307	0.0304	0.0312	0.0312	0.0451	0.0455	0.0460	0.0462

注：括号内为标准差，* 表示 $p<0.1$，** 表示 $p<0.05$，*** 表示 $p<0.01$。

资料来源：本研究计算编制。

（3）稳健性检验

从上文模型的估计结果来看，引入财政分权与政府生态环境治理手段的交叉项后，模型的估计结果更加吻合理论分析与实践观察。尽管如此，由于我们很难准确判定扰动项的分布情况，那么扰动项并不服从逻辑分布时估计结果就会产生偏误。Ordered Probit 模型，较之于 Ordered Logit 模型，更适合扰动项服从正态分布的估计。而当模型设定不存在问题时，OLS 估计结果也会与排序模型的估计结果较为一致。为进一步检验该模型估计结果的准确性，这里分别使用 Ordered Probit 模型和 OLS 最小二乘法重新对改进模型估计（见

表 6-20)。结果显示，无论是居民对中央政府还是地方政府生态环境治理满意度模型而言，估计结果都与表 6-19 较为一致。

表 6-20 居民对政府生态环境治理满意度模型的稳健性检验

被解释变量	对中央政府生态环境治理满意度		对地方政府生态环境治理满意度	
	Oprobit	OLS	Oprobit	OLS
Eco_inve	0.701 (2.816)	0.427 (2.764)	1.340 (2.812)	1.047 (2.926)
Eco_inve×*Fis_dece*	-0.232* (0.126)	-0.203* (0.123)	-0.260** (0.125)	-0.261** (0.130)
Eco_huma	0.0404 (0.0320)	0.0420 (0.0311)	0.0321 (0.0317)	0.0370 (0.0329)
Eco_huma×*Fis_dece*	-0.00336** (0.00147)	-0.00347** (0.00143)	-0.00256* (0.00146)	-0.00287* (0.00152)
Eco_tech	0.584*** (0.174)	0.549*** (0.171)	0.540*** (0.174)	0.561*** (0.181)
宏观控制变量	YES	YES	YES	YES
微观控制变量	YES	YES	YES	YES
省份虚拟变量	YES	YES	YES	YES
N	2180	2180	2180	2180
R^2/Pseudo R^2	0.0446	0.117	0.0304	0.087

注：括号内为标准差，* 表示 $p<0.1$，** 表示 $p<0.05$，*** 表示 $p<0.01$。

资料来源：本研究计算编制。

第 7 章

提升中国生态福利绩效的政策建议

7.1 优化生态环境治理的宏观环境：基于可持续城镇化角度

7.1.1 稳步健康推进人口城镇化

人口城镇化，在生态资源集约利用、环境污染集中治理等方面具有集聚效应和规模效应，它可以缩小城乡差距，吸引生产要素向城镇集聚。未来应进行稳步健康推动人口城镇化进程，首先应以人为本，注重人力资本水平的提升。人力资本水平提升，不仅表现为人口素质的提升，还应包括知识积累、技术革新、专业化水平提升等。提升人口素质，可以提高劳动生产率，增强低碳、绿色、共享、环境保护等理念的认知度。

知识积累和技术革新可以促进产业结构转型，实现服务经济快速发展。因此，在城镇化进程中应当加强对人力资本投入力度，提高居民受教育水平，加强居民环境保护素质培养。首先，重视进城务工人员的人才培育模式，建立健全进城务工人员的培训体系与就业服务激励机制，完善进城务工人员人力资本投资帮扶制度。其次，深化土地流转制度与户籍改革制度，尽快缩小城市常住人口和户籍人口差距，保障进城务工人员基本公共服务的权利和供给，实现“农民工市民化”，使该群体可以分享城市发展文明成果。

适度限制城市人口规模，防止人口过度集聚。积极引导人口向中小城市迁移，实现人口在各类型城市间均衡分布，减少由于人口大量集聚而带来的环境污染问题，充分考虑区域生态环境的可承受能力。

7.1.2 促进产业结构优化升级

产业结构优化升级与转型，是实现可持续城镇化与生态福利绩效提升的重要基础。应当充分发挥城镇聚集经济和规模经济的正向推动作用，依托于城镇化发展实现产业结构优化升级，实现清洁增长，尽快主动跨越库兹涅茨拐点，减少经济阵痛期。

（1）加速实现农业现代化发展

首先，城镇化进程转移农村剩余劳动力，有助于实现农业规模化经营，从而提升生产能力；其次，推动农业专业细分与农业市场化，有助于促使经营者通过技术研发、成果引进、设备革新等方式，提高劳动生产率；同时，重视生态农业、促进有机农业发展。尤其针对中西部生态环境脆弱地区，应充分挖掘自身环境潜力及自然禀赋优势，发展具备鲜明当地特征的农业，提高农产品的附加值和科技含量。

（2）推动第二产业持续转型

第二产业优化升级，是生态环境污染治理的关键环节。因此，要求重点改造传统重污染，并且优先发展先进制造业和高新技术产业，逐步过渡到资源依赖型产业向技术密集型产业转型的“后工业化”阶段。加大对传统制造产业生产工艺革新、技术设备更新升级，改变其原有“三高两低”（高消耗、高投入、高污染、低产出、低效益）发展模式，实现绿色生产、清洁生产、环保生产。提升高污染高能耗新建项目的准入门槛，避免“竞争到底”，严格限制重污染行业和企业发展，实行落后产能及高污染高能耗产业的淘汰机制，鼓励帮扶环保企业、先进制造业及高新技术产业。合理引导和利用外资流向高端制造业、高新技术产业、高附加值工业等，通过提高税收等方式限制高污染高能耗产业的外资流入，避免成为发达国家的“污染避难所”。提高产品出口税等，以限制高污染高能耗产业外商的产品出口，防止中国过度承担环境成本压力。鼓励企业资金投入循环经济领域，构建资源能源再利用及再生的生产环节，使得产业之间、行业之间、企业之间“循环起来”。立足现有传统制造业，衍生上下游行业，拓展产业链条，发挥产业集聚优势，进行产品深加工，逐步实现产业高端化。

（3）大力发展第三产业，推动“服务经济”转型

由于第三产业对生态资源环境的依赖度低、利用率高等特点，所以，其优化升级是提高生态福利的重点所在，是释放“改革红利”的重要突破口。“服务业是经济社会可持续发展的新引擎”，[①] 服务经济不仅注重推进第三产业快速发展，更突出表现为服务业与工业、服务业与农业之间相互协同融合，实现国民经济整体服务化，进而产生生态友好、绿色增长、惠及民生的作用。

---

① 引自李克强总理在2013年“第二届京交会暨全球服务论坛”开幕式上讲话。

打破第三产业发展体制机制束缚，为第三产业发展“松绑”，创造良好的服务经济集聚环境，扶持战略性新兴区域，充分发挥城镇化对生态环境资源效率的改善作用。生产性服务业应抓住制造业结构升级、需求释放等契机，推动制造业服务外包化，进行生产资本优化配置，提高服务经济比重，促进劳动生产率提升，增加劳动就业吸纳能力，实现生产性服务业发展与第二产业转型的良好互动。城镇化水平提升，社会老龄化加剧，居民生活水平提升及生活方式转变等，均为消费性服务业发展带来巨大机遇。应积极推动以高知识投入、高附加值回报为特征的现代消费性服务业发展，例如，教育培训、医疗卫生、旅游、文化娱乐等行业的规模扩张及结构优化，从而提高资源利用效率及居民福利产出水平。

应提倡共享理念，培育共享经济。共享经济符合绿色发展的客观要求，依托于移动互联网、大数据、云计算、物联网、移动支付、基于位置的服务（LBS）等现代新兴技术，对社会存量资源进行合理调整及有效配置，从而使得产品及其服务的利用效率最大化，改变传统经济发展模式对资源消耗与资本投入的依赖性，实现从重资产消费的“拥有型社会”向轻资产消费的“使用型社会”转变，不仅缓解“人地关系”矛盾，实现人与自然和谐共处，而且“坚持共享发展，可使全体人民在共享共建中有更多获得感”，实现居民生活便捷、高效、满意度提升。

（4）区域产业结构差别化发展策略

东部地区在保持经济稳定持续发展的同时，进一步降低第二产业比重，重点发展第三产业。中部地区在承接东部地区整体产业过程中，应重点引进科技含量高、环境污染少、产出效益高的项目和企业，加强能源结构调整，推广使用清洁能源、绿色能源，不断壮大经济实力的同时，减少对生态环境的损耗与影响。西部地区由于其自然禀赋及发展阶段等因素，发展空间大、发展潜力足。但应坚决摒弃“经济为先”的旧有发展模式，在产业布局、结构优化时，需要充分考虑西部地区脆弱生态环境承载力，杜绝高污染企业对西部地区生态环境造成不可逆的损害。同时，西部地区煤炭、石油、天然气等资源储量丰富，资源勘探开发过程中易造成环境破坏和地质灾害，要时刻注意环境保护及生态资源的有效利用。

7.1.3　优化城市发展布局，实现城市精明增长

城市发展不能一味“贪大求全”，无限制扩大城市建成区面积，特大城

市、超大城市、“巨城市”发展模式均不可取。未来应提倡“点—面”兼顾城市发展空间体系，在空间布局上形成以城市群发展为核心的多层次城市集团发展格局，区域城市群内各城市之间空间组织紧凑、经济联系紧密、文化传统相似，且各城市分工明确、各具特色，互利共赢，协同共进，并完善城市之间的交通基础设施建设，使得城市群内以高铁、轻轨、城市快速路等大容量交通工具为链接纽带。

从源头治理、顶层设计等方面完善城市规划设计，通过生态文明战略规划城市发展格局，从生态环境保护与利用角度，创新城市综合管治等途径，拒绝“生态乌托邦”，鼓励生态城市、低碳城市、智慧城市、海绵城市、韧性城市等城市建设模式，继续推进和强化城市规划、土地规划、环保规划等“多规合一”，进一步优化环境，提高生态服务功能，实现城市精明增长。以环境质量为核心，强化生态功能保障基线、环境质量安全底线、自然资源利用上线“三大红线”，不突破环境容量上限，守住绿色发展底线。

生态服务系统具有涵养水源、保育土壤、提供碳汇服务、改善空气质量、维持物种多样性、提供景观游憩服务等功能，对人类福利具有不可替代的重要作用。应当因地制宜，制定地域性主体功能区规划，及时把环境保护、生态修复、污染治理等目标融合调整至城市建设的总目标和发展战略中去。城市大规模开发扩张过程中可能会存在生态系统性破坏等现象，因此必要的生态修复与补偿机制措施需要在开发建设项目时进行增加与实施。

现阶段，中国城镇化水平及城市发展程度与发达国家还存在一定差距，除了少数以第三产业为主的国际中心城市、区域中心城市等，其他绝大部分城镇还需依赖于产业支撑。同时，中国作为传统的制造业大国，城市体系必然需要承载这一特色性产业功能，大多城镇还需要考虑其制造业属性。因此，必须考虑促进第二产业区域特色化及其适应性，环境技术现代化、绿色化，并统筹纳入城镇总体发展规划中去。推动智慧工业园区、生态工业园区、特色工业园区建设规划，不仅要让绿色型工业园区成为技术研发、制度创新、产品革新的“排头兵”，而且要注意这些园区的示范、推广、引领作用及功能。

在城市内部以多中心、组团式社区建设为主，将居民工作、生活、娱乐休闲等有机结合，减少市内通勤时间，这样不仅可以提高居民生活满意度及幸福感，而且在一定程度上可以缓解城市交通拥堵、公共交通运力不足等现象，减少环境污染。

7.2　完善生态环境治理网络结构：从“增长机器”到“城市治理联盟”

在中国快速城镇化过程中，城市建设多采取以土地换发展的“增长机器”策略，虽然起到一定的城市改造作用，但是在建设过程中爆发的诸多社会问题、生态环境矛盾等，造成“城市文化冲突”“居民权利受损”等负面影响。尤其在生态环境治理过程中，政府治理行为“碎片化”严重，因此应强调政府在处理区域生态环境问题时，处理好中央政府与地方政府、地方政府之间，地方政府与私营部门、非营利组织及社会公众的协作关系，形成不同行动者责任融合的“城市治理联盟”，通过治理网络中合作与伙伴关系来实现区域生态环境治理效率，从而促进生态环境福利水平的提升。

7.2.1　中央与地方之间：优化财政分权制度与政绩考核制度

中央及地方各级政府应避免对生态环境治理过程所涉及事务进行条块分割，各自为政，防治分离。破除“部门逻辑”，统筹考虑资源管理与污染治理，把环境关切融入生态环境治理所涉部门及政策领域，防止“政出多门”。例如，法国 1971 年创设环境保护部，后 2007 年进行内阁改组，生态部、能源部与可持续发展部、区域与规划委员会等合并至环保部，且环保部在国家各部委中被赋予较高的行政级别和管理权限。英国 1990 年启用“绿化政府”运动，[①] 先后成立环境与可持续发展内阁委员会，组建绿色部长委员会，设立下议院环境审议委员会，建立以“追求环境一体化”“可持续发展”的整合型政府。

中国现行财政分权制度导致事权下移、财权上升引起激励不相容，环境支出责任不够明确。地方政府肩负着本地区发展重任，同时在现行激励体制下，地方环境治理资源来源不够稳定，从而造成地方政府在生态环境治理方面存在“不作为”“面子工程”及“形式主义”现象。

因此，中央政府可以适当提高转移支付中节能环保专项资金比例，补充地方政府环境治理中产生的正外部性。尝试设立环境治理专项资金，通过财力上移、责任下移方式明确支出责任，把责任区分为全国性环境问题、区域间外溢性的环境问题、区域内环境问题等。

---

① 该运动于 2001 年更名为“为了可持续发展的政府”。

中央政府应当优化地方政府现行政绩考核体系，应该摒弃传统以经济增长为单一考核标准的政绩观念，防止“以污染换增长”现象，把环境质量、环境管理、生态保护等纳入指标考核体系中，激励地方政府加大环保支出比例，兼顾区域经济发展与环境保护二者关系，使得民众不仅可以分享经济发展成果，同时可以共享优质健康的环境福利。

同时，应从政治晋升、经济授权、道德鼓励等方面，激励地方官员有效执行环保政策。例如，2015 年以来，随着《环境保护监督方案（试行）》《生态环境监测网络建设方案》《关于开展领导干部自然资源资产离任审计的试点方案》《党政领导干部生态环境损害责任追究办法（试行）》等一系列文件出台，环境保护党政同责、自然资源资产离任审计、损害生态环境终身追责等制度建立。可以看出，中国在地方官员履行环境责任激励机制方法方面做出了诸多尝试及努力。

7.2.2　地方政府之间：避免“以邻为壑”，协同治理

区域环境问题存在高度紧密的空间关联性，具有“治则两利，废则双输”特征。未来应在区域经济社会共同发展的同时，强调环境治理过程中的区域协同创新，避免地方政府之间“以邻为壑，竞争到底”。

建立跨区域环境治理机构，推动生态环境治理区域间联防联控，促进区域间合作治污、共同环保。《环保法》第 20 条规定，“建立跨行政区域的重点区域、流域环境污染和生态破坏联合防治协调机制”，但现阶段在区域共治的规划、标准、监测、防治措施方面还不够完善。可以借鉴国外发达国家环境管理体制，例如，日本为解决跨区治污、环境问题外溢等问题，中央政府环境省在北海道等 6 个地区设立派驻地方的分支机构——地方环境事务所，主要负责协调中央与地方在环境行政治理方面的事务。美国环保局（EPA）将全美分为 10 个大区，设置垂直向 EPA 负责的区域环境办公室。并且，提倡签订区域环境治理的府际协作契约，对更为有效地约束各成员间机会主义行为，具有更为广泛的监督作用。同时，契约履行还要建立绩效考核、问责机制等保障体系。

为解决环境公共产品供给及区域之间“搭便车”矛盾，中央政府应扮演协调统筹的角色，处理好区域间环境污染中外溢性较强的这部分问题。中央政府应当重点关注西部地区资源环境与经济发展二者冲突，通过提升节能环保专项资金支出比重，增强对西部地区环境治理的介入及干预程度。东部地

区应发挥“示范作用”及“溢出效应”，通过环境规划，治理技术输出，信息资源共享等，加强对中西部地区环境治理水平提升、清洁技术帮扶等。

7.2.3　地方政府与私营部门：引入第三方市场机制

党的十八届三中全会提出，“建立吸引社会资本投入生态环境保护的市场化机制，推进污染第三方治理”。生态环境污染治理过程中引入第三方市场机构，由第三方机构向各排污主体提供专门的污染治理及管理有偿服务，把排污主体的直接环境治理责任转化为间接的经济责任，最终实现治理行为的社会化、产业化、专业化，从而提升治理绩效最大化。

第三方市场机制治理模式早已在国外发达国家节能减排、环境保护领域推广开来。例如，欧美发达国家普遍建立了节能服务公司制度，推广可提供包括能源审计、节能量检测、项目融资、专业培训等多种服务的合同能源管理模式。法国一直大力支持节能服务公司发展，在法国节能服务公司多为行业性质的，尤其在煤气行业、电力行业、供水行业中较为发达。节能服务公司不仅可以提供节能咨询服务，还可承担类似与物业管理方面的节能管理工作。日本从 1996 年开始在既有建筑节能改造市场中，推广“建筑节能服务公司推广计划”，大力促进该市场化模式在环保产业中的应用比重。

而在现阶段政府生态环境治理领域，仍然囿于传统“谁污染、谁治理”环境立法思路、排污企业社会责任缺失、政府监管不力、体制机制建设不健全等因素，第三方市场机制在中国仍处于“知易行难”的尴尬处境，未来应鼓励环境治理社会化运营模式，引入第三方市场机制，从而使得污染治理集中化、集约化、规模化，进而提升生态福利绩效水平。

7.2.4　地方政府与社会公众：强化公众参与治理模式

生态环境治理，既是一项义务，更是一项权利。应赋予企业、非营利组织、社会公众等利益相关者主体地位，不应仅依赖于政府单一力量，让多主体参与到政策制定、实施及监督等环境治理的全过程。例如，英国政府非常重视非营利组织、社会公众在环境治理过程中的作用。英国把环境治理具体执行活动委托相关行业协会、中介组织、咨询机构、资质标准认证机构等来进行。逐步放权，形成了由“官办”转为“民办”环境治理体制。欧美国家环境非政府组织，例如“地球之友”“绿色和平”“皇家保护野鸟协会”“荒野协会”“世界自然基金”等，在环境治理、生态保护、国际间协作等方面起到重要作用。

地方政府应及时建立地方环保政策公众参与机制，推进治理政策科普、治理情况信息披露等，有助于公众了解政府生态环境治理工作状况，提升公众对政府工作的满意程度。尤其“邻避冲突”现象发生时，政府更需要开通协商性对话渠道，鼓励社区居民直接参与到项目整体决策过程中去，以减少由于环境问题衍生出的社会问题。

充分发挥“以脚投票”机制作用，通过当地居民用实际行动，评价政府生态保护、环境污染治理水平及现有行为模式，起到一定的压力警示作用，迫使地方政府根据公众反馈情况采取相应措施，提升治污能力。

7.3 创新生态环境治理政策体系：因地制宜

7.3.1 生态环境治理政策工具多样化

（1）环保立法创新

实现生态环境保护立法观念创新。借鉴发达国家生态治理、环境保护经验，从立法角度扩展社会环境权益，鼓励动员社会各阶层经济参与到环境保护中，形成以公众参与为主的社会治理模式。例如，法国颁布的《综合环境政策与协商法》，以更为民主的协商型立法模式，代替传统的集权式立法模式，以战略规划性立法代替单项片面立法。高度整合的一站式立法模式及整体“绿化”的立法体系，为环境政策立法提供经验借鉴。强化市场观念，在立法过程中考虑更多经济手段、市场化手段、引导性手段。立法理念从“末端治理”向“预防为主”进行转变。

完善环境软法（Environmental soft law）多主体参与机制。环境治理领域，存在大量以指导意见、建议、标准、示范等形式出现的国家标准、地方标准、行业标准等软法性规范，这些在一定范围内环境共同体制定认可的条款规定，被称之为环境软法。现阶段，中国不应越俎代庖，应把环境软法制定权让位于环境治理所涉及的利益相关者。发挥行业协会等非政府组织作用，开展环境软法制定、咨询、认证等活动。

改善教条化环保法律法规文本，强调可操作性。相较于发达国家，中国环境立法更强调指导思想和管理原则，但条款过于教条。应逐渐完善环保法律法规的可操作性，使得实施保障机制存在对应具体的法律条款可循。例如，德国自 1972 年通过首部环保类法律——《垃圾处理法》以来，联邦政府及其各州政府累计出台环境法律法规 8000 多部，实施欧盟法规 400 多部。德国已建立较为完备的环境立法体系和最为严格细致的环境标准体系，具有很强的执行力，提高了可操作性。

（2）经济激励政策多元化

推进资源型产品价格改革，基于资源环境真实价值，逐步调整资源环境价格。实施绿色价格政策，鼓励购买绿色产品、节能环保设备等。

进一步完善政府间生态转移支付改革。现行转移支付资金测算标准覆盖面较窄，补偿标准低，且补偿机制缺乏动态性，无法完全补偿生态成本，未来应规范使用自然生态环境补偿专项资金，循环经济发展、可再生能源发展、节能项目发展等节能环保发展支持资金的管理和使用。加大中央政府对地方政府的环保支出纵向转移支付力度。建立跨区域横向转移支付制度，建立省际生态补偿基金，搭建省际生态补偿合作机制。

加大环境补偿力度，推动环保补偿手段多元化。目前中国环保支出占财政支出的比重虽然逐年上升，但与发达国家环保支出水平相去甚远，环保资金缺口较大。持续加大环保直接投资力度，继续增加工业污染源治理、“三同时”项目、环保技术等财政投入，从资金源头解决问题。同时，不应只依赖于财政直接补贴单一化补偿手段，应推动环保补偿手段多元化，政府绿色采购、税收优惠、绿色贸易、绿色资本市场、绿色保险等手段应用不够广泛。而且财政直接补偿属于事后应急手段，“治标不治本”，不能够参与到环境保护全链条之中。

扩大环保税收覆盖范围，加大征收力度。从 20 世纪 90 年代以来，瑞典先后对二氧化碳、二氧化硫、氮氧化物等污染物征收环境税，同时开征天然砂砾税、垃圾填埋税等，进行绿色税收改革。1990 年，荷兰首次引入二氧化碳能源税。欧盟大部分国家也均设置多样化的资源税、能源税等。相比国外发达国家，中国环境税体系还存在较大差距。未来应实施绿色税收政策，完善现行排污费制度，征收环境税（如能源税、二氧化硫税、碳税等），并实施差别化征税制度。

拓展完善环保筹资体系。鼓励民间资本、外资进入环保投资领域；推广绿色证券、环境信用等模式；推广环保 PPP 项目，解决环境保护基础设施建设筹资问题；提供绿色信贷，提供还贷优惠条件、利率优惠、加速折旧等贷款优惠。

引入可交易节能证书制度。该机制把权威机构核定发行的节能证书作为可以交易的商品，在责任主体向监管机构提交保证其节能义务、足够数量的节能证书后，其余的节能证书可以在证书市场上进行交易。例如，“可交易白色证书”（Tradable white certificates）、碳交易机制、排污权交易机制、节能量交易、水权交易等。

建立环保治理技术激励机制。在经济政策上大力支持环保技术创新，鼓励企业清洁生产自主研发能力，促使企业排污设备更新升级。同时，推动重点领域、重点行业的具有自主知识产权的源头治理技术研发。重点关注雾霾治理的成因研究等。

（3）推广社会自愿型政策工具

建立生态环境治理大数据信息平台。通过大数据、云计算等技术，建立环境治理集中数据库和数据管理中心，“集量成智”，实现信息联动式管理和“一站式”全程服务，全面提升治理能力。建立数据共享机制，建立多级数据管理中心，防止“信息孤岛”现象，畅通资源共享“最后一公里”。

加强宣传教育，培养全社会环保意识。通过社会传媒渠道，加强企业环保社会责任感，提升社会大众环保主人翁意识。例如，日本颁布《环境教育法》，以立法形式对公众进行普适性环境保护教育。同时，在《环境基本法》《推进形成循环型社会基本法》《再生资源利用促进法》等中，对公民的“环境资源意识教育”“环境资源学习制度”等均有明确法律条款规定。美国也颁布了诸如《美国环境教育法》等，用以培养社会环保意识。同时，还需要加强大众媒体监督检查作用，与社会公众、行业组织，形成合力共治。例如，日本政府为公众提供环境治理公告、递交居民意见书、参与环境听证会等渠道了解环境治理状况，参与监督。

重视改善行业协会、非营利性组织、第三方咨询评估机构等生存发展环境。鼓励社会大众积极参与环境治理决策活动，做到治理活动“还权于民，让利于社”，增强居民生态环境幸福感、获得感等。

7.3.2 生态环境治理政策执行机制优化

加强环境执法力度。现阶段中国环保领域仍普遍存在“守法成本高、违法成本低”现象，环境执法成本高、执法不力、监督不严情况普遍。因此，需要实现环境执法的制度化、规范化、程序化。首先，健全环保系统内部执法约束机制，严格执行环保执法监督“五项制度”；其次，强化环境执法外部监督机制，接受各级人大、检察机关及其他监察部门的监督，接受公众监督、媒体监督、舆论监督等。同时，提高执法人员素质，完善考核评议制度、行政责任制度等，提升执法水平。健全环境管理体制机制，强化对环境保护工作的领导与考核，有效防范环境风险和妥善处理突发性环境事件。加大对环境治理投入的监督管理。建立全过程监督检查机制、投入绩效评估机制等，确保治理资金使用效果，实现治污支出专款专用，防止“寻租”“挪用专项资金”等现象发生。

第 8 章

结论与展望

生态文明建设关系人民福祉，是实现可持续发展根本要求。本章作为结论部分，主要通过对前面各个章节，尤其是第 3 章至第 6 章的研究成果进行归纳和提炼。同时，对本研究限于篇幅及研究能力而未能做出充分论述的内容，提出未来进一步深入的研究方向。

8.1 主要研究结论

第一，1997—2015 年中国 30 个省份生态环境投入 REEI 指数、居民福利产出 RHDI 指数均呈现波动上升趋势，说明近年来中国生态环境投入持续增长，居民福利水平不断提升。同时，30 个省份呈现不同生态福利发展状态，具体可按照“高投入—高产出”“低投入—高产出”“低投入—低产出”“高投入—低产出”4 种类型进行划分，结果显示，中国绝大多数省份（21 省）生态福利水平仍处于欠可持续发展状态，仍有部分省份（5 省）生态福利水平处于不可持续发展状态，仅有少数省份（4 省）生态福利水平处于理想的可持续发展状态。

第二，1997—2015 年，中国 30 个省份生态福利绩效水平呈现逐年缓慢上升，不断波动的状态，生态福利水平还存在较大的提升空间。同时，生态福利绩效水平呈现由东南向西北梯次递减趋势，具有空间非均衡分布特征。生态福利绩效变异系数和泰尔指数均呈现由东到西梯次式递增趋势，说明生态福利绩效存在明显地区差异，造成这种差异的原因主要有城镇化水平、经济发展结构、生态环境投入、社会公共服务水平、政府生态环境治理效果等。通过实证分析可以发现，中国生态福利绩效不存在 σ 收敛，其收敛结果表现为总体发散、局部收敛。但生态福利绩效存在绝对 β 收敛性，以 2.5%的平均收敛速度趋近于共同的稳态水平。同时生态福利绩效还存在条件 β 收敛，但不同地区生态福利绩效存在一定差异，且不同控制变量对生态福利绩效影响程度不同。此外，中国三大区域内各地区间生态福利绩效具有相似的收敛特征，生态福利绩效分布呈现明显的“俱乐部现象”。

第三，城镇化及其过程对生态福利绩效的影响实证结果显示：①生态福利绩效与常住人口城镇化水平之间呈现显著“倒 U 形”关系，与户籍人口城镇化水平呈现显著线性负相关关系。这说明，适度人口集聚可以提升生态福利绩效水平，而过度人口集聚会降低生态福利绩效水平。而户籍人口数量的增加，会导致居民福利水平下降，对生态福利绩效产生负向影响。②生态福利绩效与产业结构之间呈现显著线性正向关系，经济城镇化对生态福利绩效存在正向空间溢出效应，这说明现阶段推动经济城镇化发展，仍是提高生态福利绩效的重要手段。③生态福利绩效与城市规模之间呈现显著“倒 U 形”关系。这说明，城市规模过小时，可以通过城市扩张提升生态福利绩效；但当城市突破最优规模后，继续增加城市空间将导致生态福利绩效的下降。

第四，城镇化进程中政府治理的生态福利效应实证结果显示：①政府治理人员投入、技术投入产生显著的正向生态效应，说明上述二种手段能够有效降低生态环境投入水平，是改善环境质量、促进节能减排的有效手段。资金投入虽然呈现正向的生态效应，但未通过显著性检验，说明生态环境治理资金投入虽然有利于生态环境消耗水平的降低，但是现阶段该效应还未完全显现。②政府治理资金投入、人员投入、技术投入三种手段对居民福利水平提升具有显著正向作用。政府生态环境治理行为不仅通过减少生态环境投入这一中介渠道提升居民福利水平，还具有直接的居民福利效应。同时，政府生态环境治理产生的居民福利效应具有明显的空间外溢性，从而揭示地方政府对本辖区内生态环境治理动力不足的真实原因。③政府治理资金投入、人员投入与居民对政府生态环境满意度呈现显著负向关系，技术投入与居民满意度呈现显著正向关系。在生态环境治理投入水平一定时，一个地区财政分权程度越高，政府生态环境治理资金投入、人员投入的效果，越令居民感到不满意。这说明，中国式分权制度通过限制生态环境治理资金投入及人员投入的效果，间接影响了居民对政府生态环境治理行为的满意程度。在中国式分权制度背景下，地方政府受到“GDP 锦标赛”“晋升锦标赛”等影响，宁愿牺牲生态环境而换取辖区内经济增长，同时现有地方政府考核体系不尽完善，这些均导致了地方政府并未有足够的驱动力进行生态环境治理活动，从而影响了公众对政府生态环境治理的满意度。

第五，基于中国不同省份生态福利绩效综合评价结果及影响因素分析，可从优化生态环境治理的宏观环境、完善生态环境治理网络结构、创新生态环境治理的政策体系等方面，对中国生态福利绩效水平提升提出相关政策建议。

8.2 研究展望

尽管本研究在每章节力求研究规范性及严谨性，并具有一定创新性，但囿于作者现有研究能力及研究时间，本研究仍存在一定不足，研究深度及广度有待在后续研究进一步得以提升。未来生态福利绩效相关问题的研究还可以从以下方面加以拓展：

首先，在理论研究方面，本研究未能从更多视角对环境与福利相关理论进行更为全面深入的系统梳理，未来可以从哲学及社会学视角建立福利与生态经济学的理论链接，丰富生态福利现有基础理论研究。同时，本研究未能运用数理分析模型构建城镇化及其过程对生态环境福利绩效的理论分析框架，未来可借鉴数学学科中数理推导及相关优化算法，建立更为系统的理论分析框架。

其次，在实证研究层面，本研究采用国内发展较为成熟的 CGSS 数据库，但该数据库仅提供了 2003—2013 年居民主观幸福感调查数据，政府生态环境治理居民满意度仅有 2003 年和 2010 年居民满意度调查数据，且这些数据均为截面数据，并未进行独立的个体追踪调查，无法提供匹配精确的面板数据，限制了研究的可挖掘深度。由于笔者时间和精力限制，本研究未能有针对性设计相关问卷，仅选择了以上通用问卷数据作为研究样本。以上所述问题，短期内无法依靠个人力量获取较为全面、权威的大样本微观调查数据，未来需要更多学者及研究机构参与其中，共同构筑精确可靠的调查数据源。

参考文献

［1］埃里克·诺伊迈耶．强与弱：两种对立的可持续性范式：Exploring the Limits of Two Opposing Paradigms［M］．上海：上海译文出版社，2002.

［2］白俊红，江可申，李婧．中国区域创新效率的收敛性分析［J］．财贸经济，2008（9）：119-123.

［3］白世秀．黑龙江省区域生态效率评价研究［D］．哈尔滨：东北林业大学，2011.

［4］包洛夫斯基，朱银城．经济学中的生态问题——生态问题研究述评［J］．生态经济，1986（4）：43-46.

［5］包群，彭水军，阳小晓．是否存在环境库兹涅茨倒U型曲线？——基于六类污染指标的经验研究［J］．上海经济研究，2005（12）：3-13.

［6］鲍世行，顾孟潮．城市学与山水城市［M］．北京：中国建筑工业出版社，1994.

［7］蔡洁，夏显力，李世平．新型城镇化视角下的区域生态效率研究——以山东省17地市面板数据为例［J］．资源科学，2015，37（11）：2271-2278.

［8］蔡俊豪，陈兴渝．"城市化"本质含义的再认识［J］．城市发展研究，1999（5）：22-25.

［9］曾贤刚．环境规制、外商直接投资与"污染避难所"假说——基于中国30个省份面板数据的实证研究［J］．经济理论与经济管理，2010（11）：65-71.

［10］曾贤刚．中国区域环境效率及其影响因素［J］．经济理论与经济管理，2011（10）：103-110.

［11］柴泽阳，杨金刚，孙建．环境规制对碳排放的门槛效应研究［J］．资源开发与市场，2016，32（9）：1057-1063.

［12］陈傲．中国区域生态效率评价及影响因素实证分析——以2000—2006

年省际数据为例［J］. 中国管理科学，2008，S1：566-570.

［13］陈波翀，郝寿义. 自然资源对中国城市化水平的影响研究［J］. 自然资源学报，2005，20（3）：394-399.

［14］陈春. 健康城镇化发展研究［J］. 国土与自然资源研究，2008（4）：7-9.

［15］陈华文，刘康兵. 经济增长与环境质量：关于环境库兹涅茨曲线的经验分析［J］. 复旦学报（社会科学版），2004（2）：87-94.

［16］陈辉民. 生态资源贫瘠化：内涵、形成机制和政策的经济逻辑［J］. 贵州社会科学，2015（5）：141-146.

［17］陈抗，Arye L. Hillman，顾清扬. 财政集权与地方政府行为变化——从援助之手到攫取之手［J］. 经济学，2002，2（4）：111-130.

［18］陈玲，赵国春. 地方政府环境规制对全要素能源效率影响——基于新疆面板数据的实证研究［J］. 干旱区资源与环境，2014，28（8）：7-13.

［19］陈敏，张丽君，王如松，等. 1978—2003 年中国生态足迹动态分析［J］. 资源科学，2005，27（6）：132-139.

［20］陈明. 财政分权增加了政府环境治理效率吗？来自我国 31 省市的证据［J］. 当代经济管理，2014，36（11）：66-71.

［21］陈明艺，裴晓东. 我国环境治理财政政策的效率研究——基于 DEA 交叉评价分析［J］. 当代财经，2013（4）：27-36.

［22］陈顺清. 城市增长与土地增值［D］. 广州：华南师范大学，1998.

［23］陈硕，陈婷. 空气质量与公共健康：以火电厂二氧化硫排放为例［J］. 经济研究，2014（8）：158-169.

［24］陈雯. 中国区域生态效率时空测度及影响因素研究——基于新型城镇化的视角［J］. 福建师范大学学报（哲学社会科学版），2017（3）：13-20.

［25］陈永伟，史宇鹏. 幸福经济学视角下的空气质量定价——基于 CF-PS2010 年数据的研究［J］. 经济科学，2013（6）：77-88.

［26］陈予群. 生态经济学研究探讨［J］. 经济科学，1985（2）：63-67.

［27］陈真玲. 生态效率、城镇化与空间溢出——基于空间面板杜宾模型的研究［J］. 管理评论，2016，28（11）：66-74.

［28］陈志国，张娟，陈国绪. 地方财政支出对区域经济增长俱乐部收敛性的影响分析［J］. 财政研究，2008（12）：54-57.

［29］成金华，孙琼，郭明晶，等. 中国生态效率的区域差异及动态演化

研究［J］. 中国人口·资源与环境，2014，24（1）：47-54.

［30］程宝良，高丽. 论生态价值的实质［J］. 生态经济（中文版），2006（4）：32-34.

［31］程丹润，李静. 环境约束下的中国省区效率差异研究：1990—2006［J］. 财贸研究，2009，20（1）：13-17.

［32］初善冰，黄安平. 外商直接投资对区域生态效率的影响——基于中国省际面板数据的检验［J］. 国际贸易问题，2012（11）：128-144.

［33］储德银，韩一多，张同斌. 财政分权、公共部门效率与医疗卫生服务供给［J］. 财经研究，2015，41（5）：28-41.

［34］崔木花. 中原城市群 9 市城镇化与生态环境耦合协调关系［J］. 经济地理，2015，35（7）：72-78.

［35］戴红军，孙涛，张坤. 环境质量与居民主观幸福感关系的实证研究［J］. 统计与决策，2015（17）：113-115.

［36］戴铁军，陆钟武. 钢铁企业生态效率分析［J］. 东北大学学报（自然科学版），2005，26（12）：1168-1173.

［37］党廷慧，白永平. 区域生态效率的测度：基于非期望产出的 SBM 模型的 DEA 窗口分析［J］. 环境与可持续发展，2014（2）：39-42.

［38］邓波，张学军，郭军华. 基于三阶段 DEA 模型的区域生态效率研究［J］. 中国软科学，2011（1）：92-99.

［39］邓扶平，焦念念. "生态福利"的法学蕴涵及其学理证成［J］. 重庆大学学报（社会科学版），2014，20（1）：131-135.

［40］邓伟根，刘萱芝. 基于循环经济视角的我国能源可持续发展能力评价［J］. 现代管理科学，2012（11）：23-25.

［41］丁焕峰，李佩仪. 中国区域污染与经济增长实证：基于面板数据联立方程［J］. 中国人口资源与环境，2012，22（1）：49-56.

［42］董竹，张云. 中国环境治理投资对环境质量冲击的计量分析——基于 VEC 模型与脉冲响应函数［J］. 中国人口·资源与环境，2011，21（8）：61-65.

［43］杜江，刘渝. 城市化与环境污染：中国省际面板数据的实证研究［J］. 长江流域资源与环境，2008，17（6）：825-830.

［44］杜婷婷，毛锋，罗锐. 中国经济增长与 CO_2 排放演化探析［J］. 中国人口·资源与环境，2007，17（2）：94-99.

［45］多淑杰．城镇化四维分析模型的构建与协调发展评价［J］．企业经济，2014（8）：126-130.

［46］樊雅丽．生态福利的引入与社会化——一个社会政策的研究视角［J］．河北学刊，2009，29（6）：132-135.

［47］范进，赵定涛．土地城镇化与人口城镇化协调性测定及其影响因素［J］．经济学家，2012（5）：61-67.

［48］方创琳，王德利．中国城市化发展质量的综合测度与提升路径［J］．地理研究，2011，30（11）：1931-1946.

［49］方创琳．中国快速城市化过程中的资源环境保障问题与对策建议［J］．中国科学院院刊，2009，24（5）：468-474.

［50］方精云，唐志尧．全球生态系统功能和自然资本的价值［J］．世界环境，1999（2）：5-8.

［51］方叶林，黄震方，王坤，等．基于 PCA-ESDA 的中国省域旅游经济时空差异分析［J］．经济地理，2012，32（8）：149-154.

［52］冯吉芳，袁健红．中国区域生态福利绩效及其影响因素［J］．中国科技论坛，2016（3）：100-105.

［53］付丽娜，陈晓红，冷智花．基于超效率 DEA 模型的城市群生态效率研究——以长株潭“3+5”城市群为例［J］．中国人口·资源与环境，2013，23（4）：169-175.

［54］付伟，赵俊权，杜国祯．资源可持续利用评价——基于资源福利指数的实证分析［J］．自然资源学报，2014，29（11）：1902-1915.

［55］傅勇，张晏．中国式分权与财政支出结构偏向：为增长而竞争的代价［J］．管理世界，2007（3）：4-12.

［56］傅勇．财政分权、政府治理与非经济性公共物品供给［J］．经济研究，2010（8）：4-15.

［57］傅允生．资源约束、利润转移与不经济增长——中国经济高增长中的资源问题［J］．经济理论与经济管理，2005（9）：14-20.

［58］盖美，连冬，田成诗，等．辽宁省环境效率及其时空分异［J］．地理研究，2014，33（12）：2345-2357.

［59］高明，郭施宏，夏玲玲．大气污染府际间合作治理联盟的达成与稳定——基于演化博弈分析［J］．中国管理科学，2016，24（8）：62-70.

［60］高珮义．中外城市化比较研究［M］．天津：南开大学出版社，2004.

［61］葛中全，谢炜，张斌．论我国经济增长过程中的“公地悲剧”与成因［J］．生态经济（中文版），2005（1）：43-46.

［62］谷树忠，胡咏君，周洪．生态文明建设的科学内涵与基本路径［J］．资源科学，2013，35（1）：2-13.

［63］顾朝林．改革开放以来中国城市化与经济社会发展关系研究［J］．人文地理，2004，19（2）：1-5.

［64］桂小丹，李慧明．环境库兹涅茨曲线实证研究进展［J］．中国人口资源与环境，2010，S1：5-8.

［65］郭国峰，郑召锋．基于 DEA 模型的环境治理效率评价——以河南为例［J］．经济问题，2009（1）：48-51.

［66］国务院发展研究中心．推进高效、包容、可持续的城镇化［M］．北京：中国发展出版社，2014.

［67］韩永辉，黄亮雄，王贤彬．产业结构优化升级改进生态效率了吗?［J］．数量经济技术经济研究，2016（4）：40-59.

［68］何枫，马栋栋，祝丽云．中国雾霾污染的环境库兹涅茨曲线研究——基于 2001—2012 年中国 30 个省市面板数据的分析［J］．软科学，2016，30（4）：37-40.

［69］何林，陈欣．基于生态福利的陕西省经济可持续发展研究［J］．开发研究，2011（6）：24-28.

［70］何平林，刘建平，王晓霞．财政投资效率的数据包络分析：基于环境保护投资［J］．财政研究，2011（5）：30-34.

［71］何强，吕光明．福利测度方法的研究述评［J］．财经问题研究，2009（7）：31-36.

［72］何显明．市场化进程中的地方政府角色行为模式及其变迁——浙江现象的行政学解读［J］．浙江社会科学，2007（4）：43-48.

［73］何宜庆，王耀宇，周依仿，等．金融集聚、区域产业结构与生态效率耦合协调实证研究——以三大经济圈为例［J］．经济问题探索，2015（5）：131-137.

［74］洪大用．经济增长，环境保护与生态现代化［J］．中国社会科学，2012（9）：82-111.

［75］洪开荣，李博．土地资源生态效率时空差异及影响因素研究［J］．湖北社会科学，2016（10）：74-81.

[76] 胡鞍钢，郑京海，高宇宁，等．考虑环境因素的省级技术效率排名（1999—2005）[J]. 经济学：季刊，2008（3）：933-960.

[77] 胡初枝，黄贤金，钟太洋，等．中国碳排放特征及其动态演进分析[J]. 中国人口·资源与环境，2008，18（3）：38-42.

[78] 胡聃，许开鹏，杨建新，等．经济发展对环境质量的影响——环境库兹涅茨曲线国内外研究进展 [J]. 生态学报，2004，24（6）：1259-1266.

[79] 胡晓珍，杨龙．中国区域绿色全要素生产率增长差异及收敛分析[J]. 财经研究，2011，37（4）：123-134.

[80] 黄国庆．基于 SBM 方法的我国区域环境效率测度及空间效应 [J]. 求索，2013（2）：14-17.

[81] 黄和平，毕军，李祥妹．区域生态经济系统的物质输入与输出分析[J]. 生态学报，2006，26（8）：2579-2586.

[82] 黄寿峰．财政分权对中国雾霾影响的研究 [J]. 世界经济，2017，40（2）：127-152.

[83] 霍景东，夏杰长．公共支出与人类发展指数——对中国的实证分析：1990—2002 [J]. 财经论丛（浙江财经大学学报），2005（4）：7-10.

[84] 冀延卿．发展小城镇是推进我国城市化的必由之路 [J]. 经济经纬，2002（2）：22-25.

[85] 江小涓，李辉．服务业与中国经济：相关性和加快增长的潜力 [J]. 经济研究，2004（1）：4-15.

[86] 江小涓．产业结构优化升级：新阶段和新任务 [J]. 财贸经济，2005（4）：3-9.

[87] 颉茂华，刘向伟，白牡丹．环保投资效率实证与政策建议 [J]. 中国人口·资源与环境，2010，20（4）：100-105.

[88] 金培振，张亚斌，李激扬．能源效率与节能潜力的国际比较——以中国与 OECD 国家为例 [J]. 世界经济研究，2011（1）：21-27.

[89] 金荣学，张迪．我国省级政府环境治理支出效率研究 [J]. 经济管理，2012（11）：152-159.

[90] 李谷成．中国农业生产率增长的地区差距与收敛性分析 [J]. 产业经济研究，2009（2）：41-48.

[91] 李佳佳，罗能生．中国区域环境效率的收敛性、空间溢出及成因分析 [J]. 软科学，2016，30（8）：1-5.

［92］李静，程丹润．中国区域环境效率差异及演进规律研究——基于非期望产出的 SBM 模型的分析［J］. 工业技术经济，2008，27（11）：100-104.

［93］李静，沈伟．环境规制对中国工业绿色生产率的影响——基于波特假说的再检验［J］. 山西财经大学学报，2012（2）：56-65.

［94］李兰冰．中国能源绩效的动态演化、地区差距与成因识别——基于一种新型全要素能源生产率变动指标［J］. 管理世界，2015（11）：40-52.

［95］李丽平，田春秀．生态效率——OECD 全新环境管理经验［J］. 环境科学动态，2000（1）：33-36.

［96］李良美．生态文明的科学内涵及其理论意义［J］. 毛泽东邓小平理论研究，2005（2）：23-25.

［97］李梦洁．环境污染、政府规制与居民幸福感——基于 CGSS（2008）微观调查数据的经验分析［J］. 当代经济科学，2015，37（5）：59-68.

［98］李平，慕绣如．波特假说的滞后性和最优环境规制强度分析——基于系统 GMM 及门槛效果的检验［J］. 产业经济研究，2013（4）：21-29.

［99］李荣娟，孙友祥．生态文明视角下的政府生态服务供给研究［J］. 当代世界与社会主义，2013（4）：177-181.

［100］李胜兰，初善冰，申晨．地方政府竞争、环境规制与区域生态效率［J］. 世界经济，2014（4）：88-110.

［101］李胜文，李新春，杨学儒．中国的环境效率与环境管制——基于 1986—2007 年省级水平的估算［J］. 财经研究，2010，36（2）：59-68.

［102］李树琮．中国城市化与小城镇发展［M］. 北京：中国财政经济出版社，2002.

［103］李双杰，范超．随机前沿分析与数据包络分析方法的评析与比较［J］. 统计与决策，2009（7）：25-28.

［104］李晓西，刘一萌，宋涛．人类绿色发展指数的测算［J］. 中国社会科学，2014（6）：69-95.

［105］李晓羽，盛鹏飞，杨俊．中国环境污染与人类发展的实证研究［J］. 重庆大学学报（社会科学版），2015，21（1）：51-60.

［106］李艳芳．论公众参与环境影响评价中的信息公开制度［J］. 江海学刊，2004（1）：126-132.

［107］李振福．城市化水平综合测度模型研究［J］. 北京交通大学学报（社会科学版），2003，2（1）：75-80.

［108］李志青．可持续发展的“强”与“弱”——从自然资源消耗的生态极限谈起［J］．中国人口·资源与环境，2003，13（5）：1-4.

［109］李子联．人口城镇化滞后于土地城镇化之谜——来自中国省际面板数据的解释［J］．中国人口·资源与环境，2013，23（11）：94-101.

［110］林光平，龙志和，吴梅．中国地区经济σ收敛的空间计量实证分析［J］．数量经济技术经济研究，2006，23（4）：14-21.

［111］林毅夫，刘明兴．中国的经济增长收敛与收入分配［J］．世界经济，2003（8）：3-14.

［112］林毅夫．中国的城市发展与农村现代化［J］．北京大学学报（哲学社会科学版），2002（4）：12-15.

［113］刘丙泉，李雷鸣，宋杰鲲．中国区域生态效率测度与差异性分析［J］．技术经济与管理研究，2011（10）：3-6.

［114］刘昌明．关于生态需求水量的概念和重要性［J］．科学与社会，2002（2）：25-29.

［115］刘昌寿．生态现代化理论及其对我国城市可持续发展的启示［J］．城市规划学刊，2006（6）：54-60.

［116］刘凤良，高东明．“趋同”问题的研究及其为增长理论发展带来的新课题［J］．当代经济研究，2006（6）：23-27.

［117］刘国平，朱远．碳排放约束下的中国省域全要素福利绩效研究［J］．软科学，2014，28（8）：88-93.

［118］刘国平．中国能源福利绩效及其因素分解研究：基于G20数据［J］．经济问题探索，2017（1）：24-30.

［119］刘华军．城市化对二氧化碳排放的影响——来自中国时间序列和省际面板数据的经验证据［J］．上海经济研究，2012（5）：24-35.

［120］刘妮，江荫．中国环境污染治理投资统计分析［J］．现代企业教育，2012（6S）.

［121］刘强．中国经济增长的收敛性分析［J］．经济研究，2001（6）：70-77.

［122］刘思华．论生态经济需求［J］．经济研究，1988（4）：77-79.

［123］刘思华．生态经济价值问题初探［J］．学术月刊，1987（11）：3-9.

［124］刘士林．关于我国城镇化问题的若干思考［J］．学术界，2013（3）：5-13.

［125］刘伟，蔡志洲．从国民收入国际比较的新变化看中国现代化进程

[J]. 经济纵横, 2015 (1): 38-45.

[126] 刘伟, 李绍荣. 产业结构与经济增长 [J]. 中国工业经济, 2002 (5): 14-21.

[127] 刘文玲, 王灿, Spaargaren Gert, 等. 中国的低碳转型与生态现代化 [J]. 中国人口·资源与环境, 2012, 22 (9): 15-19.

[128] 刘艳艳, 王少剑. 珠三角地区城市化与生态环境的交互胁迫关系及耦合协调度 [J]. 人文地理, 2015 (3): 64-71.

[129] 刘耀彬, 陈斐. 中国城市化进程中的资源消耗"尾效"分析 [J]. 中国工业经济, 2007 (11): 48-55.

[130] 刘耀彬, 陈志, 杨益明. 中国省区城市化水平差异原因分析 [J]. 城市问题, 2005 (1): 16-20.

[131] 刘业础. 论环境资源价值和环境经济立法 [J]. 武汉大学学报 (人文科学版), 1981 (6): 12-17.

[132] 柳杨青. 生态需要的经济学研究 [M]. 北京: 中国财政经济出版社, 2004.

[133] 龙亮军, 王霞, 郭兵. 基于改进 DEA 模型的城市生态福利绩效评价研究——以我国 35 个大中城市为例 [J]. 自然资源学报, 2017, 32 (4): 595-605.

[134] 龙亮军, 王霞, 郭兵. 生态福利绩效视角下的上海市可持续发展评价研究 [J]. 长江流域资源与环境, 2016, 25 (1): 9-15.

[135] 龙亮军, 王霞. 上海市生态福利绩效评价研究 [J]. 中国人口·资源与环境, 2017, 27 (2): 84-92.

[136] 卢洪友, 祁毓. 环境质量、公共服务与国民健康——基于跨国 (地区) 数据的分析 [J]. 财经研究, 2013 (6): 106-118.

[137] 陆文喜, 李国平. 中国区域金融发展的收敛性分析 [J]. 数量经济技术经济研究, 2004, 21 (2): 125-128.

[138] 逯元堂, 吴舜泽, 陈鹏, 等. "十一五"环境保护投资评估 [J]. 中国人口·资源与环境, 2012, 22 (10): 43-47.

[139] 路正南, 冯阳. 技术进步视角下环境规制对碳排放绩效的影响 [J]. 科技管理研究, 2016, 36 (17): 229-234.

[140] 罗能生, 李佳佳, 罗富政. 中国城镇化进程与区域生态效率关系的实证研究 [J]. 中国人口·资源与环境, 2013, 23 (11): 53-60.

[141] 吕小康, 王丛. 空气污染对认知功能与心理健康的损害 [J]. 心理

科学进展，2017，25（1）：111-120.

［142］马海良，丁元卿，王蕾．绿色水资源利用效率的测度和收敛性分析［J］．自然资源学报，2017，32（3）：406-417.

［143］马世骏，王如松．社会—经济—自然复合生态系统［J］．生态学报，1984，4（1）：3-11.

［144］马长青．贵州省新型城市化发展战略模式研究［D］．长沙：中南大学，2014.

［145］蒙德尔．经济学解说［M］．北京：经济科学出版社，2000.

［146］苗韧，周伏秋，胡秀莲，等．中国能源可持续发展综合评价研究［J］．中国软科学，2013（4）：17-25.

［147］苗艳青，陈文晶．空气污染和健康需求：Grossan 模型的应用［J］．世界经济，2010（6）：160-160.

［148］苗艳青．空气污染对人体健康的影响：基于健康生产函数方法的研究［J］．中国人口·资源与环境，2008，18（5）：205-209.

［149］穆泉，张世秋．中国 2001—2013 年 PM2.5 重污染的历史变化与健康影响的经济损失评估［J］．北京大学学报（自然科学版），2015，51（4）：694-706.

［150］倪鹏飞．新型城镇化的基本模式、具体路径与推进对策［J］．江海学刊，2013（1）：87-94.

［151］倪志良，贾占标，解萧语．相对剥夺、非农就业与农民幸福感［J］．山西财经大学学报，2016，38（12）：64-74.

［152］聂辉华，李金波．政企合谋与经济发展［J］．经济学（季刊），2007，6（A01）：75-90.

［153］潘小川，李国星，高婷．危险的呼吸：PM2.5 的健康危害和经济损失评估研究［M］．北京：中国环境科学出版社，2012.

［154］潘兴侠，何宜庆，胡晓峰．区域生态效率评价及其空间计量分析［J］．长江流域资源与环境，2013，22（5）：640-647.

［155］潘兴侠．我国区域生态效率评价、影响因素及收敛性研究［M］．北京：经济科学出版社，2014.

［156］彭国华．中国地区收入差距、全要素生产率及其收敛分析［J］．经济研究，2005（9）：19-29.

［157］彭时平，吴建瓴．地方政府相对绩效考核的逻辑与问题［J］．经济

体制改革，2010（6）：36-41.

［158］彭水军，包群．经济增长与环境污染——环境库兹涅茨曲线假说的中国检验［J］．财经问题研究，2006（8）：3-17.

［159］蒲志仲．自然资源价值浅探［J］．价格理论与实践，1993（4）：6-11.

［160］朴胜任，李健，苑清敏．不同处置性视角下京津冀城市群环境效率评价［J］．城市问题，2017（5）：35-44.

［161］齐绍洲，罗威．中国地区经济增长与能源消费强度差异分析［J］．经济研究，2007（7）：74-81.

［162］齐志新，陈文颖．结构调整还是技术进步？——改革开放后我国能源效率提高的因素分析［J］．上海经济研究，2006（6）：8-16.

［163］钱孝琳，阚海东，宋伟民，等．大气细颗粒物污染与居民每日死亡关系的 Meta 分析［J］．环境与健康杂志，2005，22（4）：246-248.

［164］钱学森．社会主义中国应该建山水城市［J］．城市规划，1993（3）.

［165］钱忠好，任慧莉．不同利益集团间环境行为选择博弈分析［J］．江苏社会科学，2015（4）：41-49.

［166］乔宝云，刘乐峥，尹训东，等．地方政府激励制度的比较分析［J］．经济研究，2014（10）：102-110.

［167］乔青，高吉喜，韩永伟，等．基于生态需求的城市绿地系统生态设计方法与应用——以辽宁省海城市为例［J］．干旱区资源与环境，2007，21（9）：10-14.

［168］乔旭宁，张婷，杨永菊，等．渭干河流域生态系统服务的空间溢出及对居民福祉的影响［J］．资源科学，2017，39（3）：533-544.

［169］秦江波，孙永波，张德江．中国能源可持续发展模式研究［J］．学术交流，2015，250（1）：136-140.

［170］曲福田．可持续发展的理论与政策选择［M］．北京：中国经济出版社，1900.

［171］曲格平．中国环境保护四十年回顾及思考——在香港中文大学“中国环境保护四十年”学术论坛上的演讲［J］．中国环境管理干部学院学报，2013（4）：1-6.

［172］曲卫华，颜志军．环境污染、经济增长与医疗卫生服务对公共健康的影响分析——基于中国省际面板数据的研究［J］．中国管理科学，2015，23（7）：166-176.

［173］冉冉．“压力型体制”下的政治激励与地方环境治理［J］．经济社会体制比较，2013（3）：111-118.

［174］山鹿诚次．城市地理学［M］．长沙：湖南教育出版社，1986.

［175］邵雪婷，韦宗友．全球气候治理中“搭便车”行为的经济学分析［J］．环境经济，2012（1）：47-51.

［176］佘群芝．环境库兹涅茨曲线的理论批评综论［J］．中南财经政法大学学报，2008（1）：20-26.

［177］沈坤荣，付文林．中国的财政分权制度与地区经济增长［J］．管理世界，2005（1）：31-39.

［178］沈满洪，陆菁．论生态保护补偿机制［J］．浙江学刊，2004（4）：217-220.

［179］沈满洪，谢慧明．公共物品问题及其解决思路——公共物品理论文献综述［J］．浙江大学学报（人文社会科学版），2009，39（6）：133-144.

［180］沈能．环境效率、行业异质性与最优规制强度——中国工业行业面板数据的非线性检验［J］．中国工业经济，2012（3）：56-68.

［181］沈能，刘凤朝．高强度的环境规制真能促进技术创新吗？——基于“波特假说”的再检验［J］．中国软科学，2012（4）：49-59.

［182］沈能．工业集聚能改善环境效率吗？——基于中国城市数据的空间非线性检验［J］．管理工程学报，2014，28（3）：57-63.

［183］师博，沈坤荣．政府干预、经济集聚与能源效率［J］．管理世界，2013（10）：6-18.

［184］施开放，刁承泰，孙秀锋，等．基于耕地生态足迹的重庆市耕地生态承载力供需平衡研究［J］．生态学报，2013，33（6）：1872-1880.

［185］史丹，张金隆．产业结构变动对能源消费的影响［J］．经济理论与经济管理，2003，（8）：30-32.

［186］司金銮．生态价值的理论研究［J］．经济管理，1996（8）：37-38.

［187］宋洪远，马永良．使用人类发展指数对中国城乡差距的一种估计［J］．经济研究，2004（11）：4-15.

［188］宋建波，武春友．城市化与生态环境协调发展评价研究——以长江三角洲城市群为例［J］．中国软科学，2010（2）：78-87.

［189］宋俊岭．读奥斯本著的“埃比尼泽·霍华德和他的思想演进过程”［J］．国际城市规划，1998（3）：52-57.

［190］宋马林，金培振．地方保护、资源错配与环境福利绩效［J］．经济研究，2016（12）：49-63.

［191］宋敏，韩曼曼．生态福祉视角下的农地城市流转生态补偿机制：研究进展与框架构建［J］．农业经济问题，2016（11）：94-103.

［192］孙昌龙，靳诺，张小雷，等．城市化不同演化阶段对碳排放的影响差异［J］．地理科学，2013，33（3）：266-272.

［193］孙菲，李友俊．完善我国 GDP 核算体系的思考——建立 3G-GDP 国民福利核算体系初探［J］．价格理论与实践，2012（3）：49-50.

［194］孙建，齐建国．人力资本门槛与中国区域创新收敛性研究［J］．科研管理，2009，30（6）：31-38.

［195］孙莉莉．“苦役踏车”与“生态现代化”理论之争及环保制度的构建［J］．学术论坛，2012，35（10）：171-176.

［196］孙平军，丁四保．人口—经济—空间视角的东北城市化空间分异研究［J］．经济地理，2011，31（7）：1094-1100.

［197］孙陶生，王晋斌．论可持续发展的经济学与生态学整合路径——从弱可持续发展到强可持续发展的必然选择［J］．经济经纬，2001（5）：13-15.

［198］孙中和．中国城市化基本内涵与动力机制研究［J］．财经问题研究，2001（11）：38-43.

［199］谭娟，宗刚，刘文芝．基于 VAR 模型的我国政府环境规制对低碳经济影响分析［J］．科技管理研究，2013（24）：21-24.

［200］谭雪，杨喆，黄枭枭，等．用水和排水视角下中国环境效率分析［J］．干旱区资源与环境，2015，29（4）：131-136.

［201］汤慧兰，孙德生．工业生态系统及其建设［J］．中国环保产业，2003（2）：14-16.

［202］汤茂林．我国城市化研究存在的问题及发展方向［J］．规划师，2001，17（1）：22-25.

［203］唐耀华．城市化概念研究与新定义［J］．学术论坛，2013，36（5）：113-116.

［204］陶骅．发展经济学的理论与实践启示录［M］．上海：上海人民出版社，1993.

［205］陶然，曹广忠．“空间城镇化”“人口城镇化”的不匹配与政策组合应对［J］．改革，2008（10）：45-49.

［206］田雪原．城镇化还是城市化［J］．人口学刊，2013，35（6）：5-10.

［207］涂正革，谌仁俊．排污权交易机制在中国能否实现波特效应？［J］．经济研究，2015（7）：160-173.

［208］涂正革，刘磊珂．考虑能源、环境因素的中国工业效率评价——基于 SBM 模型的省级数据分析［J］．经济评论，2011（2）：55-65.

［209］涂正革．环境、资源与工业增长的协调性［J］．经济研究，2008（2）：93-105.

［210］万磊霞．效率测度的参数方法［J］．商场现代化，2008（22）：86-87.

［211］汪劲．环境影响评价程序之公众参与问题研究——兼论我国《环境影响评价法》相关规定的施行［J］．法学评论，2004（2）：107-118.

［212］汪克亮，孟祥瑞，程云鹤．环境压力视角下区域生态效率测度及收敛性——以长江经济带为例［J］．系统工程，2016（4）：109-116.

［213］汪克亮，孟祥瑞，杨宝臣，等．中国地区大气环境效率的异质性、动态演化与成因识别［J］．统计与信息论坛，2017（6）：55-63.

［214］汪克亮，王丹丹，孟祥瑞．技术的异质性、技术差距与中国区域大气环境效率［J］．华东经济管理，2017，31（5）：48-55.

［215］汪伟全．空气污染的跨域合作治理研究——以北京地区为例［J］．公共管理学报，2014（1）：55-64.

［216］汪旭晖，刘勇．中国能源消费与经济增长：基于协整分析和 Granger 因果检验［J］．资源科学，2007，29（5）：57-62.

［217］汪中求．中国需要工业精神［M］．北京：机械工业出版社，2012.

［218］王兵，吴延瑞，颜鹏飞．环境管制与全要素生产率增长：APEC 的实证研究［J］．经济研究，2008（5）：19-32.

［219］王兵，吴延瑞，颜鹏飞．中国区域环境效率与环境全要素生产率增长［J］．经济研究，2010（5）：95-109.

［220］王恩旭，武春友．基于超效率 DEA 模型的中国省际生态效率时空差异研究［J］．管理学报，2011，8（3）：443-450.

［221］王锋，冯根福．基于 DEA 窗口模型的中国省际能源与环境效率评估［J］．中国工业经济，2013（7）：56-68.

［222］王富喜，孙海燕．山东省城镇化发展水平测度及其空间差异［J］．经济地理，2009，29（6）：921-924.

［223］王国印，王动．波特假说、环境规制与企业技术创新——对中东部

地区的比较分析 [J]. 中国软科学, 2011 (1): 100-112.

[224] 王宏斌. 借鉴生态现代化理论, 推进我国生态文明进程 [J]. 红旗文稿, 2016 (12): 28-29.

[225] 王洪亮, 孙国锋. 关于农民收入收敛性的实证分析——基于 Panel Data 的经验研究 [J]. 经济问题, 2007, 336 (8): 79-81.

[226] 王慧炯, 杨光辉. 城镇化: 世界经验和中国的前景 [M]. 北京: 气象出版社, 1984.

[227] 王家庭, 毛文峰. 武陵山片区城镇化与生态环境响应的计量分析——以湘西自治州为例 [J]. 经济地理, 2016, 36 (6): 148-154.

[228] 王家庭, 王璇. 我国城市化与环境污染的关系研究——基于 28 个省市面板数据的实证分析 [J]. 城市问题, 2010 (11): 9-15.

[229] 王可侠. 产业结构调整、工业水平升级与城市化进程 [J]. 经济学家, 2012 (9): 43-47.

[230] 王维国, 范丹. 中国区域全要素能源效率收敛性及影响因素分析——基于 Malmqulist-Luenberger 指数法 [J]. 资源科学, 2012, 34 (10): 1816-1824.

[231] 王雄, 岳意定, 刘贯春. 基于 SFA 模型的科技环境对中部地区能源效率的影响研究 [J]. 经济地理, 2013, 33 (5): 37-42.

[232] 王妍, 卢琦, 褚建民, 等. 芬兰区域生态效率研究及其对我国的启示——以芬兰南部 Kymenlaakso 地区为例 [J]. 世界林业研究, 2010, 23 (5): 58-63.

[233] 王颖芳, 张彦芝. 基于生态供需关系下的 "有限规划" 理念的现实性初探 [J]. 城市发展研究, 2011, 18 (7): 87-94.

[234] 王宇澄. 基于空间面板模型的我国地方政府环境规制竞争研究 [J]. 管理评论, 2015, 27 (8): 23-32.

[235] 王玉庆. 中国环保产业发展与环境投资形势分析 [C]. 中国环境投资大会, 2010.

[236] 王志平. "人类发展指数" (HDI): 含义、方法及改进 [J]. 上海行政学院学报, 2007, 8 (3): 47-57.

[237] 魏楚, 沈满洪. 结构调整能否改善能源效率: 基于中国省级数据的研究 [J]. 世界经济, 2008 (11): 77-85.

[238] 魏浩. 中国地区间对外贸易的差异性: 1978—2007 年 [J]. 当代经济科学, 2008 (6): 28-38.

[239] 魏浩．中国对外贸易出口结构研究［M］．北京：人民出版社，2010.

[240] 魏后凯．中国地区经济增长及其收敛性［J］．中国工业经济，1997（3）：31-37.

[241] 魏梅，曹明福，江金荣．生产中碳排放效率长期决定及其收敛性分析［J］．数量经济技术经济研究，2010（9）：43-52.

[242] 翁智雄，马忠玉，葛察忠，等．多因素驱动下的中国城市环境效应分析——基于285个地级及以上城市面板数据［J］．中国人口·资源与环境，2017，27（3）：63-73.

[243] 吴建南，徐萌萌，马艺源．环保考核、公众参与和治理效果：来自31个省级行政区的证据［J］．中国行政管理，2016（9）：017.

[244] 吴良镛．关于山水城市［J］．城市发展研究，2001（2）：17-18.

[245] 吴上进，张蕾．公众环境意识和参与环境保护现状的调查报告［J］．兰州学刊，2004（3）：195-197.

[246] 吴义根，冯开文，曾珍，等．外商直接投资、区域生态效率的动态演进和空间溢出——以安徽省为例［J］．华东经济管理，2017，31（6）：16-24.

[247] 吴玥弢，仲伟周．城市化与大气污染——基于西安市的经验分析［J］．当代经济科学，2015，37（3）：71-79.

[248] 谢高地，张彩霞，张昌顺，等．中国生态系统服务的价值［J］．资源科学，2015，37（9）：1740-1746.

[249] 谢高地，甄霖，鲁春霞，等．生态系统服务的供给、消费和价值化［J］．资源科学，2008，30（1）：93-99.

[250] 谢洪军，任玉珑．技术效率研究中的前沿分析方法及其比较［J］．科技管理研究，2006，26（8）：237-239.

[251] 谢元博，陈娟，李巍．雾霾重污染期间北京居民对高浓度PM2.5持续暴露的健康风险及其损害价值评估［J］．环境科学，2014，35（1）：1-8.

[252] 徐益良．天然林的“价值”问题［J］．林业科学，1985，21（2）：222-224.

[253] 徐盈之，杨英超，郭进．环境规制对碳减排的作用路径及效应——基于中国省级数据的实证分析［J］．科学学与科学技术管理，2015，36（10）：135-146.

[254] 徐永胜，乔宝云．财政分权度的衡量：理论及中国1985—2007年

的经验分析［J］. 经济研究，2012（10）：4-13.

［255］徐昱东，亓朋，童临风. 中国省级地区生态福利绩效水平时空分异格局研究［J］. 区域经济评论，2017（4）：123-131.

［256］许广月. 碳排放收敛性：理论假说和中国的经验研究［J］. 数量经济技术经济研究，2010（9）：31-42.

［257］许广月. 碳强度俱乐部收敛性：理论与证据——兼论中国碳强度降低目标的合理性和可行性［J］. 管理评论，2013，25（4）：48-58.

［258］许珊，范德成，王韶华. 环境约束下我国区域全要素能源利用效率的再估算［J］. 华东经济管理，2013（3）：60-64.

［259］郇庆治，马丁·耶内克. 生态现代化理论：回顾与展望［J］. 马克思主义与现实，2010（1）：175-179.

［260］杨斌. 2000—2006 年中国区域生态效率研究——基于 DEA 方法的实证分析［J］. 经济地理，2009，29（7）：1197-1202.

［261］杨芳，潘晨，贾文晓，等. 长三角地区生态环境与城市化发展的区域分异性研究［J］. 长江流域资源与环境，2015，24（7）：1094-1101.

［262］杨桂芳. 生态文明内涵分析［J］. 生态经济（中文版），2010（12）：185-188.

［263］杨海生，陈少凌，周永章. 地方政府竞争与环境政策——来自中国省份数据的证据［J］. 南方经济，2008（6）：15-30.

［264］杨继东，章逸然. 空气污染的定价：基于幸福感数据的分析［J］. 世界经济，2014（12）：162-188.

［265］杨佳伟，王美强. 基于非期望中间产出网络 DEA 的中国省际生态效率评价研究［J］. 软科学，2017，31（2）：92-97.

［266］杨竞萌，王立国. 我国环境保护投资效率问题研究［J］. 当代财经，2009（9）：20-25.

［267］杨俊，邵汉华，胡军. 中国环境效率评价及其影响因素实证研究［J］. 中国人口·资源与环境，2010，20（2）：49-55.

［268］杨磊，高向东. 基于重心模型的环境污染和治理投资偏离分析［J］. 亚热带资源与环境学报，2012，7（2）：41-47.

［269］杨莉，甄霖，李芬，等. 黄土高原生态系统服务变化对人类福祉的影响初探［J］. 资源科学，2010，32（5）：849-855.

［270］杨莉，甄霖，潘影，等. 生态系统服务供给—消费研究：黄河流域

案例［J］. 干旱区资源与环境，2012，26（3）：131-138.

［271］尹科，王如松，周传斌，梁菁. 国内外生态效率核算方法及其应用研究述评［J］. 生态学报，2012（11）：3595-3605.

［272］尤济红，高志刚. 政府环境规制对能源效率影响的实证研究——以新疆为例［J］. 资源科学，2013，35（6）：1211-1219.

［273］于光远. 经济、社会发展战略［M］. 北京：中国社会科学出版社，1981.

［274］余姗，张文彬. FDI 是否促进了生态效率的提高——来自我国省际数据的考察［J］. 国际商务：对外经济贸易大学学报，2016（1）：60-69.

［275］郁建兴，高翔. 中国服务型政府建设的基本经验与未来［J］. 中国行政管理，2012（8）：24-29.

［276］袁凯华，李后建. 政企合谋下的策略减排困境——来自工业废气层面的度量考察［J］. 中国人口·资源与环境，2015，25（1）：134-141.

［277］袁晓玲，李政大. 中国生态环境动态变化、区域差异和影响机制［J］. 经济科学，2013（6）：59-76.

［278］袁晓玲，张宝山，杨万平. 基于环境污染的中国全要素能源效率研究［J］. 中国工业经济，2009（2）：76-86.

［279］原毅军，谢荣辉. 环境规制与工业绿色生产率增长——对“强波特假说”的再检验［J］. 中国软科学，2016（7）：144-154.

［280］岳耀杰，闫维娜，王秀红，等. 区域生态退耕对生态系统服务价值的影响——以宁夏盐池为例［J］. 干旱区资源与环境，2014，28（2）：60-67.

［281］臧漫丹，诸大建，刘国平. 生态福利绩效：概念、内涵及 G20 实证［J］. 中国人口·资源与环境，2013，23（5）：118-124.

［282］湛志伟. “公地悲剧”及其治理的博弈分析［J］. 经济评论，2004，24（3）：24-27.

［283］张彪，谢高地，肖玉，等. 基于人类需求的生态系统服务分类［J］. 中国人口·资源与环境，2010，20（6）：64-67.

［284］张成，蔡万焕，于同申. 区域经济增长与碳生产率——基于收敛及脱钩指数的分析［J］. 中国工业经济，2013（5）：18-30.

［285］张红凤，周峰，杨慧，等. 环境保护与经济发展双赢的规制绩效实证分析［J］. 经济研究，2009（3）：14-26.

［286］张华，魏晓平. 绿色悖论抑或倒逼减排——环境规制对碳排放影响

的双重效应［J］. 中国人口·资源与环境，2014，24（9）：21-29.

［287］张华．环境规制提升了碳排放绩效吗？——空间溢出视角下的解答［J］. 经济管理，2014（12）：166-175.

［288］张嘉宾．森林生态经济学［M］. 昆明：云南教育出版社，2001.

［289］张金泉．生态需求管理与科学发展观［J］. 四川大学学报（哲学社会科学版），2004（5）：5-10.

［290］张景华．经济增长：自然资源是“福音”还是“诅咒”——基于自然资源作用机制的分析［J］. 社会科学研究，2008（6）：49-55.

［291］张军．分权与增长：中国的故事［J］. 经济学（季刊），2008，7（1）：21-52.

［292］张军，周黎安．为增长而竞争：中国增长的政治经济学［M］. 上海：上海人民出版社，2008.

［293］张坤民．中国的低碳经济之路（五篇）——发展低碳经济是中国的内在需求［J］. 理论视野，2010（2）：26-28.

［294］张林波，李伟涛，王维，等．基于 GIS 的城市最小生态用地空间分析模型研究——以深圳市为例［J］. 自然资源学报，2008，23（1）：69-78.

［295］张平淡，朱松，朱艳春．环保投资对中国 SO_2 减排的影响——基于 LMDI 的分解结果［J］. 经济理论与经济管理，2012（7）：84-94.

［296］张文彬，李国平．环境保护与经济发展的利益冲突分析——基于各级政府博弈视角［J］. 中国经济问题，2014（6）：16-25.

［297］张文彬，张理芃，张可云．中国环境规制强度省际竞争形态及其演变——基于两区制空间 Durbin 固定效应模型的分析［J］. 管理世界，2010（12）：34-44.

［298］张悟移，陈天明，王铁旦．基于 DEA 和 Malmquist 指数的中国区域环境治理效率研究［J］. 华东经济管理，2013（2）：172-176.

［299］张亚斌，马晨，金培振．我国环境治理投资绩效评价及其影响因素——基于面板数据的 SBM—TOBIT 两阶段模型［J］. 经济管理，2014（4）：171-180.

［300］张岩贵．中国资源供给瓶颈与经济发展模式的调整［J］. 南开经济研究，2004（5）：38-42.

［301］张晏．分权体制下的财政政策与经济增长［M］. 上海：上海人民出版社，2005.

[302] 张燕，高峰．城镇化发展阶段的空间差异及其环境影响研究——基于2005—2013年中国省级面板数据 [J]．华东经济管理，2015，29（12）：67-71.

[303] 张子龙，王开泳，陈兴鹏．中国生态效率演变与环境规制的关系——基于SBM模型和省际面板数据估计 [J]．经济经纬，2015（3）：126-131.

[304] 张子龙，薛冰，陈兴鹏，等．中国工业环境效率及其空间差异的收敛性 [J]．中国人口·资源与环境，2015，25（2）：30-38.

[305] 赵鼎新．集体行动、搭便车理论与形式社会学方法 [J]．社会学研究，2006（1）：1-21.

[306] 赵国浩，高文静．基于前沿分析方法的中国工业部门广义碳生产率指数测算及变化分解 [J]．中国管理科学，2013（1）：31-36.

[307] 赵红．环境规制对产业技术创新的影响——基于中国面板数据的实证分析 [J]．产业经济研究，2008（3）：35-40.

[308] 赵鑫铖，史红亮．中国经济增长与经济平等——基于福利分析的视角 [J]．云南财经大学学报，2012（5）：46-52.

[309] 赵旭，胡水炜，陈培安．城镇化可持续发展评价指标体系初步探讨 [J]．资源开发与市场，2009，25（10）：889-892.

[310] 赵玉，徐鸿，邹晓明．环境污染与治理的空间效应研究 [J]．干旱区资源与环境，2015，29（7）：170-175.

[311] 赵云君，文启湘．环境库兹涅茨曲线及其在我国的修正 [J]．经济学家，2004（5）：69-75.

[312] 赵峥，倪鹏飞．我国城镇化可持续发展：失衡问题与均衡路径 [J]．学习与实践，2012（8）：5-10.

[313] 赵志强，叶蜀君．东中西部地区差距的人类发展指数估计 [J]．华东经济管理，2005，19（12）：22-25.

[314] 郑海霞，张陆彪，涂勤．金华江流域生态服务补偿支付意愿及其影响因素分析 [J]．资源科学，2010，32（4）：761-767.

[315] 郑慧，贾珊，赵昕．新型城镇化背景下中国区域生态效率分析 [J]．资源科学，2017，39（7）：1314-1325.

[316] 郑义，赵晓霞．环境技术效率、污染治理与环境绩效——基于1998—2012年中国省级面板数据的分析 [J]．中国管理科学，2014，S1.

[317] 钟茂初．可持续发展经济学 [M]．北京：经济科学出版社，2006.

[318] 钟茂初．可持续消费：物质需求、人文需求、生态需求视角的阐

释［J］. 消费经济，2004，20（5）：48-51.

［319］钟晓青．从田园城市，园林城市到生态城市［J］. 生态科学，1996（1）：75-79.

［320］周国梅，彭昊，曹凤中．循环经济和工业生态效率指标体系［J］. 城市环境与城市生态，2003（6）：201-203.

［321］周黎安．中国地方官员的晋升锦标赛模式研究［J］. 经济研究，2007（7）：36-50.

［322］周天勇．托达罗模型的缺陷及其相反的政策含义——中国剩余劳动力转移和就业容量扩张的思路［J］. 经济研究，2001（3）：75-82.

［323］周一星，田帅．以“五普”数据为基础对我国分省城市化水平数据修补［J］. 统计研究，2006，23（1）：62-65.

［324］周毅．城市化释义［J］. 理论与现代化，2004，16（1）：96-107.

［325］中华人民共和国国务院新闻办公室．中国的能源状况与政策［J］. 资源与人居环境，2008（4）：1-10.

［326］朱建华，逯元堂，吴舜泽，等．我国环境保护投资与经济发展及 COD 排放关联研究［J］. 环境与可持续发展，2012，37（6）：18-25.

［327］朱铁臻．城市现代化研究［M］. 北京：红旗出版社，2002.

［328］诸大建，何芳，霍佳震．中国城市可持续发展绿皮书［M］. 上海：同济大学出版社，2013.

［329］诸大建，邱寿丰．生态效率是循环经济的合适测度［J］. 中国人口·资源与环境，2006，16（5）：1-6.

［330］诸大建，张帅．生态福利绩效及其与经济增长的关系研究［J］. 中国人口·资源与环境，2014，24（9）：59-67.

［331］诸大建，张帅．生态福利绩效与深化可持续发展的研究［J］. 同济大学学报（社会科学版），2014，25（5）：106-115.

［332］诸大建，朱远．生态文明背景下循环经济理论的深化研究［J］. 中国科学院院刊，2013（2）：207-218.

［333］诸大建，朱远．生态效率与循环经济［J］. 复旦学报（社会科学版），2005（2）：60-66.

［334］诸大建．从“里约+20”看绿色经济新理念和新趋势［J］. 中国人口·资源与环境，2012，22（9）：38-40.

［335］诸大建．生态经济学：可持续发展的经济学和管理学［J］. 中国科

学院院刊，2008，23（6）：520-530.

［336］邹彦林．我国城市发展的宏观思考［J］．江淮论坛，1999（2）：6-11.

［337］左大康．现代地理学辞典［M］．北京：商务印书馆，1990.

［338］Ada Ferrer-i-Carbonell，John M. Gowdy. Environmental Degradation and Happiness［J］. Ecological Economics，2007，60（3）：509-516.

［339］Agency E E. Achieving Energy Efficiency through Behavior Change：what does it take?［J］. Apr，2013.

［340］Ahmed K. The Sheer Scale of China's Urban Renewal and CO_2，Emissions：multiple structural breaks，long-run relationship，and short-run dynamics［J］. Environmental Science & Pollution Research，2016，23（16）：16115-16126.

［341］Andersen P，Petersen N. A Procedure for Ranking Efficient Units in Data Envelopment Analysis［J］. Management Science，1993，39（10）：1261-1264.

［342］Azadeh A，Amalnick M S，Ghaderi S F，et al. An Integrated DEA PCA Numerical Taxonomy Approach for Energy Efficiency Assessment and Consumption Optimization in Energy Intensive Manufacturing Sectors［J］. Energy Policy，2007，35（7）：3792-3806.

［343］Banker R. D.，Charnes A.，Cooper W. Some Models for Estimating Technological and Scale Inefficiencies in Data Envelopment Analysis［J］. Management Science，1984（9）：1078-1092.

［344］Banzhaf H S，Chupp B A. Fiscal Federalism and Interjurisdictional Externalities：new results and an application to US air pollution［J］. Journal of Public Economics，2012，96：449-464.

［345］Bardhan R，Kurisu K，Hanaki K. Does Compact Urban forms Relate to Good Quality of Life in High Density Cities of India? Case of Kolkata［J］. Cities，2015（48）：55-65.

［346］Barro R J，Sala-I-Martin X. Convergence Across U. S. States and Regions［J］. Brookings Papers on Economic Activity，1991，22（1）：107-182.

［347］Baumol W J. Productivity Growth，Convergence，and Welfare：What the Long-Run Data Show［J］. American Economic Review，1986，76（5）：1072-1085.

［348］Bayraktar A. OECD（Organisation for Economic Cooperation and Development）and Environment［J］. Endocrinology，2010，138（10）：200-207.

［349］Beckerman W. Economic Growth and the Environment：whose growth?

whose environment? [J]. World Development, 1992, 20 (4): 481-496.

[350] Blanchard O, Shleifer A. Federalism with and without Political Centralization: China Versus Russia [J]. Imf Staff Papers, 2001, 48 (1): 171-179.

[351] Blundell R, Bond S. Initial Conditions and Moment Restrictions in Dynamic Panel Data Models [J]. Journal of Econometrics, 1998, 87 (1): 115-143.

[352] Breheny M. Densities and Sustainable Cities: the UK experience [J]. Cities for the New Millennium, 2001: 39-51.

[353] Brereton, RichardG. Chemometrics for Pattern Recognition [M]. Wiley, 2009.

[354] Brundtland G H. World Commission on Environment and Development [J]. Environmental Policy & Law, 1985, 14 (1): 26-30.

[355] Burgess R. The Compact City Debate: A Global Perspective [M]. Compact cities: Sustainable urban forms for developing countries, 2000.

[356] Burton E. The Compact City: just or just compact? a preliminary analysis [J]. Urban Studies, 2000, 37 (37): 1969-2001.

[357] Capello R, Camagni R. Beyond Optimal City Size: an evaluation of alternative urban growth patterns [J]. Urban Studies, 2000, 37 (9): 1479-1496.

[358] Carroll M S, Mcketta C W, Blatner K A, et al. A Response to "Forty Years of Spotted Owls? A Longitudinal Analysis of Logging Industry Job Losses" [J]. Sociological Perspectives, 1999, 42 (2): 325-333.

[359] Charnes A, Clark C T, Cooper W W, et al. A Developmental Study of Data Envelopment Analysis in Measuring the Efficiency of Maintenance Units in the U. S. Air Forces [J]. Annals of Operations Research, 1985, 2 (1): 95-112.

[360] Charnes A, Cooper W, Rhodes E. Measuring the Efficiency of Decision Making Units [J]. European Journal of Operational Research, 1978, 2 (6): 429-444.

[361] Charnes A, Seiford L, Cooper W, et al. Data Envelopment Analysis: Theory, Methodology and Application [C]. Kluwer Academic Publishers, 1994: 332-333.

[362] Chater N. Can Cognitive Science Create a Cognitive Economics? [J]. Cognition, 2015: 135-152.

[363] Che Y, Lu Y, Tao Z, et al. The Impact of Income on Democracy Revisited [J]. Journal of Comparative Economics, 2013, 41 (1): 159-169.

[364] Chen H, Jia B, Lau S S Y. Sustainable Urban Form for Chinese Compact Cities: challenges of a rapid urbanized economy [J]. Habitat International, 2008, 32 (1): 28-40.

[365] Chen L, Jia G. Environmental Efficiency Analysis of China's Regional Industry: a data envelopment analysis (DEA) based approach [J]. Journal of Cleaner Production, 2017, 142: 846-853.

[366] Chien T, Hu J L. Renewable Energy and Macroeconomic Efficiency of OECD and non-OECD Economies [J]. Energy Policy, 2007, 35 (7): 3606-3615.

[367] Cole M A, Neumayer E. Examining the Impact of Demographic Factors on Air Pollution [J]. Population & Environment, 2004, 26 (1): 5-21.

[368] Common M. Measuring National Economic Performance without Using Prices [J]. Ecological Economics, 2007, 64 (1): 92-102.

[369] Connolly M. Some Like It Mild and Not Too Wet: the influence of weather on subjective well-being [J]. Journal of Happiness Studies, 2013, 14 (2): 457-473.

[370] Copeland B R, Taylor M S. Trade, Growth, and the Environment [J]. Journal of Economic Literature, 2004, 42 (1): 7-71.

[371] Costantini V, Monni S. Environment, Human Development and Economic Growth [J]. Ecological Economics, 2006, 64 (4): 867-880.

[372] Costanza R, Daly H E. Natural Capital and Sustainable Development [J]. Conservation Biology, 2010, 6 (1): 37-46.

[373] Costanza R. Could Climate Change Capitalism? [J]. Nature, 2009, 458 (7242): 1107-1108.

[374] Crenshaw E M, Jenkins J C. Social Structure and Global Climate Change: Sociological propositions concerning the greenhouse effect [J]. Sociological focus, 1996, 29 (4): 341-358.

[375] Cruz I, Stahel A, Max-Neef M. Towards a Systemic Development Approach: building on the human-scale development paradigm [J]. Ecological Economics, 2009, 68 (7): 2021-2030.

[376] Cu? ado J, Gracia F P D. Environment and Happiness: new evidence for spain [J]. Social Indicators Research, 2013, 112 (3): 549-567.

[377] Dahl? f B, Gosse P, Guéret P, et al. Max Weber's Construction of So-

cial Theory [M]. Max Weber's construction of social theory, Macmillan, 1990.

[378] Daly H E. Economics in a Full World [J]. Engineering Management Review IEEE, 2005, 293 (3): 100-107.

[379] Daly H E. Sustainable Development: From Concept and Theory to Operational Principles [J]. Population & Development Review, 1990. 16 (1): 25-43.

[380] Daly H. A Further Critique of Growth Economics [J]. Ecological Economics, 2013, 88 (3): 20-24.

[381] Deaton A, Stone A. Two Happiness Puzzles. [J]. American Economic Review, 2013, 103 (3): 591-601.

[382] Dempsey N, Brown C, Bramley G. The Key to Sustainable Urban Development in UK Cities? the Influence of Density on Social Sustainability [J]. Progress in Planning, 2012, 77 (3): 89-141.

[383] Dietz T, Rosa E A, York R. Environmentally Efficient Well-Being: Rethinking sustainability as the relationship between human well-being and environmental impacts [J]. Human Ecology Review, 2009, 16 (1): 114-123.

[384] Dietz T, Rosa E A, York R. Environmentally Efficient Well-Being: is there a kuznets curve? [J]. Applied Geography, 2012, 32 (1): 21-28.

[385] Dolan P, Peasgood T. Measuring Well-Being for Public Policy: preferences or experiences? [J]. Journal of Legal Studies, 2008, 37 (S2): 5-5.

[386] Dolan P, White M P. How Can Measures of Subjective Well-Being Be Used to Inform Public Policy? [J]. Perspectives on Psychological Science A Journal of the Association for Psychological Science, 2007, 2 (1): 71.

[387] Dong F, Li X, Long R, et al. Regional Carbon Emission Performance in China According to a Stochastic Frontier Model [J]. Renewable & Sustainable Energy Reviews, 2013, 28 (8): 525-530.

[388] Elhorst, J. P. Applied Spatial Econometrics: raising the bar [J]. Spatial Economic Analysis, 2010, 5 (1): 9-28.

[389] F. L, Clark C. The Conditions Economic Progress [J]. Population, 1960, 15 (2): 374.

[390] Färe R, Grosskopf S. Malmquist Productivity Indexes and Fisher Ideal Indexes [J]. Economic Journal, 1992, 102 (410): 158-160.

[391] Farrell M J. The Measurement of Productive Efficiency [J]. Journal of

the Royal Statistical Society, 1957, 120 (3): 253-290.

[392] Feddersen, Roger M A, David S. Arteriovenous Fistula Surveillance: everyone's responsibility [J]. Portuguese Journal of Nephrology & Hypertension, 2012, 26 (4): 255-265.

[393] Ferreira S, Akay A, Brereton F, et al. Life Satisfaction and Air Quality in Europe [J]. Ecological Economics, 2013, 88 (88): 1-10.

[394] Ferreira S, Moro M. On the Use of Subjective Well-Being Data for Environmental Valuation [J]. Environmental & Resource Economics, 2010, 46 (3): 249-273.

[395] Few R, Nature W. F. Caring for the Earth: a strategy for survival [M]. Mitchell Beazley, 1993.

[396] Filho W. L. The New Sustainability Advantage: seven business case benefits of a triple bottom line [J]. International Journal of Sustainability in Higher Education, 2013, 14 (4) .

[397] Finlayson M, Cruz R D, Davidson N, et al. Millennium Ecosystem Assessment: ecosystems and human well-being: wetlands and water synthesis [J]. Data Fusion Concepts & Ideas, 2005, 656 (1): 87-98.

[398] Frey B S, Stutzer A. What Can Economists Learn from Happiness Research? [J]. IEW-Working Papers, 2002, 40 (2): 402-435.

[399] Friedmann J, Lackington T. Hyperurbanization and National Development in Chile: some hypotheses [J]. Urban Affairs Review, 1967, 2 (4): 3-29.

[400] Frijters P, Praag B M S V. The Effects of Climate on Welfare and Well-Being in Russia [J]. Climatic Change, 1998, 39 (1): 61-81.

[401] Gebhard Kirchg? ssner, Friedrich Schneider. On the Political Economy of Environmental Policy [J]. Public Choice, 2003, 115 (3): 369-396.

[402] Giddens A. The Consequences of Modernity [M]. Stanford University Press, 1990.

[403] Gohlke J M, Portier C J. The Forest for the Trees: a systems approach to human health research [J]. Environmental Health Perspectives, 2007, 115 (9): 1261-1263.

[404] Goodland R, Daly H. Environmental Sustainability: universal and non-negotiable [J]. Ecological Applications, 1996, 6 (4): 1002-1017.

[405] Gouldson A, Murphy J. Ecological Modernisation: restructuring industrial economies [J]. The Political Quarterly, 1997, 68 (B): 74-86.

[406] Graham C, Felton A. Does Inequality Matter to Individual Welfare? An Initial Exploration Based on Happiness Surveys from Latin America [J]. Social Science Electronic Publishing. 2009.

[407] Graham C, Pettinato S. Happiness, Markets, and Democracy: latin america in comparative perspective [J]. Journal of Happiness Studies, 2001, 2 (3): 237-268.

[408] Greenstone M, Hanna R. Environmental Regulations, Air and Water Pollution, and Infant Mortality in India [J]. NBER Working Paper, 2011, 104 (10): 1573-1576.

[409] Grossman G M, Krueger A B. Environmental Impacts of a North American Free Trade Agreement [J]. Social Science Electronic Publishing, 1991, 8 (2): 223-250.

[410] Halkos G E, Tzeremes N G. Exploring the Existence of Kuznets Curve in Countries' Environmental Efficiency Using DEA Window Analysis [J]. Ecological Economics, 2009, 68 (7): 2168-2176.

[411] Hannigan J. Environmental Sociology [M]. Springer Netherlands, 2010.

[412] Henderson J V, Wang H G. Aspects of the Rural-Urban Transformation of Countries [J]. Journal of Economic Geography, 2005, 5 (1): 23-42.

[413] Hoffrén J. Measuring the Eco-Efficiency of Welfare Generation in a National Economy. the Case of Finland [M]. Tilastokeskus/IBS, 2001.

[414] Holdren J P, Ehrlich P R. Human Population and the Global Environment: population growth, rising per capita material consumption, and disruptive technologies have made civilization a global ecological force [J]. American Scientist, 1974, 62 (3): 282-292.

[415] Hua Wang, Yanhong Jin. Industrial Ownership and Environmental Performance: Evidence from China [J]. Environmental & Resource Economics, 2007, 36 (3): 255-273.

[416] Huang B, Meng L. Convergence of Per Capita Carbon Dioxide Emissions in Urban China: a spatio-temporal perspective [J]. Applied Geography, 2013, 40 (2): 21-29.

[417] Hudson J C. Diffusion in a Central Place System [J]. Geographical Analysis, 1969, 1 (1): 45-58.

[418] Islam N. Growth Empirics: A Panel Data Approach [J]. Quarterly Journal of Economics, 1998, 110 (4): 1127-1170.

[419] Jha R, Murthy, K. V. Bhanu. An Inverse Global Environmental Kuznets curve [J]. Journal of Comparative Economics, 2003, 31 (2): 352-368.

[420] Jorgenson A K, Dietz T. Economic Growth does not Reduce the Ecological Intensity of Human Well-Being [J]. Sustainability Science, 2015, 10 (1): 1-8.

[421] Jorgenson D W. The Development of a Dual Economy [J]. Economic Journal, 1961, 71 (282): 309-334.

[422] Kahn M E, Li P, Zhao D. Water Pollution Progress at Borders: the role of changes in China's political promotion Incentives [J]. American Economic Journal Economic Policy, 2015, 7 (4): 223-242.

[423] Kaneko S, Managi S. Economic Growth and the Environment in China: an empirical analysis of productivity [J]. International Journal of Global Environmental Issues, 2006, 6 (1): 89-133.

[424] Kareiva P, Watts S, Mcdonald R, et al. Domesticated Nature: Shaping Landscapes and Ecosystems for Human Welfare [J]. Science, 2007, 316 (5833): 1866.

[425] Katrin Rehdanz, David Maddison. Local Environmental Quality and Life-Satisfaction in Germany [J]. Ecological Economics, 2008, 64 (4): 787-797.

[426] Khanna N. The Income Elasticity of Non-Point Source Air Pollutants: revisiting the environmental Kuznets curve [J]. Economics Letters, 2002, 77 (3): 387-392.

[427] Knight K W, Rosa E A. The Environmental Efficiency of Well-Being: a cross-national analysis [J]. Social Science Research, 2011, 40 (3): 931-949.

[428] Koehler J E. The Limits to Growth: a report for the club of rome's project on the predicament of mankind. by Donella H. Meadows; Dennis L. Meadows; J? rgen Randers; William W. Behrens [J]. Demography, 1972, 35 (6): 721-31.

[429] Konisky D M. Regulatory Competition and Environmental Enforcement: is there a race to the bottom? [J]. American Journal of Political Science, 2007, 51 (4): 853-872.

[430] Kubiszewski I, Costanza R, Franco C, et al. Beyond GDP: Measuring and achieving global genuine progress [J]. Ecological Economics, 2013, 93 (3): 57-68.

[431] Kuznets S. Economic growth of nations [J]. Iranian Journal of medical Physics. 2010.

[432] Laplante B, Rilstone P. Environmental Inspections and Emissions of the Pulp and Paper Industry in Quebec [J]. Journal of Environmental Economics & Management, 1996, 31 (1): 19-36.

[433] Lawn P, Clarke M. The end of Economic Growth? a contracting threshold hypothesis [J]. Ecological Economics, 2010, 69 (11): 2213-2223.

[434] Lea D A M, L? ffler E, Douglas I. Our Common Future. World Commission On Environment And Development [J]. Environmental Policy & Law, 1992, 14 (1): 26-30.

[435] Lee J, Kurisu K H, An K, et al. Development of the Compact City Index and Its Application to Japanese Cities [J]. Urban Studies, 2015, 52 (6): 1054-1070.

[436] Lesage J P, Pace R K. Introduction to Spatial Econometrics [M]. Boca Raton: CRC Press, 2009.

[437] Levin S A. The Problem of Pattern and Scale in Ecology [M]. Ecological Time Series. Springer US, 1992: 277-326.

[438] Levinson A. A Note on Environmental Federalism: interpreting some contradictory results [J]. Journal of Environmental Economics & Management, 2004, 33 (3): 359-366.

[439] Lewis G J. Human Migration: a geographical perspective [J]. London England Croom Helm. 1982.

[440] Lewis W A. Economic Development with Unlimited Supplies of Labour [J]. Manchester School, 1954, 22 (2): 139-191.

[441] Li H, Fang K, Yang W, et al. Regional Environmental Efficiency Evaluation in China: analysis based on the Super-SBM model with undesirable outputs [J]. Mathematical & Computer Modelling, 2013, 58 (5): 1018-1031.

[442] Li L B, Hu J L. Ecological Total-Factor Energy Efficiency of Regions in China [J]. Energy Policy, 2012, 46 (2): 216-224.

[443] Qiang L. An Analysis of Push and Pull Factors in the Migration of Rural Workers in China [J]. Social Sciences in China, 2003, 1: 125-136.

[444] Liddle B. Demographic Dynamics and Per Capita Environmental Impact: using panel regressions and household decompositions to examine population and transport [J]. Population & Environment, 2004, 26 (1): 23-39.

[445] Lin J Y, Liu Z. Fiscal Decentralization and Economic Growth in China [J]. Economic Development & Cultural Change, 2000, 49 (1): 1-21.

[446] López R. The Environment as a Factor of Production: the effects of economic growth and trade liberalization [J]. Journal of Environmental Economics & Management, 1994, 27 (2): 163-184.

[447] Lucas R E, Lawless N M. Does Life Seem Better on a Sunny Day? Examining the Association between Daily Weather Conditions and Life Satisfaction Judgments [J]. Journal of Personality & Social Psychology, 2013, 104 (5): 872-84.

[448] MacKerron, George, Mourato, et al. Life Satisfaction and Air Quality in London [J]. Ecological Economics, 2009, 68 (5): 1441-1453.

[449] Maddison D, Rehdanz K. The Impact of Climate on Life Satisfaction [J]. Ecological Economics, 2011, 70 (12): 2437-2445.

[450] Managi S, Kaneko S. Environmental Performance and Returns to Pollution Abatement in China [J]. Ecological Economics, 2009, 68 (6): 1643-1651.

[451] Managi S, Kaneko S. Environmental Productivity in China [J]. Economics Bulletin, 2004, 17 (2): 1-10.

[452] Mankiw N. G. , Romer D. , Weil D. N. A. Contribution to the Empirics of Economic Growth [J]. The Quarterly Journal of Economics, 1992, 107 (2): 407-437.

[453] Markusen J R, Morey E R, Olewiler N D. Environmental Policy when Market Structure and Plant Locations Are Endogenous [J]. Journal of Environmental Economics & Management, 1993, 24 (1): 69-86.

[454] Martínez-Zarzoso I, Maruotti A. The Impact of Urbanization on CO_2, E-missions: evidence from developing countries [J]. Ecological Economics, 2011, 70 (7): 1344-1353.

[455] Max-Neef M. Development and Human Needs [J]. Real. 1992: 197-214.

[456] Max-Neef M. Economic Growth and Quality of Life: a threshold hypoth-

esis [J]. Ecological Economics, 1995, 15 (2): 115-118.

[457] Mazur A. Does Increasing Energy or Electricity Consumption Improve Quality of Life in Industrial Nations? [J]. Energy Policy, 2011, 39 (5): 2568-2572.

[458] McGranahan, Gordon, Pedro, et al. The Citizens at Risk: from urban sanitation to sustainable cities [J]. International Journal of Sustainability in Higher Education, 2000, 24 (2): 455-456.

[459] Mol A P J, Spaargaren G. Ecological Modernisation Theory in Debate: a review [J]. Environmental politics, 2000, 9 (1): 17-49.

[460] Moran D D, Wackernagel M, Kitzes J A, et al. Measuring Sustainable Development—Nation by nation [J]. Ecological Economics, 2008, 64 (3): 470-474.

[461] Mukherjee S, Chakraborty D, Dinda S. Environment, Human Development and Dconomic Growth: a contemporary analysis of Indian states [J]. International Journal of Global Environmental Issues, 2013, 458 (9): 20-49.

[462] Muller K, Sterm A. Standardized Eco-efficiency Indicator-Report I: Concept paper [R]. Basel, 2001.

[463] Murty M N, Kumar S, Paul M. Environmental Regulation, Productive Efficiency and Cost of Pollution Abatement: a case study of the sugar industry in India [J]. Journal of Environmental Management, 2006, 79 (1): 1.

[464] Nissen S E, Nicholls S J, Wolski K, et al. Comparison of Pioglitazone vs Glimepiride on Progression of Coronary Atherosclerosis in Patients with Type 2 Diabetes: the PERISCOPE randomized controlled trial [J]. Jama, 2008, 299 (13): 1561-1573.

[465] Niu S, Jia Y, Wang W, et al. Electricity Consumption and Human Development Level: a comparative analysis based on panel Data for 50 countries [J]. Economic Geography, 2013, 53 (1): 338-347.

[466] Niu S, Jia Y, Ye L, et al. Does Electricity Consumption Improve Residential Living Status in Iess Developed Regions? an empirical analysis using the quantile regression approach [J]. Energy, 2016, 95: 550-560.

[467] Pacione M. Urban Geography : a global perspective [J]. Routledge, 2009, 23 (2): 97-102.

[468] Panayotou T. Economic Growth and the Environment [M]. Kluwer Aca-

demic Publishers. 2000.

[469] Panayotou T. Empirical Tests and Policy Analysis of Environmental Degradation at Different Stages of Economic Development [J]. Ilo Working Papers, 1993, 4.

[470] Pasche M. Technical Progress, Structural Change, and the Environmental Kuznets Curve [J]. Ecological Economics, 2002, 42 (3): 381-389.

[471] Patterson M G. What is Energy Efficiency? : concepts, indicators and methodological issues [J]. Energy Policy, 2007, 24 (5): 377-390.

[472] Peet R. Risk Environment and Modernity: Towards a New Ecology [J]. Journal of Rural Studies, 1997, 13 (4): 477-478.

[473] Poumanyvong P, Kaneko S. Does Urbanization Lead to Less Energy Use and Lower CO_2, Emissions? A Cross-Country Analysis [J]. Ecological Economics, 2010, 70 (2): 434-444.

[474] Prescott-Allen R. The Wellbeing of Nations [J]. Social Indicators Research, 2002, 91 (1): 5-21.

[475] Ranis G, Fei J C H. A Theory of Economic Eevelopment [J]. American Economic Review, 1961, 51 (4): 533-565.

[476] Reinhard S, Lovell C. A. K, Thijssen G J. Environmental Efficiency with Multiple Environmentally Detrimental Variables; Estimated with SFA and DEA [J]. European Journal of Operational Research, 2000, 121 (2): 287-303.

[477] Rosa E A, York R, Dietz T. Tracking the Anthropogenic Drivers of Ecological Impacts [J]. Ambio, 2004, 33 (8): 509-512.

[478] Rose R, Munro N, Wallace C. Quality of Life in Europe, 2003-2007: Second European Quality of Life Survey [J]. Radiotherapy & Oncology Journal of the European Society for Therapeutic Radiology & Oncology, 2009, 97 (2): 294-300.

[479] Sadorsky P. The Effect of Urbanization on CO_2 Emissions in Emerging Economies [J]. Energy Economics, 2014, 41 (1): 147-153.

[480] Schaltegger S, Burritt R. Contemporary Environmental Accounting: issues, concepts and practice [M]. Greenleaf Publishing, 2000.

[481] Schimmack U, Schupp J, Wagner G G. The Influence of Environment and Personality on the Affective and Cognitive Component of Subjective Well-being [J]. Social Indicators Research, 2008, 89 (1): 41-60.

[482] Schmidheiny S. Changing Course: a global business perspective on development and the environment [M]. MIT press, 1992.

[483] Scholz R W, Wiek A. Operational Eco-efficiency: comparing firms' environmental investments in different domains of operation [J]. Journal of Industrial Ecology, 2010, 9 (4): 155-170.

[484] Schwirian K P, Prehn J W. An Axiomatic Theory of Urbanization [J]. American Sociological Review, 1962, 27 (6): 812.

[485] Scott C. International Finance Corporation (IFC): investing in the environment: business opportunities in developing countries [M]. The World Bank, 1992.

[486] Seiford L M, Zhu J. Infeasibility Of Super-Efficiency Data Envelopment Analysis Models [J]. Infor Information Systems & Operational Research, 1999, 37 (2): 174-187.

[487] Selden T M, Song D. Environmental Quality and Development: is there a kuznets curve for air pollution emissions? [J]. Journal of Environmental Economics & Management, 1994, 27 (2): 147-162.

[488] Shafik N. Economic Development and Environmental Quality: an econometric analysis [J]. Oxford economic papers: 1994: 757-773.

[489] Shefrin H M. Essays in the Theory and Measurement of Consumer Behaviour: in honour of sir richard stone [M]. Cambridge University Press, 1981.

[490] Shorrocks A F. The Class of Additively Decomposable Inequality Measures [J]. Econometrica, 1980, 48 (3): 613-625.

[491] Solow R M. The Economics of Resources or the Resources of Economics [J]. American Economic Review, 1974, 64 (1): 69-82.

[492] Speare A. The Relevance of Models of Internal Migration for the Study of International Migration [J]. International Migration, 1974: 84-94.

[493] Standish R J, Hobbs R J, Miller J R. Improving City Life: options for ecological restoration in urban landscapes and how these might influence interactions between people and nature [J]. Landscape Ecology, 2013, 28 (6): 1213-1221.

[494] Stanners D, Bourdeau P, Behrman N, et al. Europe's Environment: the dobris assessment [J]. Environmental Policy & Governance, 1995, 6 (1): 30-30.

[495] Steemers K, Manchanda S. Energy Efficient Design and Occupant Well-being: case studies in the UK and India [J]. Building & Environment, 2010, 45

(2): 270-278.

[496] Steinberger J K, Roberts J T. From Constraint to Sufficiency: the decoupling of energy and carbon from human needs, 1975-2005 [J]. Ecological Economics, 2010, 70 (2): 425-433.

[497] Sturm A, Wackernagel M, Müller K. The Winners and Losers in Global Competition: why eco-efficiency reinforces competitiveness: a study of 44 Nations [M]. Purdue University Press, 2004.

[498] Suri V, Chapman D. Economic Growth, Trade and Energy: implications for the environmental Kuznets curve [J]. Ecological Economics, 1998, 25 (2): 195-208.

[499] Tanaka K. Assessment of Energy Efficiency Performance Measures in Industry and Their Application for Policy [J]. Energy Policy, 2008, 36 (8): 2887-2902.

[500] Tella R D, Macculloch R. Some Uses of Happiness Data in Economics [J]. Journal of Economic Perspectives, 2006, 20 (1): 25-46.

[501] Teng M M, Han C F. Investment in Regional Environmental Governance: a game between the government and the enterprise [C]. Advanced Materials Research. Trans Tech Publications, 2014, 838: 2639-2642.

[502] Thampapillai D J, Hanf C H, Thangavelu S M, et al. The Environmental Kuznets Curve Effect and the Scarcity of Natural Resources: a simple case study of Australia [C]. Leave from Macquarie University NSW, 2003.

[503] Burton, E. , Jenks, M. , & Williams, K. (Eds.) . The Compact City: a sustainable urban form? [M]. Routledge, 2003.

[504] Tiwari A K. Happiness and Environmental Degradation: What Determines Happiness? [J]. Economics Bulletin, 2011, 31 (4): 3192-3210.

[505] Todaro M P. A Model of Labor Migration and Urban Unemployment in Less Developed Countries [J]. American Economic Review, 1969, 59 (1): 138-148.

[506] Tofallis C. Improving Discernment in DEA Using Profiling [J]. Omega, 1996, 24 (3): 361-364.

[507] Tone K. A Sslacks-based Measure of Efficiency in Data Envelopment Analysis [J]. European Journal of Operational Research, 2001, 130 (3): 498-509.

[508] UNCTAD. Intergovernmental Working Group of Experts on International Standards of Accounting and Reporting. A Manual for the Preparers and Users of

Eco-efficiency Indicators [J]. United Nations Publications. 2003.

[509] United Nations. Department of Economic. Indicators of Sustainable Development: guidelines and methodologies [M]. Indicators of sustainable development: United Nations, 2001.

[510] Unruh G C, Moomaw W R. An Alternative Analysis of Apparent EKC-type Transitions [J]. Ecological Economics, 2004, 25 (25): 221-229.

[511] Vemuri A W, Costanza R. The Role of Human, Social, Built, and Natural Capital in Explaining Life Satisfaction at the Country Level: toward a national Well-Being Index (NWI) [J]. Ecological Economics, 2006, 58 (1): 119-133.

[512] Wang K, Lu B, Wei Y M. China's Regional Energy and Environmental Efficiency: a Range-Adjusted Measure based analysis [J]. Applied Energy, 2013, 112: 1403-1415.

[513] Wang K, Yu S, Zhang W. China's Regional Energy and Environmental Efficiency: a DEA window analysis based dynamic evaluation [J]. Mathematical & Computer Modelling, 2013, 58 (5): 1117-1127.

[514] Wang Q, Wu S D, Zeng Y E, et al. Exploring the Relationship between Urbanization, Energy Consumption, and CO_2, Emissions in Different Provinces of China [J]. Renewable & Sustainable Energy Reviews, 2016, 54: 1563-1579.

[515] Wang Y, Zhang P, Huang D, et al. Convergence Behavior of Carbon Dioxide Emissions in China [J]. Economic Modelling, 2014, 43: 75-80.

[516] Watanabe M, Tanaka K. Efficiency Analysis of Chinese Industry: a directional distance function approach [J]. Energy Policy, 2007, 35 (12): 6323-6331.

[517] Wei Y M, Liao H, Fan Y. An Empirical Analysis of Energy Efficiency in China's Iron and Steel Sector [J]. Energy, 2007, 32 (12): 2262-2270.

[518] Welsch H. Environmental Welfare Analysis: a life satisfaction approach [J]. Ecological Economics, 2007, 62 (3): 544-551.

[519] Wilson B, Luan H T, Bowen B. Energy Efficiency Trends in Australia [J]. Energy Policy, 1994, 22 (4): 287-295.

[520] Wolpert J. Migration as an Adjustment to Environmental Stress [J]. Journal of Social Issues, 1966, 22 (4): 92-102.

[521] Wolsink M. "Sustainable City" Requires "Recognition" ——The Example of Environmental Education under Pressure from the Compact City [J]. Land Use Policy, 2016, 52: 174-180.

[522] Work Bank. World development report 1992. Development and the Environment [M]. Oxford University Press, 1992.

[523] Wu J, Xiang W N, Zhao J. Urban ecology in China: historical developments and future directions [J]. Landscape & Urban Planning, 2014, 125 (3): 222-233.

[524] Wu Y, Shen J, Zhang X, et al. The Impact of Urbanization on Carbon Emissions in Developing Countries: a Chinese study based on the U-Kaya method [J]. Journal of Cleaner Production, 2016, 135: 589-603.

[525] Xue B, Mitchell B, Geng Y, et al. A Review on China's Pollutant Emissions Reduction Assessment [J]. Ecological Indicators, 2014, 38: 272-278.

[526] Yang J, Zhang T, Sheng P, et al. Carbon Dioxide Emissions and Interregional Economic Convergence in China [J]. Economic Modelling, 2016, 52: 672-680.

[527] Zelinsky W. The Hypothesis of the Mobility Transition [J]. Geographical Review, 1971, 61 (2): 219-249.

[528] Zhang B, Bi J, Fan Z, et al. Eco-efficiency Analysis of Industrial System in China: a data envelopment analysis approach [J]. Ecological Economics, 2008, 68 (1): 306-316.

[529] Zhang C C. The Public Participation in Environmental Protection and the Sustainable Development [C]. Advanced Materials Research. Trans Tech Publications, 2014, 838: 2477-2480.

[530] Zhang C, Lin Y. Panel Estimation for Urbanization, Energy Consumption and CO_2 Emissions: a regional analysis in China [J]. Energy Policy, 2012, 49: 488-498.

[531] Zhang N, Choi Y. Environmental Energy Efficiency of China's Regional Economies: a non-oriented slacks-based measure analysis [J]. Social Science Journal, 2013, 50 (2): 225-234.

[532] Zhang X P, Cheng X M, Yuan J H, et al. Total-factor Energy Efficiency in Developing Countries [J]. Energy Policy, 2011, 39 (2): 644-650.

[533] Zhao J. Towards Sustainable Cities in China: analysis and assessment of some Chinese cities in 2008 [M]. Springer Science & Business Media, 2011.

[534] Zhu J. Super-efficiency and DEA Sensitivity Analysis [J]. European Journal of Operational Research, 2001, 129 (2): 443-455.

附　录

附表 1　中国 30 个省份生态环境投入指数测算结果（1997—2015 年）

REEI	1997	1998	1999	2000	2001	2002	2003	2004	2005	2006	2007	2008	2009	2010	2011	2012	2013	2014	2015
北京	0. 244	0. 231	0. 208	0. 185	0. 211	0. 226	0. 231	0. 231	0. 215	0. 214	0. 209	0. 198	0. 196	0. 179	0. 170	0. 167	0. 165	0. 167	0. 165
天津	0. 250	0. 348	0. 198	0. 221	0. 193	0. 185	0. 201	0. 203	0. 221	0. 220	0. 215	0. 216	0. 217	0. 219	0. 219	0. 219	0. 207	0. 208	0. 205
河北	0. 124	0. 162	0. 149	0. 134	0. 125	0. 125	0. 135	0. 153	0. 157	0. 161	0. 160	0. 155	0. 155	0. 161	0. 184	0. 182	0. 178	0. 179	0. 173
山西	0. 172	0. 281	0. 220	0. 204	0. 209	0. 217	0. 238	0. 248	0. 263	0. 261	0. 255	0. 242	0. 232	0. 227	0. 259	0. 259	0. 259	0. 274	0. 266
内蒙古	0. 187	0. 180	0. 170	0. 163	0. 162	0. 168	0. 231	0. 250	0. 306	0. 306	0. 308	0. 305	0. 311	0. 342	0. 364	0. 376	0. 356	0. 372	0. 371
辽宁	0. 226	0. 239	0. 231	0. 227	0. 220	0. 207	0. 207	0. 210	0. 251	0. 258	0. 263	0. 256	0. 254	0. 258	0. 273	0. 275	0. 264	0. 280	0. 277
吉林	0. 186	0. 175	0. 171	0. 167	0. 158	0. 155	0. 162	0. 166	0. 183	0. 195	0. 180	0. 179	0. 180	0. 180	0. 185	0. 179	0. 177	0. 183	0. 181
黑龙江	0. 158	0. 155	0. 150	0. 153	0. 151	0. 145	0. 154	0. 153	0. 164	0. 177	0. 179	0. 177	0. 177	0. 176	0. 189	0. 192	0. 182	0. 185	0. 179
上海	0. 308	0. 316	0. 294	0. 263	0. 260	0. 251	0. 259	0. 272	0. 264	0. 265	0. 259	0. 249	0. 237	0. 224	0. 201	0. 197	0. 193	0. 187	0. 183
江苏	0. 127	0. 144	0. 127	0. 126	0. 129	0. 133	0. 141	0. 152	0. 167	0. 183	0. 179	0. 177	0. 179	0. 189	0. 197	0. 198	0. 198	0. 205	0. 205
浙江	0. 104	0. 147	0. 140	0. 137	0. 130	0. 142	0. 154	0. 162	0. 174	0. 177	0. 168	0. 167	0. 169	0. 168	0. 179	0. 177	0. 181	0. 185	0. 187
安徽	0. 094	0. 102	0. 097	0. 097	0. 089	0. 086	0. 094	0. 095	0. 105	0. 104	0. 105	0. 103	0. 096	0. 102	0. 113	0. 115	0. 116	0. 121	0. 121
福建	0. 081	0. 102	0. 100	0. 096	0. 097	0. 091	0. 107	0. 116	0. 133	0. 140	0. 129	0. 136	0. 140	0. 146	0. 155	0. 160	0. 164	0. 166	0. 165
江西	0. 085	0. 097	0. 091	0. 098	0. 118	0. 097	0. 111	0. 120	0. 124	0. 129	0. 111	0. 105	0. 102	0. 103	0. 116	0. 115	0. 119	0. 123	0. 127
山东	0. 133	0. 144	0. 117	0. 115	0. 110	0. 115	0. 127	0. 127	0. 139	0. 146	0. 146	0. 148	0. 150	0. 155	0. 170	0. 173	0. 167	0. 178	0. 184

续表

REEI	1997	1998	1999	2000	2001	2002	2003	2004	2005	2006	2007	2008	2009	2010	2011	2012	2013	2014	2015
河南	0. 079	0. 089	0. 089	0. 085	0. 077	0. 078	0. 082	0. 090	0. 108	0. 108	0. 106	0. 100	0. 100	0. 102	0. 108	0. 107	0. 106	0. 110	0. 109
湖北	0. 132	0. 142	0. 132	0. 121	0. 124	0. 118	0. 122	0. 130	0. 136	0. 140	0. 132	0. 136	0. 136	0. 140	0. 150	0. 152	0. 149	0. 155	0. 154
湖南	0. 143	0. 144	0. 137	0. 139	0. 143	0. 138	0. 144	0. 145	0. 166	0. 157	0. 143	0. 140	0. 136	0. 132	0. 121	0. 120	0. 116	0. 117	0. 116
广东	0. 242	0. 149	0. 135	0. 127	0. 136	0. 134	0. 138	0. 159	0. 172	0. 185	0. 171	0. 170	0. 166	0. 167	0. 175	0. 177	0. 175	0. 179	0. 177
广西	0. 123	0. 148	0. 133	0. 172	0. 141	0. 139	0. 155	0. 161	0. 181	0. 178	0. 172	0. 164	0. 165	0. 173	0. 130	0. 133	0. 131	0. 134	0. 131
海南	0. 092	0. 092	0. 093	0. 087	0. 062	0. 062	0. 060	0. 077	0. 091	0. 095	0. 098	0. 093	0. 097	0. 099	0. 108	0. 113	0. 118	0. 123	0. 124
重庆	0. 099	0. 089	0. 110	0. 096	0. 104	0. 104	0. 121	0. 127	0. 137	0. 143	0. 135	0. 139	0. 141	0. 145	0. 151	0. 151	0. 148	0. 155	0. 158
四川	0. 101	0. 122	0. 085	0. 109	0. 100	0. 098	0. 106	0. 111	0. 106	0. 104	0. 100	0. 100	0. 101	0. 111	0. 112	0. 113	0. 112	0. 120	0. 116
贵州	0. 138	0. 186	0. 131	0. 131	0. 114	0. 106	0. 110	0. 109	0. 117	0. 127	0. 128	0. 117	0. 124	0. 120	0. 129	0. 133	0. 132	0. 137	0. 133
云南	0. 037	0. 067	0. 068	0. 055	0. 052	0. 054	0. 058	0. 062	0. 074	0. 082	0. 071	0. 073	0. 075	0. 077	0. 113	0. 112	0. 116	0. 115	0. 113
陕西	0. 085	0. 108	0. 103	0. 096	0. 093	0. 095	0. 100	0. 111	0. 119	0. 125	0. 126	0. 125	0. 120	0. 125	0. 142	0. 146	0. 148	0. 161	0. 162
甘肃	0. 114	0. 112	0. 103	0. 100	0. 096	0. 093	0. 108	0. 109	0. 118	0. 121	0. 115	0. 120	0. 119	0. 129	0. 146	0. 143	0. 146	0. 156	0. 152
青海	0. 161	0. 125	0. 120	0. 114	0. 111	0. 107	0. 118	0. 147	0. 191	0. 203	0. 207	0. 214	0. 215	0. 237	0. 342	0. 352	0. 366	0. 387	0. 414
宁夏	0. 232	0. 229	0. 233	0. 288	0. 279	0. 256	0. 312	0. 278	0. 335	0. 350	0. 350	0. 339	0. 326	0. 363	0. 412	0. 405	0. 411	0. 416	0. 414
新疆	0. 137	0. 156	0. 148	0. 123	0. 131	0. 139	0. 161	0. 180	0. 179	0. 199	0. 200	0. 208	0. 213	0. 223	0. 256	0. 288	0. 312	0. 322	0. 304

资料来源：本研究计算编制。

附表 2　中国 30 个省份居民福利产出指数测算结果（1997—2015 年）

RHDI	1997	1998	1999	2000	2001	2002	2003	2004	2005	2006	2007	2008	2009	2010	2011	2012	2013	2014	2015
北京	0.684	0.696	0.704	0.714	0.717	0.725	0.733	0.740	0.748	0.754	0.761	0.763	0.769	0.773	0.774	0.780	0.784	0.789	0.793
天津	0.667	0.674	0.688	0.702	0.705	0.714	0.724	0.734	0.744	0.754	0.760	0.766	0.775	0.782	0.786	0.794	0.799	0.804	0.810
河北	0.597	0.612	0.621	0.639	0.640	0.650	0.659	0.666	0.673	0.683	0.689	0.695	0.703	0.711	0.713	0.719	0.725	0.730	0.732
山西	0.585	0.592	0.601	0.617	0.620	0.630	0.642	0.650	0.659	0.672	0.680	0.683	0.689	0.697	0.701	0.709	0.716	0.718	0.721
内蒙古	0.560	0.572	0.579	0.603	0.600	0.613	0.624	0.643	0.654	0.670	0.683	0.691	0.705	0.718	0.726	0.735	0.740	0.746	0.750
辽宁	0.638	0.646	0.656	0.668	0.671	0.682	0.691	0.698	0.706	0.717	0.724	0.730	0.740	0.748	0.752	0.759	0.765	0.770	0.773
吉林	0.603	0.612	0.625	0.637	0.644	0.653	0.662	0.668	0.674	0.685	0.695	0.702	0.715	0.723	0.729	0.738	0.742	0.746	0.752
黑龙江	0.616	0.626	0.632	0.651	0.654	0.663	0.672	0.681	0.686	0.697	0.704	0.710	0.718	0.728	0.733	0.741	0.747	0.751	0.755
上海	0.715	0.722	0.734	0.746	0.742	0.749	0.761	0.763	0.772	0.779	0.785	0.787	0.791	0.795	0.797	0.802	0.801	0.807	0.811
江苏	0.619	0.627	0.643	0.675	0.665	0.670	0.678	0.688	0.704	0.714	0.723	0.728	0.739	0.750	0.753	0.760	0.768	0.770	0.774
浙江	0.632	0.645	0.655	0.683	0.672	0.681	0.690	0.695	0.707	0.719	0.725	0.730	0.740	0.748	0.751	0.759	0.763	0.768	0.773
安徽	0.557	0.564	0.572	0.604	0.596	0.601	0.618	0.621	0.620	0.637	0.643	0.654	0.667	0.683	0.693	0.702	0.710	0.717	0.724
福建	0.615	0.621	0.630	0.664	0.656	0.662	0.669	0.670	0.684	0.697	0.704	0.711	0.725	0.744	0.745	0.751	0.756	0.762	0.764
江西	0.558	0.563	0.572	0.597	0.595	0.603	0.618	0.624	0.630	0.643	0.655	0.663	0.677	0.686	0.693	0.702	0.712	0.718	0.722
山东	0.596	0.607	0.620	0.656	0.653	0.665	0.667	0.677	0.686	0.702	0.711	0.716	0.725	0.733	0.735	0.742	0.750	0.755	0.757
河南	0.570	0.579	0.582	0.613	0.612	0.620	0.627	0.637	0.643	0.657	0.666	0.672	0.683	0.691	0.695	0.703	0.710	0.718	0.722
湖北	0.585	0.594	0.603	0.628	0.628	0.628	0.643	0.650	0.657	0.673	0.683	0.691	0.701	0.713	0.718	0.726	0.734	0.739	0.745
湖南	0.575	0.585	0.593	0.615	0.616	0.622	0.629	0.638	0.647	0.664	0.674	0.679	0.692	0.702	0.705	0.713	0.722	0.729	0.735
广东	0.649	0.657	0.664	0.678	0.670	0.681	0.688	0.696	0.707	0.718	0.726	0.729	0.736	0.743	0.744	0.750	0.755	0.760	0.766
广西	0.558	0.571	0.581	0.607	0.605	0.609	0.618	0.626	0.636	0.654	0.662	0.668	0.680	0.691	0.697	0.706	0.713	0.719	0.722

续表

RHDI	1997	1998	1999	2000	2001	2002	2003	2004	2005	2006	2007	2008	2009	2010	2011	2012	2013	2014	2015
海南	0. 592	0. 599	0. 606	0. 629	0. 625	0. 639	0. 646	0. 655	0. 658	0. 668	0. 678	0. 681	0. 692	0. 705	0. 710	0. 718	0. 723	0. 730	0. 733
重庆	0. 463	0. 512	0. 555	0. 610	0. 611	0. 626	0. 639	0. 637	0. 648	0. 663	0. 675	0. 682	0. 695	0. 707	0. 714	0. 722	0. 731	0. 738	0. 744
四川	0. 549	0. 563	0. 569	0. 598	0. 593	0. 604	0. 617	0. 625	0. 622	0. 641	0. 654	0. 659	0. 673	0. 686	0. 692	0. 702	0. 709	0. 714	0. 717
贵州	0. 468	0. 470	0. 488	0. 519	0. 513	0. 523	0. 530	0. 542	0. 544	0. 564	0. 578	0. 590	0. 605	0. 617	0. 623	0. 634	0. 647	0. 654	0. 658
云南	0. 514	0. 520	0. 529	0. 563	0. 548	0. 550	0. 560	0. 578	0. 577	0. 594	0. 601	0. 612	0. 620	0. 640	0. 644	0. 653	0. 661	0. 668	0. 671
陕西	0. 542	0. 553	0. 558	0. 589	0. 583	0. 589	0. 607	0. 617	0. 628	0. 641	0. 651	0. 661	0. 674	0. 688	0. 693	0. 704	0. 712	0. 716	0. 725
甘肃	0. 487	0. 506	0. 520	0. 551	0. 542	0. 555	0. 565	0. 574	0. 579	0. 585	0. 599	0. 607	0. 621	0. 639	0. 648	0. 660	0. 671	0. 675	0. 675
青海	0. 383	0. 477	0. 517	0. 554	0. 535	0. 556	0. 567	0. 576	0. 579	0. 600	0. 609	0. 619	0. 632	0. 643	0. 654	0. 658	0. 662	0. 669	0. 666
宁夏	0. 532	0. 538	0. 552	0. 581	0. 576	0. 587	0. 595	0. 604	0. 605	0. 621	0. 630	0. 644	0. 653	0. 663	0. 667	0. 676	0. 681	0. 687	0. 689
新疆	0. 605	0. 586	0. 597	0. 610	0. 610	0. 619	0. 630	0. 635	0. 640	0. 651	0. 662	0. 666	0. 676	0. 681	0. 685	0. 694	0. 700	0. 709	0. 712

资料来源：本研究计算编制。

附表 3　中国 30 个省份生态福利绩效测算结果（1997—2015 年）

EWP	1997	1998	1999	2000	2001	2002	2003	2004	2005	2006	2007	2008	2009	2010	2011	2012	2013	2014	2015
北京	0.681	0.743	0.915	1.038	0.859	0.967	0.915	0.888	1.052	1.030	1.042	1.040	0.945	1.037	0.993	1.026	1.027	1.031	1.111
天津	0.772	0.776	1.059	1.027	0.948	1.039	0.964	1.055	0.988	0.941	0.990	0.994	0.985	1.005	1.034	0.978	1.049	1.027	1.085
河北	0.724	0.581	0.632	0.740	0.751	0.819	0.845	0.835	0.883	0.836	0.859	0.919	0.837	0.792	0.967	0.971	1.014	1.024	1.019
山西	0.575	0.434	0.517	0.552	0.782	1.010	1.003	0.771	0.594	0.618	0.774	0.849	0.827	0.956	1.005	0.957	1.004	0.969	1.015
内蒙古	0.475	0.511	0.548	0.602	0.617	0.650	0.594	0.919	0.778	0.713	0.921	1.009	1.015	0.864	0.887	1.010	0.936	0.699	0.730
辽宁	0.455	0.468	0.489	0.506	0.504	0.527	0.540	0.599	0.571	0.583	0.577	0.586	0.592	0.607	0.597	0.601	0.629	0.602	0.607
吉林	0.453	0.497	0.497	0.501	0.527	0.511	0.577	0.612	0.588	0.620	0.722	0.710	0.732	0.729	0.767	0.813	0.957	0.823	0.833
黑龙江	0.638	0.649	0.772	0.884	0.763	0.903	0.822	1.018	1.020	0.901	1.010	1.007	1.006	1.006	0.750	0.757	1.006	1.005	1.010
上海	1.006	0.722	0.907	0.951	0.873	1.064	1.028	0.913	0.931	0.921	0.949	0.923	0.899	0.905	0.982	0.989	1.048	0.999	1.100
江苏	1.005	0.736	0.931	1.050	1.007	1.011	1.020	1.007	0.940	0.864	0.901	0.905	0.925	0.917	0.822	0.859	0.879	0.799	0.815
浙江	1.044	0.900	1.018	1.040	1.022	1.007	0.941	0.971	0.906	0.914	0.929	0.924	0.884	0.945	0.793	0.817	0.797	0.782	0.785
安徽	1.012	1.002	1.011	1.030	1.012	1.017	1.025	1.023	0.991	1.027	1.027	1.026	1.032	1.034	1.012	1.012	1.027	1.013	1.021
福建	1.265	1.044	1.032	1.112	1.027	1.080	1.043	1.026	1.016	1.015	1.034	1.013	1.024	1.026	1.036	0.989	1.011	0.956	1.016
江西	1.065	1.012	1.029	1.014	1.041	1.035	0.912	0.909	0.933	0.980	1.017	1.027	1.017	1.024	0.993	1.017	1.014	1.018	1.005
山东	0.782	0.805	0.966	1.022	1.036	1.028	1.011	1.023	1.029	1.012	1.014	1.010	0.995	0.988	0.983	0.950	1.018	1.024	0.881
河南	1.064	1.019	1.014	1.031	1.022	1.012	1.021	1.032	0.952	1.016	0.999	1.027	1.023	1.036	1.013	1.020	1.032	1.013	1.019
湖北	0.571	0.576	0.601	0.633	0.578	0.606	0.607	0.646	0.692	0.749	0.816	0.775	0.781	0.790	0.778	0.803	0.831	0.834	0.841
湖南	1.043	0.836	1.040	1.026	0.897	0.955	1.011	0.874	0.842	1.014	1.011	1.008	1.011	1.028	1.001	1.010	1.023	1.023	1.023
广东	1.033	0.799	1.120	1.066	0.910	1.013	1.020	1.017	0.942	1.019	0.949	0.876	0.891	1.013	0.808	0.819	0.945	0.929	1.010
广西	1.028	1.003	1.047	1.020	1.035	1.012	0.904	0.972	1.015	1.029	0.991	1.014	1.034	1.018	1.033	1.012	1.027	1.001	1.003

续表

EWP	1997	1998	1999	2000	2001	2002	2003	2004	2005	2006	2007	2008	2009	2010	2011	2012	2013	2014	2015
海南	1.035	1.022	1.040	1.060	1.110	1.043	1.092	1.054	1.031	1.100	1.042	1.043	1.045	1.099	1.037	1.036	1.040	1.006	1.011
重庆	1.029	1.020	1.009	1.082	1.013	1.022	0.983	0.958	1.007	0.915	1.050	1.011	1.018	1.018	1.016	1.013	1.017	1.003	1.009
四川	1.055	0.765	0.984	0.899	0.895	0.899	0.777	0.773	0.892	0.985	0.990	1.016	1.031	0.957	0.981	1.029	1.037	0.950	1.009
贵州	1.049	0.741	1.017	1.022	1.034	1.040	1.010	1.033	1.024	1.009	1.011	1.042	1.016	1.036	1.021	0.967	1.025	0.937	1.006
云南	1.302	1.025	1.018	1.087	1.040	1.053	1.027	1.052	1.032	1.025	1.048	1.027	1.023	1.112	0.949	1.034	1.009	1.004	1.001
陕西	1.002	0.699	1.005	1.027	1.010	0.942	1.027	1.009	1.016	1.013	0.809	0.808	0.851	0.813	0.853	0.882	0.963	0.791	0.742
甘肃	0.469	0.638	0.789	1.020	1.051	1.031	0.785	0.936	0.914	0.894	1.018	1.005	1.018	1.020	0.778	0.904	1.014	1.007	1.021
青海	0.210	0.523	0.746	1.011	0.790	1.007	0.893	0.621	0.523	0.526	0.532	0.528	0.515	0.498	0.466	0.506	0.486	0.481	0.468
宁夏	0.371	0.377	0.400	0.387	0.347	0.351	0.336	0.377	0.337	0.344	0.320	0.326	0.353	0.304	0.273	0.286	0.288	0.290	0.331
新疆	1.044	0.774	0.882	1.030	0.939	0.676	0.587	0.605	0.911	0.665	0.663	0.608	0.563	0.526	0.502	0.467	0.454	0.472	0.516

资料来源：本研究计算编制。

致　谢

本书是在博士学位论文的基础上修订而成。回首却顾所来径，求学多年，时光荏苒，这是一段最为美好、最是宝贵的人生经历。在此成书之际，谨向教导我学习的老师，陪伴我成长的朋友，包容呵护我的家人，及所有关心帮助我的人，表达最衷心的感激和最诚挚的谢意。

感谢我的博士生导师申立银教授。申老师待人和蔼可亲，育人因材施教，治学严谨认真，工作执着忘我，国际化的研究视野及扎实的研究功底，让我心生敬意、备受感染。申老师为我提供耐心细致的科研指导，给予充分的学术自由度、创造多次访学机会，这拓宽了我的研究思维与学术眼界，丰富了我的学术生涯。申老师言传身教，以身作则，使我在学术能力、专业素养等方面有了长足进步。

感谢我的硕士生导师竹隰生副教授。感谢竹老师对我学术研究及专业实践的关心帮助，正是由于竹老师对我的无私教诲和耐心指导，让我对学术研究产生浓厚兴趣，为博士阶段学习和工作奠定坚实基础。

感谢 University of Western Sydney 的 Vivian TAM 教授，香港城市大学张晓玲教授和骆晓伟副教授。他们对待学术简单执着，对待工作认真勤奋，对待生活自由热情，让我由衷钦佩，获益良多。感谢三位老师所提供的访学机会，让我有幸感受到两所高校浓郁的学术氛围，参与到他们充满活力的学术研究团队中。

感谢重庆大学管理科学与房地产学院。感谢任宏教授、刘贵文教授、曹晓琳教授、叶堃晖教授、叶贵教授、王林教授、向鹏成教授、周滔教授等学院诸多老师。学院各位老师严谨治学的态度及深厚的学术积淀令人敬佩，他们在我专业知识学习、科研课题开展、学术论文撰写等方面均给予诸多指导，使我获益匪浅。感谢重庆大学这个充满人文气息的美丽校园，感谢在这里结识的所有师长、同学、朋友！

感谢河南财经政法大学，感谢工程管理与房地产学院。2011 年我从财大毕业，2017 年又有幸回到母校工作。对于财大，对于学院，总有着一份沉甸甸的、难以表达的感恩之情。入职以来，作为青年教师，一直受到学校及学院各位领导、各位前辈师长的无私帮助。他们对我的谆谆教诲及殷殷期盼，充满了爱与关怀，这份沉甸甸的情谊给予我更无畏的力量和动力，督促我在工作中勇敢前行。感谢学院刘社教授及其爱人张建航教授。2008 年有幸与刘老师相识，从此结下深厚的师生情谊。刘老师和张校长以严谨的治学精神、真诚待人的品质、宽广仁慈的胸怀、精益求精的工作追求、积极乐观的生活态度，为我树立了事业和生活的典范。一直以来，刘老师和张校长待我如家人一般，给予我诸多温暖与呵护，这将激励我在科学和教育的道路上孜孜不倦，追求梦想。

感谢我的父亲何晓东先生和母亲陆长平女士。育哺之恩，金石比肩。孺慕之诚，肝胆是照。他们含辛茹苦把我抚养长大，对我倾注无限的爱与呵护，一直鼓励我去探索世界的美好与善良，去追求我所热爱的生活状态，尽力为我创造了一个非常自由宽松、充满爱的家庭环境。父母已携手相濡以沫地走过三十二年，爱情仍然如初，这份美好让人感动。

感谢我的爱人贾占标博士。他处事乐观开朗，待人赤诚善良，努力刻苦，勤奋上进，一直以来都是我的学习榜样。我们相识多年，求学道路有时崎岖难行，使我如履薄冰，但是有他陪伴的青春，对我的体谅关心、鼓励开导，让我不负初心，持之以恒。

感谢中国经济出版社。感谢本书的责任编辑叶亲忠先生，在本书出版过程中，叶编辑付出大量的时间和心血，非常认真、细致，敬业精神让我感动。感谢他的辛勤劳动及缜密工作，才得以让此书按时、高质量的顺利出版。

奋斗者可敬，成事者有法。作为一名年轻的科研工作者，更应时刻提醒自己，“不驰于空想，不骛于虚声”，戒骄戒躁，务实求真，甘于奉献，做只争朝夕的行动者，做脚踏实地的实干家。

路上春色更好，天上太阳正晴。唯愿可乘理想之马，挥鞭从此启程。谨以此书献给所有关心和帮助过我的人。

何　贝

2020 年 8 月于郑州